Teoria Musical para leigos

Se estiver aprendendo a tocar, ler música ou aperfeiçoar a improvisação para tocar com outros músicos, a teoria musical é importante. No entanto, não é preciso saber todos os detalhes que os inúmeros teóricos do mundo escreveram. Você só precisa se familiarizar com alguns dos princípios básicos. Precisa saber os nomes das notas e compreender armaduras de claves, intervalos e progressões de acordes.

OS NOMES DAS NOTAS

O quadro a seguir traz os nomes das notas.

Nota	Nome
𝄀𝅝𝄀	Breve
𝅝	Semibreve
𝅗𝅥	Mínima
𝅘𝅥	Semínima
𝅘𝅥𝅮	Colcheia
𝅘𝅥𝅯	Semicolcheia
𝅘𝅥𝅰	Fusa

NOTAS PONTUADAS E LIGADAS

Todas as notas têm um determinado valor, indicado pelo seu tamanho e forma, que define por quanto tempo um tom deve ser sustentado pela voz ou pelo instrumento. Às vezes, no entanto, você deseja aumentar o valor de uma nota para criar síncope ou outra curiosidade na obra musical. Você pode aumentar o valor de uma nota na música escrita usando *pontos* ou *ligaduras*. Veja um resumo dessas opções:

Teoria Musical para leigos

- **Ponto de aumento:** Indica que o valor de uma nota é aumentado em metade do valor original. O uso mais comum da nota pontuada é quando um semitom é escrito para durar três batidas em vez de duas em um compasso quaternário, como mostrado na figura. Menos comum é a semibreve pontuada. Essa nota pontuada significa que o valor total da nota foi aumentado de quatro para seis batidas.

- **Ligadura:** Conecta notas do mesmo tom para criar uma nota sustentada em vez de duas notas separadas. Quando vir uma ligadura, basta unir as notas, como no exemplo a seguir.

ENTENDENDO COMPASSOS SIMPLES E COMPOSTOS

A música escrita sempre contém uma *fórmula de compasso*, que parece uma fração e é encontrada no começo de uma obra musical. Na fórmula de compasso, o número superior representa o número de batidas por compasso e o inferior, o valor de tempo de cada uma. Os dois principais tipos de fórmula de compasso são:

- **Simples:** No *compasso simples*, a batida de uma música se divide em dois tempos. Compassos simples são os mais fáceis de se contar, porque um pulso par em uma música parece mais natural para o ouvinte e o intérprete. Exemplos comuns são 4/4, 3/4, 2/4, 3/8 e 2/2.

- **Composto:** No *compasso composto*, a batida é segmentada em três partes. O número superior é divisível por 3, com exceção dos compassos em que o número superior é 3. Além disso, cada batida é dividida em três componentes, criando um pulso no mesmo nível. Exemplos comuns de compassos compostos são 6/8, 12/8 e 9/4.

Teoria Musical

Para leigos

Teoria Musical
Para leigos

Tradução da 3ª Edição

Michael Pilhofer
Holly Day

ALTA BOOKS
EDITORA
Rio de Janeiro, 2018

Teoria Musical Para Leigos® — Tradução da 3ª Edição
Copyright © 2018 da Starlin Alta Editora e Consultoria Eireli. ISBN: 978-85-508-0240-4

Translated from original Music Theory For Dummies®, 3rd Edition. Copyright © 2015 by John Wiley & Sons, Inc. ISBN 978-1-118-99094-0. This translation is published and sold by permission of John Wiley & Sons, Inc., the owner of all rights to publish and sell the same. PORTUGUESE language edition published by Starlin Alta Editora e Consultoria Eireli, Copyright © 2018 by Starlin Alta Editora e Consultoria Eireli.

Todos os direitos estão reservados e protegidos por Lei. Nenhuma parte deste livro, sem autorização prévia por escrito da editora, poderá ser reproduzida ou transmitida. A violação dos Direitos Autorais é crime estabelecido na Lei nº 9.610/98 e com punição de acordo com o artigo 184 do Código Penal.

A editora não se responsabiliza pelo conteúdo da obra, formulada exclusivamente pelo(s) autor(es).

Marcas Registradas: Todos os termos mencionados e reconhecidos como Marca Registrada e/ou Comercial são de responsabilidade de seus proprietários. A editora informa não estar associada a nenhum produto e/ou fornecedor apresentado no livro.

Impresso no Brasil — 2018 — Edição revisada conforme o Acordo Ortográfico da Língua Portuguesa de 2009.

Publique seu livro com a Alta Books. Para mais informações envie um e-mail para autoria@altabooks.com.br

Obra disponível para venda corporativa e/ou personalizada. Para mais informações, fale com projetos@altabooks.com.br

Produção Editorial	**Produtor Editorial**	**Produtor Editorial (Design)**	**Marketing Editorial**	**Vendas Atacado e Varejo**
Editora Alta Books	Thiê Alves	Aurélio Corrêa	Silas Amaro	Daniele Fonseca
Gerência Editorial			marketing@altabooks.com.br	Viviane Paiva
Anderson Vieira			**Ouvidoria**	comercial@altabooks.com.br
			ouvidoria@altabooks.com.br	

Equipe Editorial	Adriano Barros	Ian Verçosa	Kelry Oliveira	Viviane Rodrigues
	Aline Vieira	Illysabelle Trajano	Paulo Gomes	
	Bianca Teodoro	Juliana de Oliveira	Thales Silva	

Tradução	**Copidesque**	**Revisão Gramatical**	**Revisão Técnica**	**Diagramação**
Alexandre Callari	Paula Rigaud	Cyntia Motta	Roberto Macedo	Luisa Maria Gomes
	Carolina Gaio	Érika Tavares		
		Samantha Batista		
		Thaís Pol		

Erratas e arquivos de apoio: No site da editora relatamos, com a devida correção, qualquer erro encontrado em nossos livros, bem como disponibilizamos arquivos de apoio se aplicáveis à obra em questão.

Acesse o site www.altabooks.com.br e procure pelo título do livro desejado para ter acesso às erratas, aos arquivos de apoio e/ou a outros conteúdos aplicáveis à obra.

Suporte Técnico: A obra é comercializada na forma em que está, sem direito a suporte técnico ou orientação pessoal/exclusiva ao leitor.

A editora não se responsabiliza pela manutenção, atualização e idioma dos sites referidos pelos autores nesta obra.

Dados Internacionais de Catalogação na Publicação (CIP) de acordo com ISBD

P638t   Pilhofer, Michael
         Teoria Musical para leigos / Michael Pilhofer, Holly Day ; traduzido por Alexandre Callari. - Rio de Janeiro : Alta Books, 2018.
         336 p. : il. ; 17cm x 24cm. - (Para leigos).

         Tradução de: Music Theory For Dummies
         Inclui índice e anexo.
         ISBN: 978-85-508-0240-4

         1. Música. 2. Teoria musical. I. Day, Holly. II. Gaio, Carolina. III. Título. IV. Série.

2018-1324   CDD 780.15
                   CDU 78.01

Elaborado por Vagner Rodolfo da Silva - CRB-8/9410

Rua Viúva Cláudio, 291 — Bairro Industrial do Jacaré
CEP: 20.970-031 — Rio de Janeiro (RJ)
Tels.: (21) 3278-8069 / 3278-8419
www.altabooks.com.br — altabooks@altabooks.com.br
www.facebook.com/altabooks — www.instagram.com/altabooks

Sobre os Autores

Michael Pilhofer ensina teoria musical e percussão na Faculdade de Música McNally Smith, em St. Paul, Minnesota. Atua como músico profissional há mais de 20 anos e já tocou e se apresentou com Joe Lovano, Marian McPartland, Kenny Wheeler, Dave Holland, Bill Holman, Wycliffe Gordon, Peter Erskine e Gene Bertoncini.

Holly Day é instrutora de composição musical na Open Book Writting Collective, em Minneapolis. Ela escreveu sobre música para inúmeras publicações, incluindo a *Guitar One*, a *Music Alive!*, o *Computer Music Journal*, a *The Oxford American* e a *Mixdown*. Entre seus livros anteriores, estão *Composição Musical Para Leigos*, *Shakira*, *The Insiders Guide to the Twin Cities* e *Walking Twin Cities*.

Dedicatória

Para Wolfgang e Astrid, com muito amor.

Agradecimentos dos Autores

Os agradecimentos especiais vão para todos os músicos e compositores que conseguiram um tempo em suas agendas tão ocupadas para compartilhar seus pensamentos escrevendo sobre música conosco: Steve Reich, Philip Glass, Irmin Schmidt, Barry Adamson, Jonathan Segel, John Hughes III, Nick Currie, Andrew Bird, Rachel Grimes, Christian Frederickson, Pan Sonic, Mark Mallman, e um agradecimento póstumo ao Dr. Robert Moog. Um obrigado enorme a cada um de vocês.

Um grande obrigado também à toda a equipe da Wiley: aos preparadores de originais Georgette Beatty e Tim Gallan; à editora Sarah Westfall; aos avaliadores Tracy Boggier e David Lutton; e à revisora técnica Karen Ladd. Também agradecemos ao nosso agente, Matt Wagner.

Agradecemos especialmente a Tom Day, pela masterização e produção dos áudios para este livro, e para o legítimo roqueiro Emek, por continuar a nos inspirar com seu trabalho.

Sumário Resumido

Introdução 1

Parte 1: Começando com a Teoria Musical 5
CAPÍTULO 1: Afinal, o que É Teoria Musical? 7
CAPÍTULO 2: Definindo Quanto as Notas Valem. 13
CAPÍTULO 3: Fazendo uma Pausa 27
CAPÍTULO 4: Pegue no Compasso 35
CAPÍTULO 5: A Batida Perfeita. 49

Parte 2: Juntando as Notas. 57
CAPÍTULO 6: Notas Musicais (e Onde Encontrá-las). 59
CAPÍTULO 7: Dominando Escalas Maiores e Menores. 77
CAPÍTULO 8: Armaduras de Clave e o Círculo das Quintas. 93
CAPÍTULO 9: Intervalo: Distância entre Dois Sons 107
CAPÍTULO 10: Formando Acordes 131
CAPÍTULO 11: Progressões de Acordes. 163

Parte 3: Tocando com Andamento e Dinâmica. 181
CAPÍTULO 12: Variando os Sons com Andamento e Dinâmica. 183
CAPÍTULO 13: Timbres e Acústica dos Instrumentos 195

Parte 4: Expressão Musical Através da Forma. 201
CAPÍTULO 14: Os Alicerces: Ritmo, Melodia, Harmonia e Forma Musical. 203
CAPÍTULO 15: Contando com as Formas Clássicas. 215
CAPÍTULO 16: Valendo-se de Gêneros e Formas Populares. 225

Parte 5: A Parte dos Dez 233
CAPÍTULO 17: Dez Perguntas Frequentes. 235
CAPÍTULO 18: Dez Formas de Ler uma Partitura. 243
CAPÍTULO 19: Dez Teóricos que Você Precisa Conhecer. 247

Parte 6: Apêndices 257
APÊNDICE A: Faixas de Áudio 259
APÊNDICE B: Quadros de Acordes. 263
APÊNDICE C: Glossário 301

Índice. 305

Sumário

INTRODUÇÃO. 1
Sobre Este Livro. 1
Penso que... 2
Ícones Usados Neste Livro 2
Além Deste Livro 3
De Lá para Cá, Daqui para Lá 3

PARTE 1: COMEÇANDO COM A TEORIA MUSICAL 5

CAPÍTULO 1: Afinal, o que É Teoria Musical?. 7
Desde os Tempos Mais Primórdios 8
Teoria Musical em Cena. 9
Entendendo o básico: Notas, pausas e tempos 9
Manipulando e combinando notas 9
Estudando formas musicais e composições 10
Vendo Como a Teoria Ajuda a Sua Música. 11

CAPÍTULO 2: Definindo Quanto as Notas Valem 13
Conhecendo a Batida 14
Reconhecendo Notas e Seus Valores 15
Examinando as notas e seus elementos 15
Observando os valores das notas 17
Conferindo as Semibreves. 18
Localizando as Mínimas 19
Considerando as Semínimas. 20
Examinando Colcheias e Outras Notas Menores 21
Aumentando as Notas com Pontos e Ligaduras 22
As notas pontuadas 22
As ligaduras 23
Combinando Tudo 24

CAPÍTULO 3: Fazendo uma Pausa. 27
Conhecendo as Pausas 28
A pausa da semibreve 28
A pausa da mínima. 29
A pausa da semínima. 30
As pausas da colcheia e outras menores. 30
Pausas Pontuadas. 32
Na Batida com Notas e Pausas. 32

CAPÍTULO 4: Pegue no Compasso. 35
Descobrindo o Segredo do Compasso 35

Simplificando com Compassos Simples 37
Usando compassos para contar no tempo simples. 38
Praticando a contagem no compasso simples 41
Trabalhando com as Fórmulas de Compasso Composto 42
Usando as barras de compasso para contar o compasso
composto. 43
Praticando a contagem no compasso composto 44
Sentindo o Pulso das Fórmulas Assimétricas de Compasso. 45

CAPÍTULO 5: **A Batida Perfeita** **49**
Criando Padrões de Acentuação e Síncopes 49
Achando a acentuação: Regras gerais. 50
Síncope: Pulando a batida. 50
Saltando com a Anacruse 52
Explorando Ritmos Irregulares: Tercinas e Duínas 54
Deixando interessante com as tercinas 54
Trabalhando com duínas. 55

PARTE 2: JUNTANDO AS NOTAS 57

CAPÍTULO 6: **Notas Musicais (e Onde Encontrá-las)** **59**
Conhecendo a Pauta, as Claves e as Notas 60
A clave de Sol. 61
A clave de Fá 61
O sistema e o Dó Central. 62
Clave de Dó: A clave de contralto e tenor. 63
Identificando Semitons, Tons e Acidentes 64
Suando a camisa com semitons. 64
Um tom completo. 67
Alterando tons com acidentes 68
Encontrando as Notas no Piano e no Violão 72
Encontrando as notas no piano. 72
Escolhendo notas no violão 73
Dicas para Se Lembrar das Notas 74

CAPÍTULO 7: **Dominando Escalas Maiores e Menores.** **77**
Seguindo o Padrão das Escalas Maiores. 78
Escalas maiores no piano e no violão 79
Ouvindo as escalas maiores 82
Descobrindo o que as Escalas Menores Têm a Oferecer 83
Tocando escalas menores naturais no piano e no violão 84
Divertindo-se com as harmônicas menores no piano e
no violão. 86
Fazendo uma música incrível com as menores melódicas 88
Ouvindo as escalas menores 90

CAPÍTULO 8: Armaduras de Clave e o Círculo das Quintas **93**

Entendendo o Círculo das Quintas e Reconhecendo as
Armaduras de Clave Maiores 94
Sustenidos: Frade ao Sol Reza Lá a Missinha. 96
Bemóis: Bingo É a Diversão Garantida com Farofa. 97
Encontrando as Armaduras dos Tons Menores e
Seus Relativos 97
Visualizando Armaduras de Clave 98
Dó Maior e Lá menor natural 98
Sol Maior e Mi menor natural 99
Ré Maior e Si menor natural 100
Lá Maior e Fá sustenido menor natural 101
Mi Maior e Dó sustenido menor natural. 101
Si Maior e Dó bemol Maior, e Sol sustenido menor natural
e Lá bemol menor natural 102
Fá sustenido Maior e Sol bemol Maior, e Ré sustenido
menor natural e Mi bemol menor natural. 103
Dó sustenido Maior e Ré bemol Maior, e Lá sustenido
menor natural e Si bemol menor natural 103
Lá bemol Maior e Fá menor natural 104
Mi bemol Maior e Dó menor natural. 104
Si bemol Maior e Sol menor natural 105
Fá Maior e Ré menor natural 105

CAPÍTULO 9: Intervalo: Distância entre Dois Sons **107**

Detalhando Intervalos Harmônicos e Melódicos. 108
Quantidade: Contando linhas e espaços 109
Qualidade: Considerando semitons 111
Nomeando intervalos. 112
Observando Uníssonos, Oitavas, Quartas e Quintas 112
Uníssonos justos. 112
Uníssonos aumentados. 113
Oitavas 113
Quartas 114
Quintas 116
Reconhecendo Segundas, Terças, Sextas e Sétimas 117
Segundas 118
Terças 121
Sextas e sétimas 123
Formando Intervalos. 123
Determinando a quantidade. 123
Determinando a qualidade 124
Mostrando Intervalos Maiores e Justos na Escala de Dó Maior ... 126
Conferindo Intervalos Compostos 127
Criando um intervalo composto. 127
Transformando um intervalo composto em simples 128

Sumário   xvii

CAPÍTULO 10: Formando Acordes. 131

Criando Tríades com Três Notas 132
Tônica, terça e quinta. 132
Tríades maiores. 134
Tríades menores 136
Tríades aumentadas. 137
Tríades diminutas 139
Expandindo para Acordes de Sétima 140
Sétimas maiores 141
Sétimas menores 142
Sétimas da dominante 143
Acorde com sétima da sensível 143
Sétimas diminutas. 144
As sétimas menores maiores 145
Olhando Todas as Tríades e Sétimas. 145
Lá. 146
Lá bemol. 146
Si. 146
Si bemol 147
Dó. 147
Dó bemol 147
Dó sustenido 148
Ré. 148
Ré bemol. 149
Mi. 149
Mi bemol. 149
Fá 150
Fá sustenido 150
Sol 151
Sol bemol 151
Invertendo as Notas em Tríades. 151
Observando acordes abertos e fechados 152
Identificando acordes invertidos 152
Explorando Acordes Complexos 155
Acordes de nona. 155
Acordes menores de nona 156
Acordes maiores de nona 157
Acordes de nona e quinta aumentada 157
Acorde de nona e quinta diminuta 158
Acordes de sétima e nona diminuta 158
Acordes de nona aumentada 158
Acordes de décima primeira. 159
Acordes de décima terceira 160

CAPÍTULO 11: Progressões de Acordes 163

Revisando Acordes Diatônicos, Cromáticos e Modos da
Escala Menor. 164

xviii   **Teoria Musical Para Leigos**

Identificando e Nomeando Progressões de Acordes............165
  Atribuindo graus e nomes................................165
  Observando progressões de acordes em tons maiores......166
  Conferindo progressões de acordes em tons menores......168
Adicionando uma Sétima à Tríade...........................169
Vendo (e Ouvindo) as Progressões de Acordes em Ação.......171
Aplicando o Estudo dos Acordes a Partituras Simplificadas
  e Tablaturas...173
Modulando para um Novo Tom................................174
Criando Cadências Musicais com Progressões de Acordes.....175
  Cadência autêntica.....................................176
  Cadência plagal..177
  Cadência deceptiva.....................................179
  Meia cadência..179

PARTE 3: TOCANDO COM ANDAMENTO E DINÂMICA.................181

CAPÍTULO 12: Variando os Sons com Andamento e Dinâmica.................183

Entendendo o Andamento da Música..........................184
  Estabelecendo um andamento universal: O mínimo.........184
  Mantendo o andamento com o metrônomo...................185
  Traduzindo a notação do andamento......................186
  Acelerando e reduzindo: Mudando o andamento............187
Lidando com a Dinâmica: Intenso e Suave...................188
  Modificando as frases..................................189
  Conferindo outras marcas de dinâmica...................190
  Observando a dinâmica do pedal do piano................191
  Indicações de dinâmica para outros instrumentos........193

CAPÍTULO 13: Timbres e Acústica dos Instrumentos......195

Investigando o Timbre.....................................196
  Ataque: Conferindo o som inicial de uma nota...........196
  Timbre: Ouvindo o corpo de uma nota....................197
  Decaimento: Escutando o som final de uma nota..........198
Formando a Banda: Aula de Acústica........................199

PARTE 4: EXPRESSÃO MUSICAL ATRAVÉS DA FORMA.................201

CAPÍTULO 14: Os Alicerces: Ritmo, Melodia, Harmonia e Forma Musical.................203

Estabelecendo o Ritmo.....................................204
Dando Cara à Melodia......................................205
Complementando a Melodia com a Harmonia...................207
Lidando com Frases e Períodos Musicais....................208

Conectando Seções para Criar Formas...........................210
Forma simples (A) 211
Forma binária (AB) 211
A forma canção (ABA)......................................211
A forma em arco (ABCBA) 212

CAPÍTULO 15: Contando com as Formas Clássicas......... 215

Uma Revelação Clássica.....................................215
Investigando a Sonata 216
Começando com a exposição...........................217
Começando algo novo: Desenvolvimento 218
Descansando com a recapitulação 218
Rondando o Rondó..219
Descobrindo a Fuga 220
Combinando Formas em uma Sinfonia.....................221
Observando Outras Formas Clássicas......................222
Concerto...222
Dueto..223
Estudo...223
Fantasia...223

CAPÍTULO 16: Valendo-se de Gêneros e Formas Populares 225

Sentindo o Blues 226
Blues de 12 compassos..................................226
Blues de 8 compassos...................................227
Blues de 16 compassos.................................228
Blues de 24 compassos.................................228
As baladas e o country do blues de 32 compassos 228
Curtindo Adoidado com Rock e Pop 229
Improvisando com Jazz......................................231

PARTE 5: A PARTE DOS DEZ 233

CAPÍTULO 17: Dez Perguntas Frequentes................. 235

Por que a Teoria Musical É Importante?......................236
Se Posso Tocar sem Saber Teoria, para que Aprendê-la?........236
Por que a Teoria É Centrada no Piano?......................237
Há uma Maneira Rápida e Fácil de Aprender a Ler Música?......237
Como Identificar o Tom pela Armadura de Clave? 238
Como Faço Transposição para Outro Tom?...................239
Aprender Teoria Vai Reduzir Minha Capacidade de Improvisar?..239
Preciso Saber Teoria se Sou Baterista?......................240
De Onde Vieram as 12 Notas Musicais? 240
Como a Teoria Ajuda a Memorizar uma Música? 241

xx   Teoria Musical Para Leigos

CAPÍTULO 18: Dez Formas de Ler uma Partitura **243**

O Básico 244
Folha de Partitura 244
Partituras Completas 244
Partituras Reduzidas.......................................244
Partituras de Estudo 245
Partituras de Piano 245
Partituras Encurtadas......................................245
Partituras de Voz...245
Cifras e Tablaturas.......................................246
Notação de Baixo Figurativo 246

CAPÍTULO 19: Dez Teóricos que Você Precisa Conhecer.... **247**

Pitágoras (582–507 a.C.)...................................248
Boécio (480–524 d.C.)......................................249
Gerbert d'Aurillac/Papa Silvestre II (950–1003) 250
Guido D'Arezzo (990–1040)..................................250
Nicola Vicentino (1511–1576)...............................251
Christiaan Huygens (1629–1695) 251
Arnold Schoenberg (1874–1951) 252
Harry Partch (1901–1974) 253
Karlheinz Stockhausen (1928–2007) 253
Robert Moog (1934–2005)....................................254

PARTE 6: APÊNDICES........................... 257

APÊNDICE A: Faixas de Áudio................. **259**

APÊNDICE B: Quadros de Acordes **263**

APÊNDICE C: Glossário..................... **301**

ÍNDICE.................................... 305

xxii   Teoria Musical Para Leigos

Introdução

O que você pensa quando ouve a temida expressão *teoria musical*? Seu professor de música do Ensino Fundamental olhando ameaçadoramente para você por trás do piano vem à mente? Ou talvez memórias posteriores, de colegas da faculdade em aulas teóricas determinados a anotar os assobios de um teremim? Se alguma dessas imagens tenebrosas chega perto de sua definição de teoria musical, este livro será uma surpresa muito bacana.

Para muitos músicos autodidatas, a ideia de uma teoria parece assustadora e até um pouco autodestrutiva. Afinal, se você já consegue ler tablaturas e até improvisar solos com algumas escalas, por que deveria estragar a diversão com teoria?

Até mesmo o mais básico conhecimento de teoria musical dará a você as ferramentas para expandir o limite das suas habilidades como músico. Um entendimento razoável de claves e leitura de partitura o capacita para tocar gêneros musicais muito variados, enquanto uma noção básica sobre as progressões dos acordes o ajuda a compor suas próprias músicas e os respectivos arranjos.

Sobre Este Livro

Teoria Musical Para Leigos, tradução da 3ª Edição, foi escrito para ensinar tudo o que você precisa saber para se tornar um músico exímio em manter um tempo uniforme, ler partituras e conseguir antecipar para onde uma canção deveria ir, quer esteja lendo a música de outra pessoa, quer a sua própria.

Cada capítulo é o mais independente possível. Em outras palavras, você não precisa ler cada capítulo isolado a fim de entender do que o próximo trata. Contudo, isso é útil, pois o conhecimento musical é formado dos conceitos mais simples para os mais complexos.

Este livro cobre um vasto território, desde descobrir os valores fundamentais de notas e suas assinaturas de tempo para dissecar fraseados e acrescentar harmonia a uma melodia até estudar as formas padrão que muito das músicas popular e clássica seguem. Então, se você é novo no mundo da teoria musical, leia este livro no seu ritmo. Leia-o enquanto estiver sentado ao piano, com o seu violão ou instrumento com que você esteja trabalhando a seu lado, e pare a cada par de páginas para praticar a informação que lê. Se estivesse tendo uma aula de música, este livro cobriria vários anos de informação, então se você não aprender tudo em um ou dois meses, a autoflagelação ainda não é o melhor caminho.

Introdução   1

Penso que...

Supomos que, se está lendo este livro, você ama música, quer insanamente entender música e tudo sobre ela, e você é louco pela dança complicada do tempo perfeito e dos arranjos de tons. No mínimo, assumimos que você tem uma penca de livros de partituras à sua volta lhe frustrando ou um velho piano no canto de sua casa que você gostaria de tocar.

Este livro foi escrito para todos os tipos de músicos (o que cobre a seguinte gama):

» **O completo iniciante:** Escrevemos este livro com a intenção de que ele acompanhe o músico iniciante desde os seus primeiros passos na leitura das notas musicais e no entendimento do ritmo até suas primeiras tentativas de realmente compor músicas utilizando os princípios da teoria musical. Os músicos iniciantes devem começar a leitura pelo início do livro, na Parte 1, e prosseguir até chegarem ao fim. O livro foi organizado para seguir o plano de aula que a faculdade ofereceria no curso de teoria musical.

» **O estudante de música que se afastou:** Este livro também é útil para o músico que teve aulas de um instrumento quando criança e ainda se lembra de como ler partituras, no entanto, nunca foi exposto aos princípios da formação de escalas, improvisação básica ou de como fazer improvisos com outros músicos. Muitas pessoas param nesta fase, mas, felizmente, se você fez isso, este livro foi pensado para lhe devolver o prazer de tocar. Ele mostra como ir além das restrições de interpretar uma obra musical, começar realmente a improvisar e até mesmo compor sua própria música.

» **O músico experiente:** Este livro também se destina ao músico experiente, que já sabe tocar, mas nunca chegou a aprender a ler música além das cifras e tablaturas básicas. Se você se identifica com essa descrição, comece pela Parte 1, porque ela discute especificamente o valor das notas utilizadas na partitura. Se já estiver familiarizado com os conceitos de colcheias, semínimas e assim por diante, a Parte 2 pode ser o ponto de partida. Nessa parte do livro explicamos a pauta musical completa e a combinamos com o teclado do piano e o braço do violão para uma referência mais simples e prática.

Ícones Usados Neste Livro

Os ícones são pequenas imagens que apontam as informações particularmente importantes. Você encontrará os seguintes ícones neste livro, posicionados ao longo das margens esquerdas.

Esse ícone indica um bom conselho ou uma informação que irá ajudá-lo a entender os conceitos principais.

Quando discutimos algo que pode ser problemático ou confuso, usamos este ícone.

Esse ícone sinaliza uma informação técnica: você pode seguir em frente e pulá--la, se quiser.

Quando estabelecemos um ponto de vista ou oferecemos alguma informação que achamos que você deva guardar consigo para sempre, utilizamos este ícone.

Esse ícone indica faixas relacionadas aos tópicos discutidos no livro. Você as encontra em www.altabooks.com.br.

Além Deste Livro

Você encontra todas as faixas de áudio a que este livro se refere no site da editora Alta Books em www.altabooks.com.br. Procure pelo título do livro. Faça o download da Folha de Cola completa, bem como de erratas e possíveis arquivos de apoio.

De Lá para Cá, Daqui para Lá

Se você for um estudante iniciante de música ou estiver querendo recomeçar, vá em frente e mergulhe na Parte 1. Se já estiver familiarizado com o básico dos ritmos e quiser apenas descobrir como ler as notas musicais, entre de cabeça na Parte 2. Se for um músico treinado que quer saber como improvisar e começar a escrever música, a Parte 3 aborda o básico da progressão dos acordes, as escalas e as cadências. A Parte 4 discute uma variedade de formas musicais pelas quais você pode começar a dar vida às próprias ideias.

Então relaxe e divirta-se com isto. Escutar, tocar e escrever as músicas são algumas das experiências mais agradáveis que você pode ter. *Teoria Musical Para Leigos, tradução da 3ª Edição* pode ter sido escrito por professores, no entanto, prometemos que nenhum tirano controlador de relógios vai se materializar na sua porta para checar o quão rápido você está avançando no seu aprendizado. Esperamos que se divirta com este livro tanto quanto gostamos de escrevê-lo. Sente-se, leia-o e comece a própria aventura musical.

1
Começando com a Teoria Musical

NESTA PARTE...

Conheça os fundamentos da teoria musical.

Entenda notas e pausas.

Leia fórmulas de compasso.

Descubra padrões e ritmos.

NESTE CAPÍTULO

» Conferindo a história da música

» Descobrindo os fundamentos da teoria

» Entendendo como a teoria afeta sua forma de tocar

Capítulo **1**

Afinal, o que É Teoria Musical?

Uma das coisas mais importantes para lembrar sobre a teoria musical é que a música veio primeiro. Ela já existia há milhares de anos antes que a teoria viesse para explicar o que as pessoas estavam tentando alcançar quando batiam em seus tambores. Então, nunca pense que você não pode ser um bom músico só porque nunca teve uma aula teórica. Na verdade, se for um bom músico, você já sabe bastante teoria. Talvez apenas não saiba as palavras ou as fórmulas técnicas para o que está fazendo.

Os conceitos e regras que compõem a teoria musical são bem parecidos com as regras gramaticais que governam a língua escrita (que também surgiram após as pessoas já terem aprendido com sucesso como conversar umas com as outras). Assim como a capacidade de transcrever a linguagem possibilitou que pessoas distantes "escutassem" conversas e histórias da maneira que o autor pretendia, ser capaz de transcrever a música possibilita que outros músicos leiam e toquem as composições exatamente como o compositor queria. Aprender a ler música é muito parecido com aprender uma nova língua, de forma que uma pessoa experiente possa "escutar" uma "conversa" musical ao ler uma partitura.

O mundo está cheio de pessoas que não sabem ler e escrever, mas comunicam seus pensamentos e sentimentos muito bem verbalmente. Da mesma maneira, há muitos músicos intuitivos e autodidatas por aí, que jamais aprenderam a ler e escrever música e acham toda essa ideia tediosa e desnecessária. Entretanto, de forma similar aos saltos educacionais que podem advir com o aprendizado da leitura e da escrita, a teoria musical auxilia os músicos a aprender novas técnicas, tocar estilos musicais com os quais não estão familiarizados e desenvolver a confiança de que precisam para experimentar novos desafios.

Desde os Tempos Mais Primórdios

Pelo que a história conta, na época em que o mundo antigo começava a se estabelecer — cerca de 7000 a.C. — os instrumentos musicais já tinham atingido a complexidade atual. Por exemplo, as flautas feitas de osso desse período eram perfeitamente possíveis de se tocar, e curtas performances foram gravadas com elas para que os ouvintes modernos possam ouvir.

Similarmente, os pictogramas e ornamentos funerários mostram que, por volta de 3500 a.C., os egípcios inventaram a harpa ou ao menos a usavam bastante, assim como os clarinetes de palheta dupla, as liras e uma versão própria da flauta. Por volta de 1500 a.C., os hititas do norte da Síria modificaram o formato tradicional da harpa, ou alaúde, dos egípcios e inventaram o primeiro violão de duas cordas, com um braço longo e trasteado, cravelhas de afinação no topo do braço e um corpo oco para amplificar o som das cordas ao serem puxadas.

Muitas perguntas sobre música antiga permanecem sem resposta, como por que tantas culturas diferentes apareceram com muitas das mesmas qualidades tonais em suas músicas, de forma completamente independente umas das outras. Muitos teóricos concluíram que alguns padrões de notas soam corretos para certos ouvintes e outros, não. Teoria musical, então, poderia ser simplificadamente definida como uma busca de como e por que a música soa certo ou errado. Em outras palavras, o objetivo da teoria musical é explicar *por que* algo soou de determinada maneira e *como* reproduzi-la.

Muitas pessoas consideram a Grécia Antiga o verdadeiro lugar em que a teoria musical nasceu. Isso porque os gregos antigos iniciaram as escolas de filosofia e ciências, formadas em torno dos pilares de cada um dos aspectos musicais conhecidos na época. Até Pitágoras (o cara do triângulo) entrou em cena ao criar a escala cromática que usamos ainda hoje (veja o Capítulo 7). Ele a criou por meio do primeiro ciclo das quintas (veja o Capítulo 8), um artifício ainda usado religiosamente por músicos de todos os estilos.

Aristóteles, outro famoso cientista e filósofo grego, foi responsável por muitos livros sobre teoria musical. Ele iniciou uma forma rudimentar de notação musical que permaneceu em uso na Grécia e nas culturas subsequentes por aproximadamente mil anos após sua morte.

Na verdade, bastante conteúdo de teoria musical foi criado na Grécia Antiga, e não pareceu haver a necessidade de se fazer mudanças substanciais até a Renascença Europeia, cerca de 2 mil anos depois. Os vizinhos e conquistadores da Grécia ficaram mais do que felizes em incorporar matemática, ciências, filosofia, arte, literatura e música gregas às próprias culturas.

Teoria Musical em Cena

Ainda que fosse ótimo ser uma daquelas pessoas que pegam qualquer instrumento e tocam lindas músicas sem nenhum treinamento específico, a maioria das pessoas necessita de algum tipo de instrução estruturada, seja um professor ou a leitura de um livro. Nas seções a seguir, damos as informações básicas de que precisa para começar a aprender a ler música, interpretar escalas, entender tonalidades de claves, formar acordes e compor com formas.

Entendendo o básico: Notas, pausas e tempos

Aprender a ler música é essencial para um músico, especialmente aquele que quer compartilhar sua música com outros músicos ou descobrir o que estão tocando. Estudar os elementos básicos, como valores de tempo de cada tipo de nota escrita (veja o Capítulo 2), pausas musicais (veja o Capítulo 3), fórmulas de compasso (veja o Capítulo 4) e ritmo (veja o Capítulo 5), é estar no caminho para dominar a música. Todos esses elementos se reúnem para estabelecer uma base que lhe permite lê-la, tocá-la e estudá-la.

Manipulando e combinando notas

Ler notas musicais agudas e graves nas claves de Sol e de Fá, bem como encontrar notas no piano e na guitarra — os dois instrumentos mais comuns que as pessoas aprendem a tocar — é crucial para se fazer e estudar música. O Capítulo 6 lhe dá essa visão completa.

Ao ler notas em partituras, você determina a *armadura de clave* de uma obra musical, um grupo de símbolos que lhe diz em que tom a música foi escrita. Você pode usar o círculo das quintas para treinar a leitura de armaduras de claves, considerando os sustenidos e bemóis em uma fórmula de compasso. Você lê mais sobre as armaduras de clave e o círculo das quintas no Capítulo 8.

CAPÍTULO 1 **Afinal, o que É Teoria Musical?** 9

TECLADO E NOTAÇÃO MUSICAL

Antes do período renascentista, houve poucas mudanças inovadoras na tecnologia musical. Os instrumentos de corda, os de sopro feitos de madeira, de chifres e instrumentos de percussão já existiam há milhares de anos e, apesar de terem sido submetidos a muitas melhorias no formato e na técnica, eram essencialmente os mesmos instrumentos usados pelos povos da antiga Mesopotâmia. Só por volta do ano 1300 um instrumento musical completamente novo apareceu: o teclado.

Com a invenção do teclado, surgiu a notação moderna da música — a música escrita. Ela se propagou devido à facilidade para compor para orquestras inteiras. Além disso, a maioria das obras então encomendadas foi criada nesses moldes por causa da já mencionada percepção de superioridade do instrumento por parte do público.

Os compositores franceses do século XV adicionavam quantas linhas precisavam às partituras (consulte o Capítulo 6 para saber tudo sobre a partitura musical). Eles também escreviam músicas com diversas partituras para serem tocadas simultaneamente por diferentes instrumentistas. Como há muitas notas em um teclado, partituras separadas para a mão esquerda e para a direita começaram a ser usadas: a clave de fá e a clave de sol.

Como vemos no Capítulo 10, o teclado tem a vantagem de formar acordes de maneira incrivelmente simples. Por volta do século XVII, a partitura com cinco linhas foi considerada o padrão para a maioria dos instrumentos — provavelmente porque era mais barato e fácil de produzir somente um tipo de partitura para que os músicos escrevessem suas composições. O sistema não mudou muito ao longo dos últimos quatro séculos e, provavelmente, não mudará até que uma nova interface instrumental mais inovadora e com maior apelo entrem em cena.

Depois que se familiarizar com as claves, você passará para intervalos, acordes e progressões de acordes, que criam a complexidade dos sons — de agradável e tranquilo a tenso e urgente. Como discutimos no Capítulo 9, você forma escalas e acordes com intervalos simples ou compostos: melódico e harmônico. Os Capítulos 10 e 11 mostram tudo o que você precisa saber sobre formação e progressão de acordes, bem como montar e usar acordes estendidos.

Estudando formas musicais e composições

As principais músicas populares e clássicas são compostas com formas específicas. Uma *forma* é um modelo usado para criar um certo tipo de música. Os fundamentos das formas incluem frases e períodos musicais (que abordaremos no Capítulo 14), e ritmo, melodia e harmonia entram em cena para criar o *gênero*, ou estilo de uma música.

10   PARTE 1 **Começando com a Teoria Musical**

Ao sentar-se para escrever uma música, você escolhe a forma para seguir; por exemplo: clássica ou popular. Você pode escolher entre muitas formas clássicas e populares, incluindo sonatas, concertos, blues de 16 compassos e estrófica (os Capítulos 15 e 16 fornecem informações sobre as formas existentes). Você cria sons variados conforme a forma que escolher, tocando no tempo, dinâmica e timbre do instrumento (veja os Capítulos 12 e 13 para saber mais).

Vendo Como a Teoria Ajuda a Sua Música

Caso não entenda muito, talvez ache que músicas podem começar em qualquer nota, seguir em qualquer direção e simplesmente parar quando o músico sentir vontade de se levantar para tomar um copo de chá gelado. Apesar de muitos de nós já termos presenciado performances musicais que de fato seguem esse estilo de "composição", para a maioria, elas são confusas, insignificantes e parecem meio sem propósito.

As únicas pessoas que têm *bom* desempenho com improvisos são as que conhecem música o suficiente para montar os acordes e notas próximos de forma que soem naturais para os ouvintes. E, como a música é uma forma de comunicação intrínseca, conectar-se com os ouvintes é o que, de fato, importa.

Aprender teoria musical também é incrivelmente inspirador. Nada descreve as luzes que se acendem em sua mente quando de repente você sabe como reunir uma progressão de blues de 12 compassos e tirar uma canção realmente boa dela. Ou quando você olha para uma peça de música clássica e se percebe ansioso em tocá-la pela primeira vez. Ou ainda a primeira ocasião em que se senta para fazer uma improvisação com seus amigos e descobre que possui confiança para assumir a liderança.

LEMBRE-SE

Como músico, o fato inescapável é o seguinte: o que você tem da música é o que coloca nela. Se quiser ser capaz de tocar música clássica, você precisa de uma visão geral e saber como manter uma batida constante. Se pretende se tornar um guitarrista de rock, saber quais notas precisa tocar em uma determinada clave é especialmente importante. Saber tocar exige muita disciplina pessoal; mas, no final das contas, todo o trabalho árduo vale a pena. Além disso, é claro, tocar é divertido, e saber tocar bem é incrivelmente divertido. Todo mundo adora uma estrela do rock, um bom jazz ou um aspirante a Mozart.

12   PARTE 1 Começando com a Teoria Musical

> **NESTE CAPÍTULO**
>
> » Entendendo ritmo, batida e tempo
>
> » Revisando notas e seus valores
>
> » Contando (e batendo palmas para indicar) diferentes notas
>
> » Entendendo ligadura e notas pontuadas
>
> » Combinando valores de notas e as contando

Capítulo 2
Definindo Quanto as Notas Valem

Praticamente todo mundo já teve algum tipo de lição musical, sejam particulares, de algum professor local de piano, ou aquelas básicas oferecidas nas escolas. Seja como for, a certa altura todos tivemos que marcar o tempo, mesmo que apenas batendo palmas.

Talvez as lições musicais parecessem sem sentido naquela época, ou apenas uma grande desculpa para dar um tapa na cabeça do seu colega no Ensino Fundamental. Entretanto, contar o tempo é exatamente o ponto em que devemos iniciar a música. Sem um ritmo definido, não existe ordem na música e nem há com o que dançar ou balançar a cabeça. Apesar de todas as outras partes da música (o tom, a melodia, a harmonia etc.) serem bastante importantes, sem o ritmo não há canção.

LEMBRE-SE

Tudo a sua volta tem um ritmo próprio, e isso inclui você. Na música, o *ritmo* é o padrão dos pulsos regulares ou irregulares. A tarefa mais básica que você tem que realizar é encontrar o ritmo nas canções. Por sorte, a música escrita facilita a interpretação das obras dos outros compositores e a produção do tipo de ritmo que eles tinham em mente para suas composições.

CAPÍTULO 2 **Definindo Quanto as Notas Valem** 13

Neste capítulo, damos a você uma introdução sólida do básico sobre contar notas e descobrir o ritmo, a batida e o tempo de uma música.

Conhecendo a Batida

A *batida* é uma pulsação que divide o tempo em comprimentos iguais. Um relógio de corda é um bom exemplo. A cada minuto o ponteiro soa 60 vezes e cada uma dessas vezes é uma batida. Se você acelerar ou diminuir a velocidade do ponteiro, estará mudando o *andamento* da batida. As *notas* dizem a você o que tocar em cada um desses cliques do ponteiro. Em outras palavras, elas indicam quantas vezes e por quanto tempo deve tocar certo *tom* musical — o som agudo ou grave que uma nota específica produz — dentro daquela batida.

Quando você pensa na palavra *nota* em relação à música, pode pensar em um som. Entretanto, na música, uma das funções principais das notas musicais é explicar exatamente quanto tempo um tom específico deve ser cantado pela voz ou tocado pelo instrumento. O *valor das notas*, indicado por seu tamanho e forma, determina seu comprimento. Junto com as três características anteriores, o valor da nota determina que tipo de ritmo a obra musical resultante terá, quer seja executada bem rápida e alegremente, quer de forma lenta e sombria ou ainda de outra maneira qualquer.

Ao entender como seguir a batida, as *baquetas* (instrumentos cilíndricos de madeira) são realmente úteis. Se tiver um par, pegue-o. Se não tiver, bater palmas ou bater suas mãos em bongôs ou em sua mesa também funciona.

LEMBRE-SE

Por fim, "ouvir" uma batida em sua cabeça (ou "senti-la" em seu corpo) é absolutamente fundamental enquanto se toca, independentemente de você estar lendo uma partitura ou tocando com outros músicos. O único jeito de dominar essa tarefa básica é *praticar, praticar, praticar*. Seguir a batida é algo que você precisa entender se quer progredir na música.

DICA

Talvez a maneira mais fácil de praticar tocar com uma batida constante seja comprar um metrônomo. Eles são muito baratos (inclusive, você encontra aplicativos para seu smartphone). Mesmo um metrônomo ruim deve durar anos. A vantagem de um metrônomo é que você pode ajustá-lo para uma ampla gama de tempos, de muito, muito lento para o The Flash. Se estiver usando um metrônomo para praticar — especialmente se estiver lendo uma partitura —, pode definir a batida para a velocidade com que você se sente confortável e gradualmente a acelerar até a velocidade prevista pelo compositor quando já estiver familiarizado com o ritmo da música.

Reconhecendo Notas e Seus Valores

Se pensar na música como uma linguagem, as notas musicais são as letras do alfabeto — o básico para a formação de uma obra musical. Estudar como o valor de cada nota se relaciona com o das outras em uma partitura é ainda mais importante do que os tons musicais, porque se você alterar os valores das notas obterá uma música completamente diferente. Na verdade, quando os músicos dizem tocar alguma obra musical "no estilo" de Bach, Beethoven ou Philip Glass, é mais que provável que estejam se referindo ao uso da estrutura do ritmo e das características do andamento da música daquele compositor em particular do que a qualquer predileção por progressões de acordes ou escolha de melodias.

Nesta seção, daremos uma olhada demorada nas notas e sua composição. Também discutimos os conceitos básicos sobre os valores das notas. Para obter informações mais detalhadas sobre elas, consulte o Capítulo 6.

Examinando as notas e seus elementos

As notas consistem em três elementos específicos: a cabeça, a haste e o colchete, ou bandeirola (veja a Figura 2-1).

- » **Cabeça:** A *cabeça* é parte redonda da nota. Todas a têm.
- » **Haste:** A *haste* é a reta acoplada à cabeça. Colcheias, semínimas e mínimas têm haste.
- » **Colchete:** O *colchete* é a pequena linha que sai da parte inferior ou superior da haste da nota. Colcheias e notas mais curtas têm colchetes.

LEMBRE-SE

As hastes podem apontar para cima ou para baixo, dependendo da posição em que estão na *partitura* (você descobre tudo sobre partituras nos Capítulos 4 e 6). A haste apontar para cima ou para baixo não influencia no valor da nota.

FIGURA 2-1: A nota semibreve só tem cabeça; a semínima, cabeça e haste; e a colcheia, cabeça, haste e colchete.

© John Wiley & Sons, Inc.

Em vez de cada nota ter um colchete, as notas também podem ser conectadas umas às outras com uma *barra de ligação*, que é apenas uma forma de organizá-las visualmente. Por exemplo, a Figura 2-2 mostra como duas colcheias podem ser escritas cada uma tendo um colchete ou conectadas por uma barra de ligação.

FIGURA 2-2:
As colcheias podem ser conectadas por barras de ligação em vez de cada uma ter um colchete individual.

© John Wiley & Sons, Inc.

A Figura 2-3 mostra quatro semicolcheias com colchetes agrupadas de três maneiras: individuais, em dois pares conectados por uma barra de ligação dupla, e todas as quatro unidas por uma barra de ligação dupla. Não importa a forma como são escritas, elas produzirão o mesmo som quando tocadas.

FIGURA 2-3:
Esses três grupos de semicolcheias, escritas de três maneiras diferentes, produzirão o mesmo som quando tocados.

© John Wiley & Sons, Inc.

Da mesma forma, oito fusas podem ser escritas de qualquer uma das maneiras mostradas na Figura 2-4. Note que as fusas têm *três* colchetes (ou três bandeirolas). Usar barras de ligação em vez de colchetes individuais em notas é simplesmente uma maneira de limpar uma partitura que ficaria muito desorganizada. As barras de ligação ajudam os músicos, permitindo-lhes ver onde estão as batidas de tempo forte. Em vez de ver 16 semicolcheias desconectadas, é útil para um músico ver quatro grupos de quatro semicolcheias conectadas por uma barra de ligação.

FIGURA 2-4: Tal qual as colcheias e semicolcheias, as fusas podem ser escritas separadamente ou com colchetes unidos.

© John Wiley & Sons, Inc.

Observando os valores das notas

Como talvez você se lembre da escola ou das aulas de música, cada nota possui o próprio *valor*. Antes de entrar nos detalhes sobre cada tipo de nota de que falamos neste capítulo, dê uma olhada na Figura 2-5, que exemplifica a maioria dos tipos de nota que você encontrará nos arranjos musicais, de forma que os valores delas somem o mesmo em cada fila. Cada nível da "árvore de notas" é igual aos outros. No topo está a semibreve; abaixo, as mínimas; então, as semínimas, colcheias e, finalmente, as semicolcheias, na parte inferior. O valor de uma mínima, por exemplo, é metade do de uma semibreve, e o valor de uma semínima é um quarto do de uma semibreve.

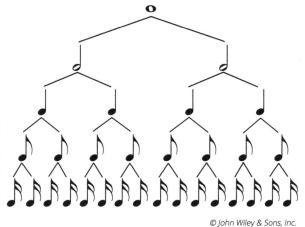

FIGURA 2-5: Cada nível dessa árvore de notas dura tantas batidas quanto os outros.

© John Wiley & Sons, Inc.

DICA

Outra forma de encarar as notas musicais é imaginar a semibreve como uma torta, o que é fácil, porque ela é redonda. Para repartir a torta em semínimas, corte-a em quatro. Se você cortá-la em oito, a repartirá em colcheias, e assim por diante.

Dependendo da fórmula do compasso da obra musical (veja o Capítulo 4), o número de tempos por nota varia. No compasso mais comum, o 4/4, também chamado de *compasso simples*, uma semibreve possui a duração de quatro tempos; uma mínima, de dois, e uma semínima, de um tempo. Uma colcheia tem a duração de meio-tempo e uma semicolcheia dura apenas um quarto do compasso 4/4.

DICA

Muitas vezes, a semínima é igual a uma batida. Se você canta: "MA-RIA-TI--NHAUM-CAR-NEI-RI-NHO", cada sílaba (exceto a elisão "nha+um", que contará como uma única "sílaba") é uma batida (você pode bater palmas junto com elas); cada uma recebendo uma semínima, se a música estiver em um tempo 4/4. Você descobrirá muito mais sobre compasso e batidas no Capítulo 4.

Conferindo as Semibreves

A semibreve é a nota que tem a maior duração. A Figura 2-6 mostra como ela é.

FIGURA 2-6: Uma semibreve é um ovo oco.

© John Wiley & Sons, Inc.

No compasso 4/4, a semibreve dura todos os seus quatro tempos (veja o Capítulo 4 para saber mais sobre os compassos). Para preencher os quatro tempos (uma semibreve), você não precisa fazer nada além de a tocar e segurar. É isso.

Geralmente, para contar valores de notas, você bate palmas ou toca a nota e diz em voz alta as batidas restantes. Você conta as batidas de semibreves como o mostrado na Figura 2-7, assim:

PALMA dois três quatro PALMA dois três quatro PALMA dois três quatro

"PALMA" significa que você bate palmas e "dois três quatro" é o que você diz em voz alta enquanto a nota é sustentada por quatro tempos.

FIGURA 2-7: Quando você vê três semibreves em sequência já sabe que cada uma possui a própria "contagem de quatro tempos".

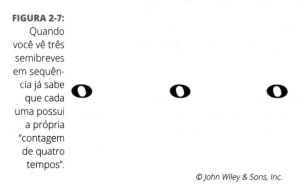

© John Wiley & Sons, Inc.

18   PARTE 1 **Começando com a Teoria Musical**

Ainda melhor para um músico cansado é topar com uma breve. Você não a vê com muita frequência, porém, quando a vê, ela se parece com a Figura 2-8, e é comumente usada em músicas lentas ou medievais. Quando vir uma breve, você tem que sustentá-la por uma contagem inteira de oito tempos, assim:

PALMA dois três quatro cinco seis sete oito

FIGURA 2-8: Uma breve é sustentada pelo dobro do tempo de uma semibreve.

© John Wiley & Sons, Inc.

Outra maneira comum de tocar uma nota musical que dure oito tempos é quando duas semibreves estão ligadas. As *ligaduras* serão discutidas posteriormente neste capítulo.

Localizando as Mínimas

É pura lógica pensar no valor de uma mínima — uma nota tocada pela metade do tempo de uma semibreve. Você segura uma mínima pela metade do tempo que faria com uma semibreve. As mínimas são apresentadas na Figura 2-9. Quando você conta as notas da Figura 2-9, fica com algo assim:

PALMA dois PALMA dois PALMA dois

LEMBRE-SE

Como o tempo forte da nota na Figura 2-9 está na mínima, você conta apenas o número dois.

FIGURA 2-9: Uma mínima é sustentada pela metade do tempo de uma semibreve.

© John Wiley & Sons, Inc.

Você pode ter uma semibreve seguida de duas mínimas, como na Figura 2-10. Nesse caso, contaria as três notas da seguinte maneira:

PALMA dois três quatro PALMA dois PALMA dois

FIGURA 2-10: Uma semibreve seguida de duas mínimas.

© John Wiley & Sons, Inc.

Considerando as Semínimas

Divida uma semibreve, que vale quatro tempos, por quatro, e tenha uma semínima, com o valor de uma nota por tempo. As semínimas se parecem com as mínimas, exceto pelo fato de o tempo ser inteiramente preenchido pela nota, como na Figura 2-11. As quatro semínimas são contadas assim:

PALMA PALMA PALMA PALMA

LEMBRE-SE

Como a nota de valor mais alto é a semínima, você só contaria até um. Quatro semínimas juntas têm a mesma duração de uma semibreve.

FIGURA 2-11: Cada semínima vale um tempo.

© John Wiley & Sons, Inc.

Suponha que substituamos uma das semínimas por uma semibreve e outra por uma mínima, como na Figura 2-12. Nesse caso, você contaria:

PALMA dois três quatro PALMA PALMA PALMA dois

FIGURA 2-12: Uma mistura de semibreve, mínima e semínima se aproxima daquilo que você encontra na música.

© John Wiley & Sons, Inc.

Examinando Colcheias e Outras Notas Menores

Quando uma partitura inclui colcheias e outras notas menores, ela realmente começa a ficar um pouco intimidadora. Normalmente, apenas um ou dois grupos de colcheias na notação de uma obra musical não são suficientes para assustar o estudante iniciante; no entanto, quando você abre uma página repleta de colcheias, semicolcheias e fusas, sabe que terá muito trabalho pela frente. Por quê? Porque essas notas musicais são *rápidas*.

Uma colcheia, mostrada na Figura 2-13, equivale à metade de uma semínima. As oito colcheias duram o mesmo que uma semibreve, o que significa que uma colcheia preenche metade de um tempo (no compasso simples, 4/4).

FIGURA 2-13: Uma colcheia é sustentada por um oitavo do tempo de uma semibreve.

© John Wiley & Sons, Inc.

Como pode haver um meio-tempo? Simples. Bata o pé para marcar o tempo e bata palmas duas vezes para cada batida do pé.

PALMA-PALMA PALMA-PALMA PALMA-PALMA PALMA-PALMA

Ou você pode contar da seguinte maneira:

UM-e DOIS-e TRÊS-e QUATRO-e

Os números representam os quatro tempos e os "es", os meios-tempos.

Outra maneira de usar o metrônomo é pensar em cada clique como uma colcheia em vez de uma semínima. Isso significa que uma semínima possui agora dois cliques; uma mínima, quatro e uma semibreve, oito cliques.

Similarmente, se tiver uma obra musical com semicolcheias, cada uma das 16 notas pode ser igual a um clique do metrônomo; uma colcheia, igual a dois cliques; uma semínima, a quatro; uma mínima, a oito e uma semibreve, a 16 cliques.

Uma semicolcheia possui o valor de um quarto de uma semínima, o que significa que ela dura 1/16 de uma semibreve. Uma semicolcheia é escrita como mostra a Figura 2-14.

Se você tiver uma partitura com alguma fusa, mostrada na Figura 2-15, lembre-se de que ela equivalerá a um clique do metrônomo; uma semicolcheia, a dois cliques; uma colcheia, a quatro; uma semínima, a oito; uma mínima, a 16 e uma semibreve, a 32. Você vai ficar feliz em saber que não verá fusas com muita frequência.

FIGURA 2-14: Uma semicolcheia preenche metade do tempo de uma colcheia.

© John Wiley & Sons, Inc.

FIGURA 2-15: Uma fusa preenche metade do tempo de uma semicolcheia.

© John Wiley & Sons, Inc.

Aumentando as Notas com Pontos e Ligaduras

Às vezes você quer adicionar algo, mesmo que sutilmente, ao valor de uma nota musical. Existem duas maneiras de estender o valor da nota na música escrita: as *notas pontuadas* e as *notas ligadas*. Mostramos as duas nas seções a seguir.

As notas pontuadas

Ocasionalmente você encontrará uma nota musical seguida de um pequeno ponto, chamado de *ponto de aumento*. Isso significa que o valor da nota é aumentado pela metade do seu valor original. O uso mais comum da nota pontuada é quando uma mínima tem que durar três tempos em vez de dois, como na Figura 2-16. Outra maneira de pensar em pontos é que eles fazem uma nota equivaler a *três* do valor mais curto seguinte em vez de dois.

FIGURA 2-16: Uma mínima pontuada é sustentada por uma metade a mais do que uma comum.

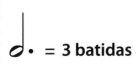

© John Wiley & Sons, Inc.

Menos comum, porém também aplicável aqui, é a semibreve pontuada. Isso significa que o valor da semibreve é aumentado de quatro para seis tempos.

PAPO DE ESPECIALISTA

Se existirem dois pontos após a nota musical — o que se chama de *ponto de aumento duplo* —, o valor do tempo da nota aumenta em mais um quarto da nota original além do aumento da metade dela indicado pelo primeiro ponto. Uma mínima com dois pontos teria o valor de dois tempos, mais um tempo, mais meio-tempo; ou três tempos e meio. Isso é raro de se ver na música moderna. O compositor Richard Wagner usava muito as notas com ponto de aumento triplo no século XIX.

As ligaduras

Outra maneira de aumentar o valor de uma nota musical é *ligando-a* a outra, conforme mostra a Figura 2-17. As ligaduras conectam as notas musicais que possuem a mesma altura para criar uma nota sustentada em vez de duas notas separadas. Portanto, uma semínima ligada a outra é igual a uma nota sustentada por dois tempos:

PALMA-dois!

FIGURA 2-17: Duas semínimas ligadas possuem o valor exato de uma mínima.

© John Wiley & Sons, Inc.

CUIDADO

Não confunda a ligadura de prolongamento com a *ligadura de articulação*. A ligadura de articulação, ou de fraseado, parece bastante com a ligadura de prolongamento, porém, conecta duas notas de *afinações diferentes*. (Você saberá mais sobre o assunto no Capítulo 12.)

Combinando Tudo

Você não vai encontrar muitas músicas que sejam compostas inteiramente com um só tipo de nota, então precisará lidar com uma variedade de valores.

Os quatro exercícios nas Figuras 2-18 a 2-21 são exatamente o que você precisa para praticar, fazendo o tempo grudar na cabeça para registrar automaticamente o valor de cada tipo de nota em seu cérebro. Cada exercício contém cinco grupos (ou *compassos*) de quatro tempos. Os compassos são marcados pelas linhas verticais, chamadas de *barras de compasso*, as quais você conhecerá melhor no Capítulo 4.

Nesse exercício, você bate palmas na PALMA e fala os números em voz alta. Onde encontrar palmas com hífen, PALMA-PALMA, serão duas palmas por tempo (em outras palavras, duas palmas no espaço de uma normal).

DICA

Para facilitar, comece apenas contando e, ao chegar no quatro, caia de cabeça.

Exercício 1

PALMA PALMA PALMA PALMA | PALMA dois três PALMA | PALMA dois três quatro | PALMA dois três quatro | PALMA PALMA PALMA quatro

FIGURA 2-18: Exercício 1.

© John Wiley & Sons, Inc.

Exercício 2

PALMA dois três quatro | PALMA dois três quatro | PALMA PALMA três PALMA | PALMA dois PALMA quatro | PALMA dois três quatro

FIGURA 2-19: Exercício 2.

© John Wiley & Sons, Inc.

Exercício 3

PALMA PALMA-PALMA PALMA quatro | PALMA dois três quatro | PALMA dois três PALMA | PALMA-PALMA PALMA três quatro | PALMA dois PALMA quatro

FIGURA 2-20: Exercício 3.

© John Wiley & Sons, Inc.

Exercício 4

PALMA dois PALMA quatro | PALMA dois três PALMA | PALMA dois três quatro | um PALMA três quatro | PALMA dois três quatro

FIGURA 2-21: Exercício 4.

© John Wiley & Sons, Inc.

> **NESTE CAPÍTULO**
> » Contando o valor das pausas
> » Ligando pausas e ampliando intervalos
> » Misturando notas e pausas

Capítulo 3
Fazendo uma Pausa

À s vezes os aspectos mais importantes de uma conversa são as coisas que não são ditas. Da mesma maneira, muitas vezes são as notas musicais que você não toca que fazem toda a diferença em uma obra musical.

Essas "notas" silenciosas são chamadas, muito apropriadamente, de pausas. Quando você vê uma pausa em uma música, não precisa fazer coisa alguma além de continuar contando os tempos. As pausas são especialmente importantes quando você escreve sua música para que as outras pessoas leiam — e ao ler as músicas de outros compositores —, porque essas pausas fazem com que o ritmo daquela música fique ainda mais preciso do que aquilo que as notas musicais fariam sozinhas.

Pausas funcionam particularmente bem com músicas para vários instrumentos. Elas facilitam a vida do músico ao contar os tempos e acompanhar o restante do conjunto, mesmo que o instrumento daquele músico só venha a tocar mais tarde na música. Assim, na música para piano, as pausas dizem à mão esquerda ou à direita — ou a ambas — para parar de tocar.

LEMBRE-SE

Porém, não deixe o nome o enganar. Uma pausa em uma música é tudo menos a hora de tirar uma soneca. Se você não continuar a contagem firmemente nas pausas, assim como faz quando toca as notas, perderá o tempo e, no fim, a música cairá por terra.

Conhecendo as Pausas

Pense nas pausas como os espaços entre as palavras em uma frase escrita. Se esses espaços não estivessem lá, você teria apenas uma única palavra longa de um dialeto misterioso.

LEMBRE-SE

Pausas não recebem aplausos (ou notas de instrumentos ou vozes). Você apenas as conta em sua cabeça. Lembre-se de parar de tocar seu instrumento enquanto estiver contando.

A Figura 3-1 mostra o valor relativo das pausas, indo de uma pausa de semibreve no topo a dezesseis pausas na parte de baixo. No topo está a pausa da semibreve, abaixo dela a da mínima, então a da semínima, a pausa da colcheia e a da fusa. Discutiremos cada uma delas nas seções a seguir.

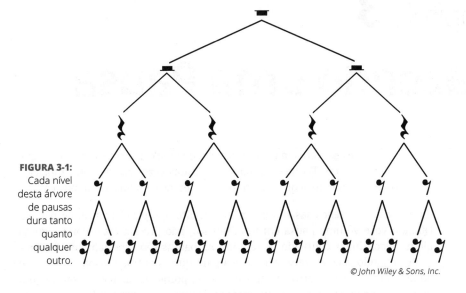

FIGURA 3-1: Cada nível desta árvore de pausas dura tanto quanto qualquer outro.

© John Wiley & Sons, Inc.

A pausa da semibreve

Assim como uma nota semibreve, a pausa vale quatro tempos (no compasso mais comum, 4/4; veja o Capítulo 4 para ler tudo o que precisa saber sobre os compassos). Veja a Figura 3-2 para um exemplo das pausas da semibreve.

DICA

A pausa da semibreve se parece com um chapéu de cabeça para baixo. Você pode lembrar que ela é a pausa da semibreve imaginando-a como um chapéu que foi tirado e deixado em cima da mesa, porque ela é a pausa mais longa.

FIGURA 3-2: Uma pausa da semibreve se parece com um chapéu de ponta-cabeça.

© John Wiley & Sons, Inc.

Ainda melhor do que uma semibreve dupla para um músico que esteja cansado é a rara pausa da breve, que aparece na Figura 3-3. Ao vir uma dessas em uma música 4/2, não precisa tocar coisa alguma durante oito batidas.

FIGURA 3-3: Você raramente encontrará a pausa da breve.

© John Wiley & Sons, Inc.

A pausa da mínima

Se (no tempo 4/4) a pausa da semibreve é sustentada por quatro tempos, a da mínima é sustentada por dois. A pausa da mínima está na Figura 3-4.

FIGURA 3-4: A pausa da mínima dura a metade do tempo da pausa da semibreve.

© John Wiley & Sons, Inc.

DICA

Como a da semibreve, a pausa da mínima se parece com um chapéu. Entretanto, na pausa da mínima fica de cabeça para cima para não dar tempo de deixá-lo descansando sobre a mesa.

Dê uma olhada nas notas e pausas da Figura 3-5. Se você tivesse que contar a música escrita na Figura 3-5, soaria assim:

PALMA dois três quatro PALMA dois PAUSA dois

FIGURA 3-5: Uma semibreve, uma mínima e uma pausa de mínima.

© John Wiley & Sons, Inc.

CAPÍTULO 3 **Fazendo uma Pausa** 29

A pausa da semínima

Divida uma pausa da semibreve por quatro, ou uma da mínima por dois e terá uma pausa de semínima. A pausa da semínima possui a duração de um quarto da pausa da semibreve. A pausa de semínima está na Figura 3-6.

FIGURA 3-6: Uma pausa da semínima, escrita como um tipo de rabisco é como uma semínima silenciosa.

© John Wiley & Sons, Inc.

A Figura 3-7 mostra uma semibreve e uma mínima separadas por duas pausas de semínima. Você bateria palmas com a Figura 3-7 da seguinte maneira:

PALMA dois três quatro PAUSA PAUSA PALMA dois

FIGURA 3-7: As duas pausas da semínima estão entre as notas.

© John Wiley & Sons, Inc.

As pausas da colcheia e outras menores

As pausas da colcheia, semicolcheia e fusa são fáceis de serem reconhecidas, pois todas possuem pequenos colchetes, ligeiramente parecidos com suas contrapartes das notas musicais, como mostramos no Capítulo 2. Aqui está a verdade nua e crua sobre os colchetes que cada pausa tem:

- » **Um colchete:** Uma colcheia tem um colchete em sua haste, assim como sua pausa; veja a Figura 3-8.
- » **Dois colchetes:** Uma semicolcheia possui dois colchetes, igual a sua pausa; veja a Figura 3-9.
- » **Três colchetes:** Se uma fusa tem três colchetes, você já sabe quantos sua pausa tem; veja a Figura 3-10.

FIGURA 3-8: Uma pausa da colcheia possui uma haste e um pequeno colchete.

© John Wiley & Sons, Inc.

Como pode imaginar, as pausas da colcheia podem ser tão complicadas de serem contadas quanto suas notas musicais equivalentes. Uma colcheia dura a metade de uma semínima, e isso geralmente significa menos de um tempo inteiro. Existem oito pausas de colcheia em uma pausa de semibreve.

DICA

Usar um metrônomo para contar as notas e pausas talvez seja a melhor maneira de compreender uma obra musical. Você pode ajustar os cliques do metrônomo para qualquer andamento que desejar. Ter uma semínima igual a um tempo pode parecer natural, porém, em vez de tentar pensar em meios-tempos, você também pode determinar que uma colcheia corresponda a um clique. Então, uma semínima é igual a dois cliques; uma mínima, a quatro e uma semibreve, a oito cliques. A relação entre as notas e as diferentes pausas sempre se mantém a mesma, independentemente de quantos sejam os cliques do metrônomo em uma semibreve.

A pausa da semicolcheia é a da Figura 3-9. Ela possui o valor da nota musical de 1/16 de uma pausa de semibreve. Em outras palavras, há dezesseis pausas de semicolcheia em uma de semibreve.

FIGURA 3-9: Uma pausa da semi-colcheia possui dois pequenos colchetes.

© John Wiley & Sons, Inc.

Você provavelmente jamais a verá; porém, uma pausa de fusa é como a da Figura 3-10. A pausa da fusa possui o valor de 1/32 de uma de semibreve. Ou seja, há 32 pausas de fusa em uma de semibreve.

FIGURA 3-10: Uma pausa de fusa é muito rara e possui três colchetes.

© John Wiley & Sons, Inc.

Pausas Pontuadas

Diferente das notas musicais, as pausas nunca são ligadas umas às outras para serem alongadas. Pausas, às vezes, são pontuadas quando seu valor precisa ser estendido. Assim como ocorre com as notas, quando vir uma pausa seguida de um *ponto de aumento*, seu valor aumenta a metade em relação ao original. (Vá para o Capítulo 2 para saber detalhes sobre pontos e ligaduras.)

A Figura 3-11 mostra uma pausa de mínima pontuada, que você segura pelo tempo da pausa de uma mínima mais sua metade. Uma pausa de semínima é estendida por mais uma metade da pausa da semínima.

FIGURA 3-11: Uma pausa de mínima pontuada é sustentada pelo tempo de uma pausa de mínima mais metade.

© John Wiley & Sons, Inc.

Na Batida com Notas e Pausas

A melhor maneira de realmente perceber como as pausas afetam uma obra musical é misturando as notas. Para evitar criar muita confusão, usamos apenas semínimas nos exercícios seguintes.

Os cinco exercícios apresentados nas Figuras 3-12 a 3-16 são exatamente o que você precisa para praticar, mantendo o tempo firme em sua cabeça e registrando automaticamente o valor de cada tipo de nota musical e pausa em seu cérebro. Cada exercício contém três grupos de quatro tempos.

LEMBRE-SE

Nestes exercícios, com quatro tempos por compasso (tempo 4/4), você bate palmas nas notas e conta as pausas em voz alta. Comece contando e, quando chegar ao quatro, pise fundo.

32   PARTE 1 Começando com a Teoria Musical

Exercício 1

PALMA PALMA PALMA PALMA | Um dois três quatro | PALMA dois três PALMA

FIGURA 3-12: Exercício 1.

© John Wiley & Sons, Inc.

Exercício 2

Um dois três quatro | PALMA dois PALMA quatro | PALMA dois três PALMA

FIGURA 3-13: Exercício 2.

© John Wiley & Sons, Inc.

Exercício 3

Um PALMA três PALMA | Um dois três quatro | PALMA dois três PALMA

FIGURA 3-14: Exercício 3.

© John Wiley & Sons, Inc.

Exercício 4

Um dois PALMA PALMA | Um dois três quatro | PALMA PALMA PALMA quatro

FIGURA 3-15: Exercício 4.

© John Wiley & Sons, Inc.

CAPÍTULO 3 **Fazendo uma Pausa** 33

Exercício 5

Um dois três quatro | PALMA dois três PALMA | Um dois PALMA PALMA

FIGURA 3-16: Exercício 5.

© John Wiley & Sons, Inc.

> ## NESTE CAPÍTULO
>
> » **Conheça compassos e notações de tempo**
>
> » **Descubra a diferença entre os compassos simples e compostos**
>
> » **Confira a magia da assimetria**

Capítulo 4

Pegue no Compasso

aso se pergunte como acompanhar e saber em que parte está em uma longa obra, não tenha medo. Os gênios que inventaram a notação musical descobriram uma maneira de criar uma ordem a partir das notas e pausas. Uma vez que esteja familiarizado com as notações de tempo e a estrutura da pauta musical, incluindo o conceito de compasso (barras de compasso), tudo o que você realmente precisa fazer é continuar contando o tempo.

Descobrindo o Segredo do Compasso

Na música escrita, logo após a clave (veja o Capítulo 8 para saber mais sobre claves), no começo da partitura, há um par de números, um em cima do outro.

O par de números é chamado de *fórmula do compasso*, o que, a propósito, é o personagem principal deste capítulo. A fórmula do compasso está aqui para dizer duas coisas:

> » **O número de tempos em cada compasso:** O número de cima indica o número de tempos a serem contados em cada compasso. Se for três, cada compasso conterá três tempos.

CAPÍTULO 4 **Pegue no Compasso** 35

» **Qual nota recebe o tempo forte:** O número de baixo indica qual tipo de nota possui o valor igual a um tempo. Com mais frequência são as colcheias e as semínimas. Se o número de baixo for quatro, uma semínima equivale a um tempo. Se for oito, uma colcheia representa um tempo.

A Figura 4-1 mostra três variações comuns do compasso.

FIGURA 4-1: As três fórmulas típicas do compasso são lidas como "tempo três por quatro", "tempo quatro por quatro" e "tempo seis por oito".

© John Wiley & Sons, Inc.

A música escrita contém os dois tipos principais de fórmulas do compasso, que abordaremos mais adiante neste capítulo:

» **Simples:** Com o compasso simples, o tempo da música se divide em duas partes rítmicas.

» **Composto:** O compasso composto divide o ritmo em três partes.

Um *compasso* é qualquer segmento da música escrita entre duas barras verticais que atravessam a partitura de cima para baixo. Cada compasso em uma obra musical tem tantos tempos conforme os indicados pelo número da fórmula do compasso. Por exemplo, se tiver uma notação 4/4, cada compasso nessa obra musical contém exatamente quatro tempos (como indicado pelo número superior da notação de tempo) marcados por notas ou pausas. Se a notação de tempo é 3/4, cada compasso tem três batidas, como mostrado na Figura 4-2. A única exceção a essa regra é quando o compasso está em anacruse (veja o Capítulo 5 para mais informações sobre anacruse). Com essas notas, uma acentuação forte é colocada no primeiro tempo de cada compasso, o tempo "1". Os músicos chamam isso de *tempo forte*.

FIGURA 4-2:
Dada a fórmula do compasso 3/4, cada compasso contém três tempos e a semínima é igual a um tempo.

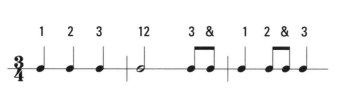

© John Wiley & Sons, Inc.

LEMBRE-SE

Praticar a contagem por meio de compassos é uma ótima forma de assegurar que você toca a música à sua frente de acordo com o tempo escolhido pelo compositor. Como deixamos claro nos Capítulos 2 e 3, continuar a contar os tempos em sua cabeça enquanto está tocando é incrivelmente importante para o som final. O tempo é tudo na música. Você precisa ficar confortável com o tempo a ponto de não perceber que continua contando.

Simplificando com Compassos Simples

Os *compassos simples* são os mais fáceis de serem contados, já que um pulso um-dois em uma música é o que soa mais natural para um ouvinte ou músico. Há quatro requisitos necessários para que um compasso seja simples:

» **Cada tempo é dividido em dois componentes iguais.** Se houver mais de uma nota em um tempo simples, elas são sempre agrupadas para serem iguais a um tempo. Isso é mais óbvio quando aplicado às colcheias e às notas menores. No tempo simples, as duas colcheias estão sempre conectadas por uma *barra de ligação*, assim como as quatro semicolcheias ou as oito fusas. (Se tiver duas semicolcheias e uma colcheia, as três notas iguais a um tempo, também serão ligadas pela barra de ligação.) A Figura 4-3 mostra a progressão de como as notas são unidas em um tempo simples.

» **A nota musical que recebe um tempo não pode ser pontuada.** Ao contar uma canção em sua cabeça, você só conta as notas não pontuadas, divisíveis por duas notas. Normalmente isso significa as semínimas, mas também pode significar as mínimas, semibreves ou, às vezes, as colcheias.

No tempo 4/4, por exemplo, quando contar o compasso, em sua cabeça estará contando: "um-dois-três-quatro" repetidamente. No 3/4, será "um-dois-três" sem parar. No 2/4, será "um-dois".

» **O número de cima não é divisível por 3 a não ser quando** *for* **3.** Por exemplo, 3/4 e 3/8 são consideradas as fórmulas do compasso simples, enquanto 6/4, 6/8 e 9/16 não o são (por serem divisíveis por 3, são compassos compostos).

» **O número de tempos é o mesmo em todos os compassos.** Cada compasso da música na fórmula simples possui o mesmo número de tempos por compasso ao longo da canção. Uma vez que entre na onda de contar o tempo, não precisará se preocupar em fazer coisa alguma a não ser se certificar de que as notas na canção seguem aquele tempo o tempo todo.

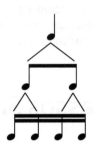

FIGURA 4-3: Cada nível desta árvore é igual a qualquer outra camada, e as várias notas em um tempo são sempre agrupadas para serem iguais a um tempo.

© John Wiley & Sons, Inc.

As seções a seguir mostram como usar compassos simples para marcar o tempo e o ajudam a praticar.

Usando compassos para contar no tempo simples

As barras de compassos ajudam os instrumentistas a acompanharem e saberem onde estão em uma obra musical, e a tocarem no tempo apropriado. No tempo simples, o compasso é onde o verdadeiro ritmo de uma obra realmente é sentido, mesmo que você esteja lendo uma partitura sem a tocar de fato.

LEMBRE-SE

No tempo simples, uma acentuação levemente mais forte é colocada no lugar do primeiro tempo de cada compasso.

Aqui estão alguns exemplos de compassos simples (como descrevemos nas seções a seguir):

- **4/4:** Utilizado na música popular, clássica, rock, jazz, folk, blue-grass, hip-hop e na house music.
- **3/4:** Usado para as valsas, baladas country e ocidentais.
- **2/4:** O compasso das polcas e marchas.
- **3/8:** Valsas, minuetos, baladas country e ocidentais são compostas com esse compasso.
- **2/2:** Marchas e procissões lentas usam o compasso 2/2.

O compasso 4/4

Quando vir uma fórmula do compasso 4/4, como a da Figura 4-4, o tempo será contado assim:

UM dois três quatro UM dois três quatro UM dois três quatro

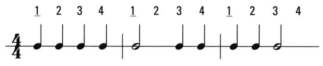

FIGURA 4-4: O tempo 4/4 satisfaz os quesitos de um tempo simples.

© John Wiley & Sons, Inc.

O número 4 de baixo no compasso da Figura 4-4 indica que a semínima corresponde ao tempo, enquanto que o número 4 de cima diz que há quatro tempos por compasso, ou quatro semínimas em cada.

DICA

Como o compasso 4/4 é usado com frequência em estilos populares de música, ele é chamado de *tempo comum*. Na verdade, em vez de escrever "4/4" em um compasso, alguns compositores escrevem apenas "C", de comum.

O compasso 3/4

Se a fórmula do compasso for 3/4, como na Figura 4-5, o tempo será contado assim:

UM dois três UM dois três UM dois três

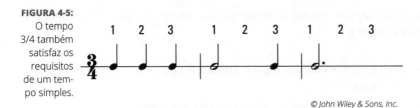

FIGURA 4-5: O tempo 3/4 também satisfaz os requisitos de um tempo simples.

O compasso 3/8

Se o compasso é 3/8, a primeira nota — qualquer que seja — equivale a um tempo. Na Figura 4-6, a primeira nota é uma colcheia.

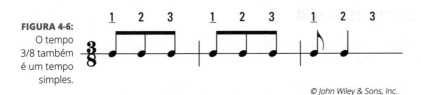

FIGURA 4-6: O tempo 3/8 também é um tempo simples.

Você contaria o tempo da música mostrado na Figura 4-6 assim:

UM dois três UM dois três UM dois três

LEMBRE-SE

Os compassos 3/8 e 3/4 possuem quase a mesma estrutura rítmica na forma em que o tempo é contado. Entretanto, como o 3/8 utiliza colcheias em vez de semínimas, elas é que valem um tempo.

O compasso 2/2

Se a fórmula do compasso for 2/2, também chamado de *compasso alla breve*, a mínima vale um tempo. E como o número de cima determina que existem dois tempos no compasso, existem duas mínimas em cada compasso, como na Figura 4-7.

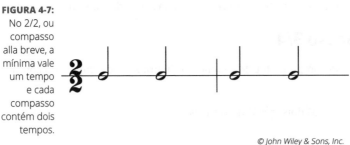

FIGURA 4-7: No 2/2, ou compasso alla breve, a mínima vale um tempo e cada compasso contém dois tempos.

Você contaria a música na Figura 4-7 assim:

UM dois UM dois

PAPO DE ESPECIALISTA

As fórmulas do compasso com o número 2 como denominador foram amplamente utilizadas na música renascentista e medieval. A música desses períodos usava uma nota tocada pela metade do tempo de uma *semibreve* — hoje chamada de *mínima* —, que é baseada no batimento do coração humano.

Praticando a contagem no compasso simples

Usando a informação desta seção, pratique contar o tempo (não as notas musicais) das Figuras 4-8 a 4-12. Ao contar esses tempos em voz alta, lembre-se de dar uma pequena acentuação no primeiro. Como desafio, tente tocar as notas enquanto conta o tempo em voz alta.

Exercício 1

UM dois três quatro | UM dois três quatro | UM dois três quatro

FIGURA 4-8: Exercício 1.

© John Wiley & Sons, Inc.

Exercício 2

UM dois três | UM dois três | UM dois três

FIGURA 4-9: Exercício 2.

© John Wiley & Sons, Inc.

Exercício 3

UM dois três | UM dois três | UM dois três

FIGURA 4-10: Exercício 3.

© John Wiley & Sons, Inc.

Exercício 4

UM dois três | UM dois três | UM dois três

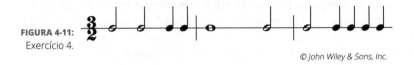

FIGURA 4-11: Exercício 4.

© John Wiley & Sons, Inc.

Exercício 5

UM dois | UM dois | UM dois

FIGURA 4-12: Exercício 5.

© John Wiley & Sons, Inc.

Trabalhando com as Fórmulas de Compasso Composto

Um pouquinho mais complicado que os compassos simples, são os *compassos compostos*. Aqui vai uma pequena lista das regras que ajudam a dizer de imediato quando você está lidando com uma fórmula de compasso composto:

» **O número de cima é divisível por 3, com exceção das fórmulas do compasso em que o número de cima seja de fato 3.** Qualquer fórmula do compasso com 6, 9, 12, 15, e assim por diante, é composta. Entretanto, os compassos 3/4 e 3/8 não são compostos, porque o número de cima é 3 (são compassos simples, como discutimos anteriormente). As fórmulas compostas mais comuns são 6/8, 9/8 e 12/8. Veja a Figura 4-13 para um exemplo.

» **Cada tempo é subdividido em três componentes.** *Três* colcheias são conectadas, da mesma forma que seis semicolcheias. A Figura 4-14 mostra o grupo com "base em três notas musicais" conectadas usadas no tempo composto.

FIGURA 4-13: O 6/8 é um compasso composto.

© John Wiley & Sons, Inc.

PARTE 1 **Começando com a Teoria Musical**

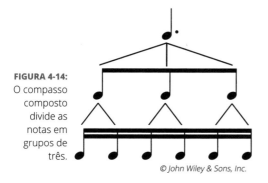

FIGURA 4-14: O compasso composto divide as notas em grupos de três.

© John Wiley & Sons, Inc.

As seções a seguir mostram como usar compassos compostos e ajudam a praticar.

Usando as barras de compasso para contar o compasso composto

Uma grande diferença entre as músicas em compassos simples e compostos é o fato de elas produzirem uma *sensação* diferente tanto ao escutar quanto ao tocar.

LEMBRE-SE

No compasso composto, a acentuação da melodia não é colocada somente no primeiro tempo de cada compasso (como ocorre no simples), no entanto, uma acentuação ligeiramente mais suave é colocada em cada tempo sucessivo. Portanto, há duas acentuações distintas em cada compasso da música no tempo 6/8, três no tempo 9/8 e quatro acentuações em uma composição musical com a fórmula do compasso 12/8.

Aqui estão alguns exemplos de contagem em compasso composto (como falaremos nas seções a seguir):

» **6/8:** Usado na música mariachi
» **12/8:** Encontrado no blues de 12 compassos e na música doo-wop
» **9/4:** Usado no jazz e no rock progressivo

DICA

Para determinar o número de acentuações por compasso em uma fórmula composta, divida o número de cima por três. Isso ajuda a achar o pulso na música que estiver tocando e, portanto, a descobrir onde acentuar. Em uma composição 6/8, por exemplo, você utiliza a acentuação no começo de cada compasso, mas também usa um pequeno acento no começo do segundo grupo de colcheias.

CAPÍTULO 4 **Pegue no Compasso** 43

O compasso 6/8

Em um compasso composto 6/8, você acentua o primeiro e o segundo grupos de três colcheias. Por exemplo, a acentuação de tempo na Figura 4-15 será assim:

UM dois três QUATRO cinco seis UM dois três QUATRO cinco seis

FIGURA 4-15: Você adiciona uma acentuação no primeiro e segundo grupos de três colcheias no tempo 6/8 de um compasso composto.

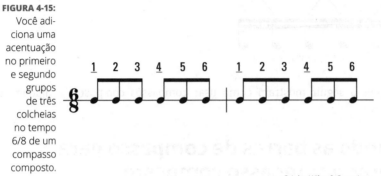

© John Wiley & Sons, Inc.

O compasso 9/4

Se a fórmula do compasso for algo assustador, como um 9/4, exemplificado na Figura 4-16, você contará o tempo assim:

UM dois três QUATRO cinco seis SETE oito nove

FIGURA 4-16: Pode acreditar, o 9/4 é um compasso composto.

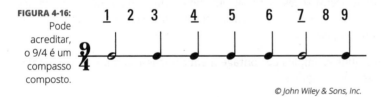

© John Wiley & Sons, Inc.

Praticando a contagem no compasso composto

Usando a informação desta seção, pratique a contagem dos tempos nas Figuras 4-17 a 4-19. Quando contar esses tempos em voz alta, lembre-se de dar uma pequena ênfase ao primeiro tempo e de colocar acentos adicionais nos pontos de pulsação do compasso, normalmente posicionados após cada terceiro tempo. (**Nota**: Os -e nas legendas possuem a função de capturar a cadência de algumas notas dentro do tempo. Admitimos que esse não é um método muito ortodoxo, porém, deve lhe dar uma ideia geral de como contar os tempos em fórmulas com diferentes tempos.)

Exercício 1

UM dois três QUATRO-e cinco seis | UM dois três QUATRO cinco seis | UM dois três QUATRO cinco seis

FIGURA 4-17: Exercício 1.

© John Wiley & Sons, Inc.

Exercício 2

UM dois três QUATRO-e-cinco-e-seis-e | UM dois três QUATRO cinco seis | UM dois três QUATRO-e-cinco-e-seis-e

FIGURA 4-18: Exercício 2.

© John Wiley & Sons, Inc.

Exercício 3

UM dois três QUATRO cinco seis SETE oito nove | UM dois três QUATRO-e--cinco-e-seis-e SETE oito nove

FIGURA 4-19: Exercício 3.

© John Wiley & Sons, Inc.

Sentindo o Pulso das Fórmulas Assimétricas de Compasso

As *fórmulas assimétricas de compasso* (chamadas às vezes de *irregulares* ou *complexas*) contêm normalmente cinco ou sete tempos, comparadas aos tradicionais compassos em tempos de dois, três e quatro, que vimos até agora neste capítulo (como partes de compassos simples ou compostos). Os compassos assimétricos são bem comuns na música tradicional do mundo inteiro, tanto na folclórica europeia quanto na popular e folclórica oriental (particularmente na indiana).

LEMBRE-SE

Quando você toca uma obra musical com a fórmula assimétrica de compasso percebe que o pulso da canção traz uma sensação e soa um pouco diferente da música escrita em compassos simples e compostos. As músicas com as fórmulas de compasso 5/4, 5/8 e 5/16 são normalmente divididas em dois pulsos — sejam dois tempos + três tempos ou vice-versa. O padrão de acento não precisa se repetir compasso após compasso. A única constante é que ainda existem cinco tempos em cada compasso.

Por exemplo, na Figura 4-20, a pulsação é definida pelos locais em que as semínimas de cada grupo estão posicionadas, fazendo com que o acento caia no terceiro tempo do primeiro compasso e no quarto do segundo, assim:

UM dois TRÊS quatro cinco | UM dois três QUATRO cinco

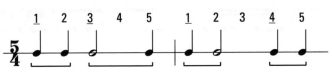

FIGURA 4-20: Neste exemplo do compasso 5/4, o acento recai nos tempos um, três, um e quatro.

© John Wiley & Sons, Inc.

Na Figura 4-21, a barra de ligação das colcheias mostra onde o acento deve aparecer — na primeira colcheia de cada grupo de notas ligadas. Veja como isso soa em voz alta:

UM dois TRÊS quatro cinco | UM dois três QUATRO cinco

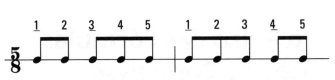

FIGURA 4-21: Neste exemplo do compasso 5/8, a acentuação recai nos tempos um, três, um e quatro.

© John Wiley & Sons, Inc.

As músicas com os compassos 7/4, 7/8 e 7/16 aparecem nas Figuras 4-22 e 4-23. Novamente, os padrões dos acentos não precisam permanecer iguais aos de um compasso para o seguinte.

Se o compasso for um 7/4, como mostrado na Figura 4-22, você conta os tempos assim:

UM dois três QUATRO cinco seis sete | UM dois três quatro CINCO seis sete

FIGURA 4-22: Neste exemplo do compasso 7/4, a acentuação recai nos tempos um, quatro, um e cinco.

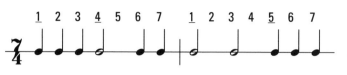

© John Wiley & Sons, Inc.

Veja a contagem de um compasso 7/8, como mostrado na Figura 4-23:

UM dois três QUATRO cinco SEIS sete | UM dois TRÊS quatro CINCO seis sete

FIGURA 4-23: Neste exemplo do compasso 7/8, a acentuação recai nos tempos um, quatro, seis, um, três e cinco.

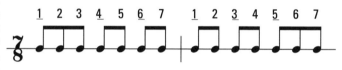

© John Wiley & Sons, Inc.

PAPO DE ESPECIALISTA

As fórmulas assimétricas de compasso só são consideradas "complexas" de um ponto de vista ocidental. Elas têm sido usadas com frequência ao longo da história em todo o mundo, inclusive pelos gregos e persas antigos. Elas ainda podem ser ouvidas na música folclórica da Bulgária. Compositores orientais modernos e grupos tão diversos quanto Steve Albini, Beck, Dave Brubeck, June of 44, Andrew Lloyd Webber, Frank Zappa, Pink Floyd, Yo-Yo Ma, Bobby McFerrin e Stereolab usaram as fórmulas assimétricas em suas músicas. Um gênero inteiro de rock chamado *math rock* se baseia no uso de fórmulas complexas, como 7/8, 11/8, 13/8, e assim por diante, a fim de com o tempo quebrar o 4/4, que é o padrão do rock.

PARTE 1 Começando com a Teoria Musical

NESTE CAPÍTULO

» **Entenda por que às vezes a música precisa sair do tempo**

» **Faça diferente com a anacruse**

» **Misture o ritmo com as tercinas e as duínas**

Capítulo **5**

A Batida Perfeita

As regras das notas e pausas parecem restritivas, mas até mesmo o ouvinte mais casual pode reconhecer que a música não é uma força controlada por percussionistas robóticos ou metrônomos gigantescos. Se o mundo fosse um organismo absolutamente ordenado, com tudo dentro de si se movendo em um tempo perfeito, a música seria similar a ele. Entretanto, mesmo o mais saudável coração humano foge ao padrão de pulsação de vez em quando e isso também ocorre com a música.

O truque para os compositores e os teóricos musicais é traduzir esses tempos perdidos em notação escrita, fazendo com que esses desvios se encaixem naturalmente no conjunto. Este capítulo trata de tudo o que você precisa saber para encontrar a batida perfeita.

Criando Padrões de Acentuação e Síncopes

O pulso rítmico subjacente da música é chamado de *batida*. De certo modo, o tempo é tudo. Ele é o que determina como as pessoas dançam a música ou até mesmo como se sentem quando a escutam. Ele determina se os indivíduos se sentem empolgados, agitados, tranquilos ou relaxados com a música. Quando você escreve uma obra musical, a forma como agrupa as notas em um *compasso* (a música contida dentro de duas barras de compasso) reflete o tipo de pulso que a música terá. Como músico, você pode senti-lo naturalmente ao tocar a música ou contar seus tempos.

Achando a acentuação: Regras gerais

Em geral, o primeiro tempo de um compasso recebe o acento mais forte. Se há mais de três tempos nele, normalmente há uma acentuação secundária na metade. Há muitas teorias sobre a razão pela qual o cérebro parece exigir que a música seja quebrada em unidades de dois ou três tempos (sendo não menos importante a de que a batida da música tende a ser similar à do coração humano). Mas ninguém chegou a um consenso sobre o motivo pelo qual a música deve ser subdividida em dois ou três tempos.

Em uma obra musical com quatro tempos em cada compasso, como em um compasso 4/4, há um acento forte no primeiro tempo e um ligeiramente mais fraco no terceiro tempo, contado da seguinte maneira:

UM dois TRÊS quatro

Uma obra musical escrita no tempo 6/8, que possui seis tempos em cada compasso, é contada desta maneira:

UM dois três QUATRO cinco seis

Veja o Capítulo 4 para saber mais sobre as fórmulas de compasso.

Síncope: Pulando a batida

A *síncope*, de forma bem simples, é uma interrupção deliberada no padrão de acentuação em dois ou em três, mais frequentemente pelo acento fora do *tempo forte* ou sobre uma nota que não faça parte dele.

No compasso 4/4, o padrão de acentuação geral afirma que o primeiro e o terceiro tempos são fortes; o segundo e o quarto, fracos. Outra forma de se dizer isso é quando os *tempos acentuados*, como aqueles no começo ou na metade do compasso, são fortes e os tempos *não acentuados*, geralmente fracos.

Então, se observar uma obra musical que se pareça com a da Figura 5-1, a pausa da semínima onde fica o tempo naturalmente forte é considerada o ponto de síncope. O acento foi movido para o quarto tempo do compasso, criando um ritmo que soa diferente do que você normalmente teria em um compasso 4/4. O compasso deve ser contado assim:

UM-dois-três-QUATRO

50   PARTE 1 **Começando com a Teoria Musical**

FIGURA 5-1: Um compasso sincopado.

© John Wiley & Sons, Inc.

Na Figura 5-1, o acento natural da métrica foi rompido. A contagem UM-dois-(três)-QUATRO é esquisita ao seu ouvido pois queremos continuar escutando aquela colcheia que não existe, aquela que levaria o acento forte para o meio do compasso.

LEMBRE-SE

Se você fizer qualquer coisa que rompa com o tempo natural, seja com um acento ou um tempo fraco sem um tempo forte subsequente sendo tocado, terá criado um ponto de síncope.

As pessoas frequentemente se enganam que a síncope musical é realmente complicada, composta de ritmos complexos com uma grande quantidade de semicolcheias e colcheias, como comumente vemos no jazz; no entanto, isso não é necessariamente verdade. Por exemplo, a Figura 5-2 mostra uma grande quantidade de colcheias e depois um grupo de semicolcheias e fusas.

FIGURA 5-2: Esses compassos podem parecer complicados, porém, não apresentam síncope.

© John Wiley & Sons, Inc.

Apenas porque a Figura 5-2 é um ritmo bastante denso, não significa necessariamente que esses ritmos sejam sincopados. Como você pode ver pelas marcas de acentuação, o tempo forte continua sendo "um" e "quatro" em ambos os compassos, que são os tempos acentuados no compasso 6/8.

Ainda que você tenha um compasso inteiro de colcheias, não há a síncope musical. Cada nota possui uma *resolução rítmica* subsequente. Em outras palavras, os tempos fortes ainda ocorrem no compasso exatamente onde deveriam estar, nas notas musicais acentuadas na figura. O mesmo se verifica com as semicolcheias em sequência. Elas não são consideradas síncopes musicais porque, mais uma vez, ainda que você tenha algumas notas interessantes que não estão no tempo forte, tudo acaba sempre se resolvendo no tempo, como o seguinte, de um compasso 4/4:

UM dois TRÊS quatro

Aqui está outro exemplo de compasso 6/8:

UM dois três QUATRO cinco seis

Agora observe o ritmo da Figura 5-3. Dentro de cada caixa tem um ponto de síncope no compasso, gerando o seguinte ritmo:

UM dois três QUATRO um DOIS três QUATRO

Os acentos naturais foram deslocados em ambos os compassos, resultando em um tempo propositalmente desarticulado.

FIGURA 5-3:
Esta música mostra três posições em que a colocação da nota cria uma síncope.

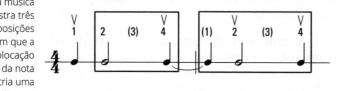

© John Wiley & Sons, Inc.

Então, a síncope envolve uma pausa cuidadosamente posicionada ou uma nota acentuada? A resposta é: ambas. Se sua perspectiva do local em que o tempo forte se encontra é movida, um ponto de síncope surge porque altera onde os acentos fortes e fracos são formados.

DICA

Tente contar os tempos enquanto toca a canção "Satisfaction", dos Rolling Stones, e você escutará alguns bons exemplos de síncope.

Saltando com a Anacruse

Até agora, você teve que seguir a regra que diz que a métrica 4/4 possui quatro tempos por compasso. Pense em cada compasso como um jarro de água que você tem que encher até a borda sem derramar nada — não pode acabar antes nem derramar nada. Essa é a regra.

Mas, como toda boa regra, há uma exceção. Ela se chama *anacruse*, que se parece com um compasso estranho ou irregular no começo de uma obra musical, conforme a Figura 5-4. Este compasso contém *notas em anacruse*.

FIGURA 5-4: A semínima sozinha no começo do primeiro compasso é uma nota em anacruse.

© John Wiley & Sons, Inc.

O compasso em anacruse mostrado na Figura 5-4 tem apenas um tempo, onde deveria haver mais três (considerando a obra musical em 3/4). Daquele ponto em diante, a canção segue as regras estabelecidas para a fórmula do compasso 3/4 até o final, onde, de repente, você encontra um compasso que se parece com o que é mostrado na Figura 5-5.

FIGURA 5-5: O último compasso da canção "recolhe" as duas notas restantes do primeiro compasso que permaneceu incompleto.

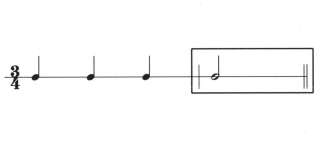

© John Wiley & Sons, Inc.

O compasso final é a segunda parte do compasso em anacruse: os dois tempos finais são considerados a parte restante do primeiro compasso. Em outras palavras, o último compasso "corrige" o que parecia errado com o primeiro e, portanto, você possui uma obra musical escrita em perfeita concordância com todas as regras da teoria musical.

Como em muitos casos, quando se lida com teoria musical, a questão de usar anacruses é mais de notação. Na Figura 5-5, o ouvinte não sabe necessariamente que o último compasso está incompleto a menos que o esteja escutando com muito cuidado. Normalmente, só o compositor tem que se preocupar com o equilíbrio do final do compasso com anacruses.

DICA

Na música contemporânea, especialmente no rock, você ainda pode ter o primeiro compasso em anacruse, mas não precisa necessariamente aderir a essa regra perfeita no compasso final. Com frequência, músicos começam uma canção em anacruse, porém, o último compasso é completo e cheio.

Explorando Ritmos Irregulares: Tercinas e Duínas

Outra maneira de adicionar interesse rítmico e variedade à música é através do uso de ritmos irregulares (também chamados de *ritmos irracionais* ou *divisão artificial*). Um ritmo irregular é qualquer ritmo que envolva dividir o tempo de forma diferente da permitida pelo compasso. A mais comum dessas divisões é chamada de *tercina*, que são três notas unidas que soam como o tempo de uma única nota. O segundo tipo mais comum de ritmo irregular é uma **duína**, duas notas agrupadas com um valor de três das mesmas notas.

Divisões artificiais, tais como tercinas e duínas, possibilitam ritmos que a notação "regular" normalmente não consegue.

As seções a seguir vão fundo nas tercinas e duínas.

Deixando interessante com as tercinas

Digamos que você queira adicionar uma pequena e divertida sequência rápida de três notas onde normalmente tocaria uma semínima. No tempo 4/4, se quiser tocar um número par de notas em sua sequência, pode usar um par de colcheias, quatro semicolcheias, ou oito fusas. Mas e se quiser tocar um número ímpar de notas e ainda deseja que esse número ímpar dure um tempo?

A resposta é tocar uma *tercina*, que é o que se obtém quando há uma nota geralmente divisível por duas partes iguais sendo dividida em três. Uma semínima dividida em tercina se parece com a Figura 5-6.

Uma boa maneira de contar o tempo enquanto está tocando as tercinas é dizer o número do tempo seguido da palavra *triplo* (com duas sílabas), certificando-se de dividir a tercina tocada em três partes iguais.

FIGURA 5-6:
Quando uma semínima em um tempo 4/4 é dividida em três notas musicais, o resultado é uma tercina.

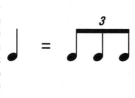

© John Wiley & Sons, Inc.

Por exemplo, os compassos na Figura 5-7 seriam contados assim:

UM dois TRÊS-tri-plo quatro UM-tri-plo dois TRÊS-tri-plo quatro

FIGURA 5-7:
Uma obra musical usando colcheias e tercinas.

© John Wiley & Sons, Inc.

A notação da tercina é apresentada de duas maneiras: com o número 3 escrito sobre o grupo de três notas musicais ou com uma chave junto ao número. Lemos a notação das tercinas como "três notas no tempo de duas".

Trabalhando com duínas

As *duínas* funcionam como as tercinas, só que ao contrário. Os compositores usam duínas quando desejam colocar duas notas musicais em um espaço em que deveria haver três.

Um exemplo seria dividir uma semínima pontuada em duas colcheias em vez de três, como você faria em um compasso composto (veja o Capítulo 4 para saber mais sobre isso). Uma boa forma para se contar as duínas é contar a segunda nota em cada par como *-e*, em vez de atribuir a ela um valor numérico, como faria em qualquer outro tempo com uma métrica composta.

Por exemplo, os compassos na Figura 5-8 seriam contados assim:

UM dois três QUATRO-e UM-e QUATRO cinco seis

FIGURA 5-8:
Cada duína recebe o mesmo valor de tempo que a nota pontuada que substitui.

© John Wiley & Sons, Inc.

CAPÍTULO 5 **A Batida Perfeita** 55

56   PARTE 1 **Começando com a Teoria Musical**

Juntando as Notas

NESTA PARTE...

Descubra o sistema, as claves de Sol e de Fá e os nomes das notas.

Conheça intervalos, escalas e acordes.

Entenda o Círculo das Quintas e a relação entre acordes e tons.

Identifique e crie acordes e progressões.

NESTE CAPÍTULO

» Conheça a partitura, as claves e suas notas

» Entenda tons, semitons e acidentes

» Aplique o conhecimento das partituras do piano e do violão

» Memorize as notas com mnemônicos

Capítulo **6**

Notas Musicais (e Onde Encontrá-las)

A invenção da impressão europeia, com os tipos móveis de Johannes Gutenberg, em 1450, é considerada por muitos como o final oficial da Idade das Trevas na Europa. Afinal, sua invenção possibilitou que as pessoas comuns possuíssem livros e, ao longo do caminho, as partituras também começaram a ser impressas para músicos comuns. Assim, pessoas com um pequeno conhecimento de música podiam ensinar a si próprias todos os princípios da teoria musical, que anteriormente não estavam disponíveis para aqueles fora das instituições religiosas ou do Ensino Superior.

Ao passo que a proficiência dos músicos "comuns" aumentava, também era maior a necessidade de mais partituras. Uma vez que os compositores aprenderam que poderiam lucrar um bom dinheiro ao vender as múltiplas cópias de suas músicas impressas pelas máquinas, em vez de uma cópia laboriosa feita à mão, individualmente, começaram a inundar o mercado com novas composições.

Essa evolução levou à padronização da partitura. Por anos, os compositores foram livres para utilizar quantas linhas quisessem para expressar a notação musical; porém, por volta de 1500, a pauta de 5 linhas que utilizamos hoje foi, de maneira gradual, se tornando universalmente aceita.

Este capítulo aborda as claves e onde encontrar as notas, bem como o conceito de semitons, tons e acidentes. Dominar esses conceitos o permite tanto passear pela partitura quanto aprender a improvisar.

Conhecendo a Pauta, as Claves e as Notas

Notas e pausas musicais são escritas no que os músicos chamam de *pauta musical* (ou pautas, se você estiver se referindo a duas, como no caso do piano). Uma pauta é formada de cinco linhas horizontais paralelas, contando quatro espaços entre elas, como mostrado na Figura 6-1.

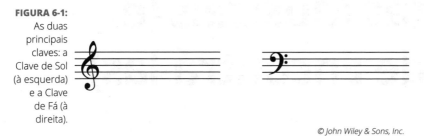

FIGURA 6-1: As duas principais claves: a Clave de Sol (à esquerda) e a Clave de Fá (à direita).

© John Wiley & Sons, Inc.

As notas e pausas são escritas nas linhas e espaços da pauta. Você sabe qual é a nota específica conforme a *clave* da partitura. Você pode encontrar qualquer uma das seguintes claves (embora as duas primeiras sejam as mais comuns):

» Clave de Sol
» Clave de Fá
» Clave de Dó, incluindo contralto e tenor

LEMBRE-SE

Pense em cada clave como um sinal gráfico de tons, organizados como notas traçadas nas cinco linhas ou nos quatro espaços. No sistema alfabético, cada tonalidade recebe o nome de uma das sete primeiras letras do alfabeto: A (Lá), B (Si), C (Dó), D (Ré), E (Mi), F (Fá), G (Sol), A (Lá), B (Si), C (Dó)... e continua assim indefinidamente, repetindo os nomes das notas enquanto o tom se repete em *oitavas*. A tonalidade aumenta enquanto você vai do B (Si) para o C (Dó), com cada oitava — quando retorna à primeira letra — significando o começo de uma nova oitava.

As seções a seguir dão mais detalhes de cada clave individual e delas unidas (o que chamamos de sistema). Também daremos uma olhada na Clave de Dó, afinal, vai que ela cruza seu caminho?

A clave de Sol

A *clave de Sol* é para as notas musicais em uma tonalidade mais alta. Ela contém as notas acima do Dó Central do piano, o que significa todas as notas tocadas com a mão direita. No violão, a clave de Sol costuma ser a única que você lê. A maior parte dos instrumentos de sopro feitos de madeira se mantém somente na clave de Sol, assim como os metais agudos e os violinos. Tudo o que realiza os *registros agudos* será escrito em clave de Sol.

Note que a forma da *clave de Sol* (G) lembra um G estilizado. Sua curva também circula na segunda linha da partitura, que é a nota Sol, como mostrado na Figura 6-2.

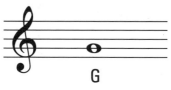

FIGURA 6-2: A Clave de Sol sempre lhe diz que o Sol está na segunda linha.

© John Wiley & Sons, Inc.

As notas estão localizadas na clave de Sol nas linhas e nos espaços, na ordem ascendente de tons, como mostrado na Figura 6-3.

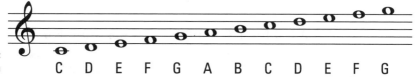

FIGURA 6-3: As notas na clave de Sol.

© John Wiley & Sons, Inc.

A clave de Fá

No piano, a *clave de Fá* contém as tonalidades mais graves, que estão abaixo do Dó Central, incluindo todas as notas que você toca com sua mão esquerda. A música escrita na clave de Fá, geralmente, é alvo de instrumentos de sopro graves como o fagote; dos metais mais graves, como a tuba; e dos instrumentos de corda graves, como o contrabaixo.

A parte curvilínea de cima também circula parcialmente onde a nota Fá está na partitura, e ela possui dois pontos que cercam a nota Fá, como mostra a Figura 6-4. (Ela se parece um pouco com um F estilizado, se você usar sua imaginação.)

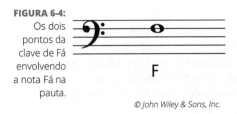

FIGURA 6-4: Os dois pontos da clave de Fá envolvendo a nota Fá na pauta.

© John Wiley & Sons, Inc.

As notas na clave de Fá também são dispostas em ordem ascendente, como na Figura 6-5.

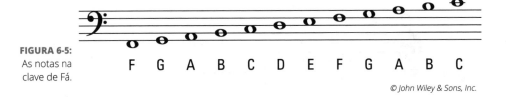

FIGURA 6-5: As notas na clave de Fá.

© John Wiley & Sons, Inc.

O sistema e o Dó Central

Junte as claves de Sol e de Fá e você obterá o *sistema*, como mostrado na Figura 6-6.

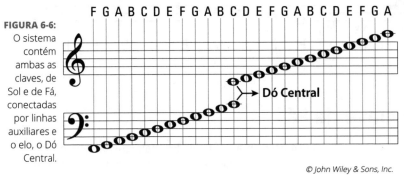

FIGURA 6-6: O sistema contém ambas as claves, de Sol e de Fá, conectadas por linhas auxiliares e o elo, o Dó Central.

© John Wiley & Sons, Inc.

LEMBRE-SE

O Dó central está localizado uma linha abaixo da Clave de Sol e uma acima da Clave de Fá. Mas ele não está *nas* claves. Em vez disso, está escrito em uma linha auxiliar. As *linhas auxiliares* são as linhas escritas acima da clave de Fá e abaixo da clave de Sol para conectarem ambas. Junte tudo e as notas fluirão suavemente de uma clave para outra, sem interrupções.

Clave de Dó: A clave de contralto e tenor

De vez em quando você pode topar com um bicho conhecido como *clave de Dó*. Ela é uma clave móvel, que pode ser localizada em qualquer linha da partitura. A linha que passa pelo centro da clave de Dó, independente de qual seja, é considerada o Dó Central, conforme a Figura 6-7.

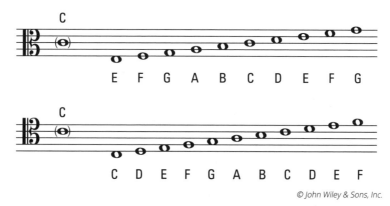

FIGURA 6-7: Repare que mudar a posição do Dó Central muda a posição das notas na pauta.

© John Wiley & Sons, Inc.

As claves de Dó são as preferidas na notação clássica para faixas instrumentais que pairam bem acima ou logo abaixo do Dó Central. Em vez de ter que alternar constantemente entre a leitura das claves de Sol e Fá, um músico teria apenas uma partitura para ler.

As claves de Dó eram usadas antes de a partitura ser padronizada e são capazes de acomodar facilmente uma ampla gama de tons. Hoje, as únicas claves de Dó normalmente usadas são as seguintes:

- » **A clave de contralto:** O Dó Central fica na terceira linha da partitura; normalmente utilizada na música escrita para a viola.
- » **A clave de tenor:** O Dó Central fica na segunda linha de cima para baixo; geralmente é usada na música escrita para violoncelo, trombone e fagote.

Identificando Semitons, Tons e Acidentes

Na música ocidental, uma oitava é dividida em 12 tons, chamados de *semitons*. Mas uma escala musical contém sete notas, o que significa que parte da distância entre as notas em uma escala mede um semitom e alguns intervalos de pelo menos dois semitons. Em outras palavras, alguns semitons são ignorados ao se formar as escalas. (Confira o Capítulo 7 para saber mais sobre escalas.)

Quando falamos sobre as notas, Dó, Ré, Mi, Fá, Sol, Lá, Si, referimo-nos às notas *naturais* — especificamente, as que correspondem às teclas brancas do teclado. As teclas brancas foram escolhidas como naturais, o que as tornou as notas da escala de Dó Maior, começando em Dó. Entretanto, uma vez que lidamos com um vocabulário musical desenvolvido a partir de 12 semitons, também temos cinco teclas pretas em cada oitava, repetidas continuamente, que representam os semitons ignorados na escala de Dó. Essas teclas pretas foram adicionadas muito mais tarde do que as brancas, originais, a fim de ajudar a criar escalas musicais mais perfeitas no piano.

Mover um tom no piano ou violão significa que você desloca dois semitons da sua posição inicial. Os semitons e os tons são os *intervalos*, que discutiremos no Capítulo 9. Saber a diferença entre ambos é muito importante quando você trabalha com os padrões usados para a formação de escalas e acordes (como verá nos Capítulos 7 e 10, respectivamente).

Você também usa semitons quando se depara com um *acidente*, a notação utilizada para aumentar ou abaixar a altura natural da nota em meio-tom. Quando a nota tem um *sustenido*, significa que você adicionou um semitom a ela; quando tem um *bemol*, você removeu um semitom.

Precisa de um pouco mais de informação? Entramos em maiores detalhes sobre semitons, tons e acidentes nas seções a seguir.

Suando a camisa com semitons

Na notação musical ocidental, a menor diferença entre dois tons é o *meio--tom*, ou *semitom*. Usando o teclado do piano como referência, se você escolher uma tecla, reproduzi-la e, em seguida, reproduzir a tecla que está ao lado dela (à esquerda ou à direita), independentemente de ser preta ou branca, você se moveu um semitom. Veja a Figura 6-8 para ter uma noção desse princípio.

64   PARTE 2 **Juntando as Notas**

PAPO DE ESPECIALISTA

Estritamente falando, o tom é um espectro contínuo, porque é determinado pela frequência de vibração (veja o Capítulo 13). Portanto, muitos outros *sons microtonais* realmente existem entre semitons consecutivos. A notação musical ocidental reconhece apenas a divisão em semitons. Em contrapartida, muitos instrumentos orientais, particularmente cítaras e instrumentos de cordas sem trastes, usam *comas*. Os comas estão localizados entre cada semitom.

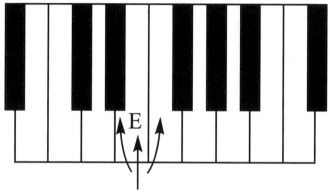

FIGURA 6-8: Semitons são identificados aqui à esquerda e à direita do Mi no piano.

© John Wiley & Sons, Inc.

Como você pode ver na Figura 6-8, se começar a tocar um Mi no piano, um semitom para a esquerda será Mi bemol / Ré sustenido. Um semitom para a direita lhe dá um Mi sustenido / Fá natural.

Semitons são ainda mais fáceis e simples no violão: cada traste é um semitom. Basta mover-se um traste para cima ou para baixo do seu ponto de partida em qualquer corda do violão, pois o movimento de um traste é igual a um semitom. Mover-se para cima no braço do violão (em direção à cabeça do violão) bemoliza-se a nota (Figura 6-9), enquanto que mover-se para baixo (em direção ao corpo) acrescenta sustenidos (Figura 6-10).

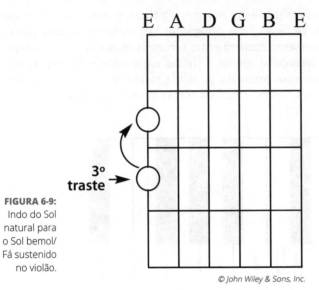

FIGURA 6-9: Indo do Sol natural para o Sol bemol/ Fá sustenido no violão.

FIGURA 6-10: Indo do Sol bemol /Fá sustenido para o Sol natural no violão.

LEMBRE-SE

Quando um músico se refere a uma nota *bemolizada*, você sabe que precisa se mover um semitom para a esquerda da nota; se está com um *sustenido*, um semitom para a direita. Cada tecla preta em um piano tem dois nomes: pode ser referida como o bemol da tecla branca à sua direita ou o sustenido da branca à sua esquerda. Não importa de que maneira é nomeada. Por exemplo, enquanto

Mi bemol e Ré sustenido são escritos como notas diferentes, têm o mesmo tom, ou som. As notas com o mesmo tom são chamadas de *enarmônicas*.

Um tom completo

Seguindo a lógica de que um semitom no piano ou no violão é uma tecla/traste após o ponto de partida (veja a seção anterior), só faz sentido que um tom inteiro seja duas teclas/trastes.

Digamos, por exemplo, que você comece em Mi no teclado. Um tom à esquerda de Mi seria Ré, como mostrado na Figura 6-11.

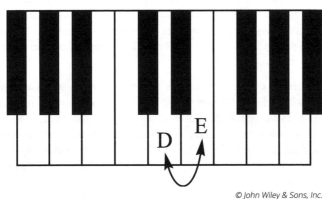

FIGURA 6-11: Mover-se um tom ou dois semitons para a esquerda do Mi no piano resulta em um Ré.

© John Wiley & Sons, Inc.

Enquanto isso, um tom à *direita* de Mi seria um Fá sustenido, como mostrado na Figura 6-12.

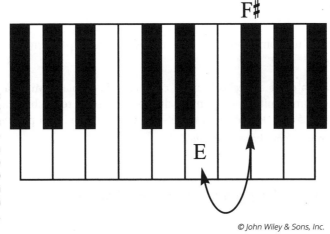

FIGURA 6-12: Mover-se um tom ou dois semitons para a direita do Mi no piano resulta em um Fá sustenido.

© John Wiley & Sons, Inc.

DR. ROBERT MOOG, O INVENTOR DAS ALTERNATIVAS PARA OS TECLADOS

"Acho que a produção dos sons é uma tecnologia madura. Entre a tecnologia analógica e a digital, você pode criar praticamente qualquer som que possa imaginar, com facilidade e baixo custo. O que ainda não temos barato e fácil são as novas interfaces para tocarmos, pois ainda trabalhamos com o mesmo velho princípio do órgão eletrônico. Os mesmos teclados que foram colocados nos órgãos eletrônicos 60 anos atrás são usados hoje, com pouquíssimas alterações. Eles parecem iguais, e, na verdade, os teclados para os órgãos que foram desenvolvidos em 1935 são melhores do que muitos dos produzidos hoje. O teclado é apenas o ponto de partida, especialmente se você pensar em todas as maneiras como as pessoas se movem, pressionam e tocam enquanto o executam. Penso que o campo está aberto para um desenvolvimento de controle humano de dispositivos realmente sofisticado.

Mas os problemas para os designers de instrumentos é que as pessoas não querem desistir de seus teclados. Milhões de pessoas sabem tocar piano. É o que acontece quando você está aprendendo a tocar. Se alguém começasse aos 30, 40 ou 50 anos a aprender a controlar os dispositivos, teria que praticar mais do que se aprendesse a tocar quando criança. É algo similar ao uso do teclado Dvorak, em que você pode digitar 20% ou 30% mais rápido do que em um padrão Qwerty. Qualquer um pode fazer isso, mas pouquíssimas pessoas o fazem porque é preciso estudar com mais afinco quando você é adulto. Sua mãe não o ensinará a digitar em um teclado Dvorak. A maioria dos adultos já tem muito o que fazer e não vai reaprender a digitar. O mesmo acontece com novos controladores alternativos. Projetá-los fará metade do trabalho — a outra metade são músicos desenvolvendo técnicas nessas novas interfaces. Levará décadas."

No violão, um tom representa mover-se dois trastes para cima ou para baixo do braço.

A distância entre as teclas brancas consecutivas do piano Mi e Fá, e Si e Dó, é igual a um semitom, enquanto a distância entre as teclas brancas restantes (Sol–Lá, Lá–Si, Dó–Ré, Ré–Mi, Fá–Sol) é de um tom. Isso porque o piano é desenvolvido com base na *escala de Dó*.

Alterando tons com acidentes

Acidentes são notações usadas para aumentar ou diminuir um tom da nota natural na pauta por um semitom. Eles se aplicam à nota em todo um compasso até encontrar outro acidente. Você pode usar os diferentes tipos de acidentes a seguir:

- Sustenido
- Bemol
- Dobrado sustenido
- Dobrado bemol
- Bequadro

Para saber mais sobre os acidentes e o que fazer com eles, continue lendo.

Subindo o tom com sustenidos

Um *sustenido* é mostrado na Figura 6-13.

FIGURA 6-13: Um sustenido se parece com um jogo da velha.

© John Wiley & Sons, Inc.

Um sustenido é posicionado antes da nota na partitura para indicar que ela é meio-tom mais alta, como mostrado na Figura 6-14.

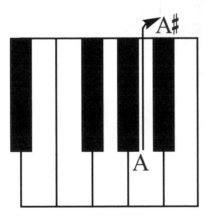

FIGURA 6-14: Lá sustenido, a tecla preta à direita do La, é meio-tom mais alto.

© John Wiley & Sons, Inc.

CAPÍTULO 6 **Notas Musicais (e Onde Encontrá-las)** 69

A Figura 6-15 mostra um Mi sustenido (enarmonia de Fá natural). O Mi sustenido é meio-tom mais alto que o Mi natural.

FIGURA 6-15:
Mi para Mi sustenido.

© John Wiley & Sons, Inc.

Usando bemóis para abaixar o tom

Você vê o símbolo de um *bemol* na Figura 6-16.

FIGURA 6-16:
Um bemol se parece com um b minúsculo.

© John Wiley & Sons, Inc.

Um bemol faz o oposto de um sustenido: reduz meio-tom da nota, como mostrado na Figura 6-17.

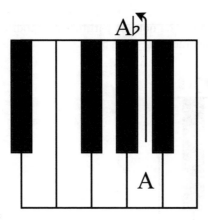

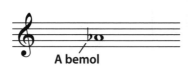

FIGURA 6-17:
Lá bemol, a tecla preta à esquerda do Lá, é meio-tom mais baixo.

© John Wiley & Sons, Inc.

A Figura 6-18 mostra um Mi bemol. O Mi bemol é meio-tom mais baixo que o Mi natural.

FIGURA 6-18: Mi para Mi bemol.

© John Wiley & Sons, Inc.

Dobrando o tom com dobrados sustenidos e dobrados bemóis

De vez em quando, você vai se deparar com um *dobrado sustenido* ou um *dobrado bemol*, mostrados na Figura 6-19.

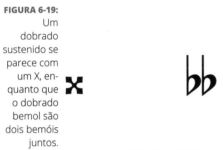

FIGURA 6-19: Um dobrado sustenido se parece com um X, enquanto que o dobrado bemol são dois bemóis juntos.

© John Wiley & Sons, Inc.

A notação à esquerda na Figura 6-19 é um dobrado sustenido, e à direta, um dobrado bemol. O dobrado sustenido aumenta dois semitons — ou um tom — enquanto que o dobrado bemol reduz dois semitons, ou um tom.

Cancelando sustenidos e bemóis com bequadros

Você já leu sobre os sustenidos e bemóis, mas o que é um bequadro (mostrado na Figura 6-20)?

FIGURA 6-20: Um bequadro cancela sustenidos ou bemóis anteriores.

© John Wiley & Sons, Inc.

LEMBRE-SE

Ao ver um bequadro próximo de uma nota, significa que qualquer sustenido ou bemol até então em vigor (na armadura de clave ou em um compasso; veja o Capítulo 8 para mais informações sobre armaduras de clave) será cancelado pelo restante do compasso. Em outras palavras, você deve interpretar a versão "natural" das notas em vez de sustenizadas ou bemolizadas, mesmo que haja um dobrado sustenido ou dobrado bemol.

Encontrando as Notas no Piano e no Violão

Às vezes, ao tocar um instrumento, você não consegue se lembrar das notas, especialmente se for iniciante. Mas não se preocupe. Você pode usar as figuras desta seção como uma referência prática quando as esquecer. Focamos as notas do piano e do violão porque esses instrumentos são as principais escolhas dos músicos que estão aprendendo a tocar.

Encontrando as notas no piano

A Figura 6-21 mostra mais de três oitavas nas teclas do piano. As notas correspondentes no sistema estão marcadas também no teclado. (Discutimos o sistema em mais detalhes no começo deste capítulo.) Repare também o posicionamento da mão, indicado sobre o teclado (MD para a direita e ME para a esquerda).

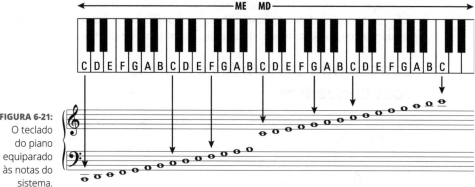

FIGURA 6-21: O teclado do piano equiparado às notas do sistema.

© John Wiley & Sons, Inc.

Escolhendo notas no violão

O problema em marcar o braço de um violão com a notação musical é que as notas se repetem por todo o braço e isso pode ser confuso com tantas opções de notas para serem tocadas de diferentes maneiras. Então, o que fizemos foi dividir o braço do violão em três seções sem repetição para corresponder às notas naturais da partitura, parando na 12ª marca (que geralmente possui dois pontos em si), também conhecida como a *marca da oitava*.

As Figuras 6-22 a 6-24 mostram as notas nos três primeiros trastes do violão, nos cinco seguintes e, depois, nos quatro que se seguem.

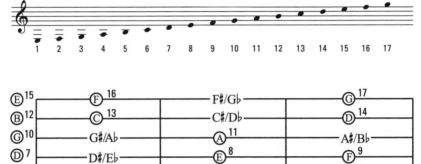

FIGURA 6-22: A primeira posição das cordas é chamada "aberta", significa que nenhuma marca é pressionada. As notas das primeiras três marcas do braço são mostradas aqui.

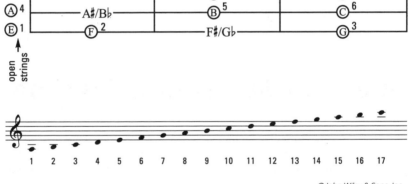

© John Wiley & Sons, Inc.

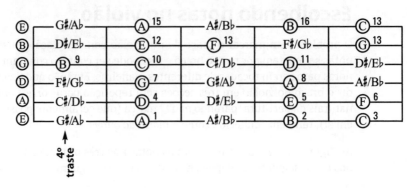

FIGURA 6-23: As notas do quarto ao oitavo traste.

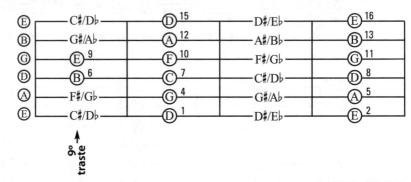

FIGURA 6-24: As notas do nono ao décimo segundo traste.

Dicas para Se Lembrar das Notas

Existe um zilhão de maneiras bobas e divertidas para se lembrar da ordem das notas dispostas na pauta. Provavelmente, o suficiente para escrever um livro inteiro. Aqui apresentamos a ordem correta, mas sinta-se à vontade para criar os próprios *mnemônicos* (os ajudantes da memória) para auxiliá-lo a manter as coisas nos trilhos.

Aqui está uma maneira fácil de lembrar a ordem das notas nas linhas da pauta da clave de Sol, começando pela primeira, em Mi (E), e subindo para Sol (G), Si (B), Re (D) e Fá (F), na linha de cima da pauta:

» **E**u **G**osto **B**astante **D**e **F**érias

As notas nos espaços entre as linhas da pauta da clave de Sol são fáceis de se lembrar. É como soletrar a palavra FACE, começando na primeira nota no espaço, Fá (F), subindo para o Lá (A), Dó (C) e, então, Mi (E), no espaço superior da pauta. Todo mundo usa esse, e realmente não há razão para usar uma frase elaborada quando a FACE está ali, encarando você na... bem, você entendeu.

Aqui estão alguns mnemônicos para as notas nas linhas da pauta da clave de Fá, começando na nota de baixo, o Sol (G), e indo até o Lá (A) no topo:

>> **G**ato **B**ranco **D**á **F**adiga e **A**zar

Para as notas nos espaços entre as linhas da clave de Fá, lembre-se do seguinte:

>> **A C**oca **É G**asosa

76 PARTE 2 **Juntando as Notas**

> **NESTE CAPÍTULO**
>
> » Entendendo os padrões da escala maior
>
> » Esmiuçando as escalas menores
>
> » Acesse os áudios no site da Alta Books (procure pelo título do livro)

Capítulo **7**

Dominando Escalas Maiores e Menores

Para dizer de forma simples: uma *escala* é um grupo de notas consecutivas, em qualquer tom, que fornece a base para uma parte ou toda a obra musical. Poderíamos muito bem escrever uma enciclopédia inteira sobre todos os diferentes tipos de escalas usadas na música do mundo todo, mas, como este livro é direcionado à tradição musical ocidental, teremos que nos limitar às duas escalas usadas com maior frequência: a maior e a menor.

LEMBRE-SE

É impossível destacar como é importante conhecer as escalas de trás para a frente ao tocar uma música. E apenas saber tocar as escalas de trás para frente e de cima a baixo também não é suficiente. Para improvisar e compor bem, você precisa saber como saltar notas no seu instrumento e ainda assim retornar para a escala.

Digamos que você esteja tocando com um grupo de músicos. Se souber em que tom o resto da banda está tocando e ainda souber todas as notas que pertencem àquele tom (porque as escalas são determinadas pelo tom — você lê mais sobre tom e a armadura de clave no Capítulo 8), será absolutamente impossível fazer besteira, desde que se atenha àquelas notas. Na verdade, você pode improvisar o dia inteiro no tom apropriado e soará medianamente como um Carlos Santana ou um Louis Armstrong.

Seguindo o Padrão das Escalas Maiores

Ainda que toda escala maior contenha um conjunto diferente de notas, cada uma é montada exatamente da mesma maneira. O padrão específico de seus intervalos é o que consolida cada uma das escalas mencionadas na primeira metade deste capítulo na categoria *escalas maiores*.

LEMBRE-SE

Escalas maiores seguem o padrão de intervalo TTstTTTst, que significa **T**om **T**om **S**emitom **T**om **T**om **T**om **S**emitom. Abordamos semitons e tons em detalhes no Capítulo 6, mas aqui está um resumo:

» **Semitom:** Passar uma tecla do teclado, ou um traste do violão, para a esquerda ou direita.

» **Tom:** Passar duas teclas do teclado, ou dois trastes do violão, para a esquerda ou direita.

Em relação ao tom, um semitom é exatamente 1/12 de uma oitava, ou meio-tom. Um tom equivale a 1/6 de uma oitava, ou dois semitons.

Cada uma das oito notas em uma escala maior está em um *grau da escala*, conforme a posição em que está:

» **Primeira nota:** Tônica
» **Segunda nota:** Supertônica
» **Terceira nota:** Mediante
» **Quarta nota:** Subdominante
» **Quinta nota:** Dominante
» **Sexta nota:** Submediante (ou superdominante)
» **Sétima nota:** Sensível
» **Oitava nota:** Tônica

A primeira e a oitava notas, as *tônicas,* determinam o nome da escala. (Escalas que compartilham as mesmas notas iniciais são chamadas de escalas com *tonalidade paralela.* Por exemplo, Dó Maior e Dó menor são escalas de tonalidade paralela, porque ambas começam na mesma nota: Dó.) Em relação à tônica, o resto das notas da escala geralmente está associado aos números 2 a 7 (pois 1 e 8 já foram contados). Cada um desses números representa um *grau da escala.*

As notas 1 e 8 têm o mesmo nome porque são exatamente a mesma nota — na 8ª nota, a escala se repete. Você não ouvirá um músico falar sobre o 8º grau — em vez disso, ele se referirá à 1ª nota como tônica.

Então, por exemplo, se estivesse tocando algo no tom de Dó Maior, que sequencialmente possui as notas Dó-Ré-Mi-Fá-Sol-Lá-Si-Dó, e alguém lhe pedisse para tocar a quarta e a segunda notas das escalas, você tocaria um Fá e um Ré. E faria a mesma coisa se essa pessoa lhe pedisse para tocar a subdominante e a supertônica.

Dominar as escalas tem tudo a ver com reconhecer os padrões de um instrumento. Se você olhar para o teclado ou para o braço do violão, consegue ver para onde 1, 2, 3, 4, 5, 6, 7 e 8 de cada escala irão? Se receber a escala e tiver que tocar a sequência 5-3-2-1-6-4-5-8, saberá que notas terá que tocar? No fim, você precisará ser capaz de responder sim a essas questões em relação às 12 escalas maiores. Assim:

> » Imagine cada escala e onde se localiza em seu instrumento.
> » Saiba o nome e o grau de todas as notas em cada escala.
> » Esteja apto a tocar as sequências de notas ao receber o tom e o grau.

Somente quando conseguir fazer todas as três coisas para as 12 escalas maiores, você poderá parar de praticá-las. Nas seções seguintes, explicamos como trabalhar com escalas maiores no teclado e no violão, e o guiamos com áudios das escalas maiores.

A *escala maior,* ou *escala diatônica maior,* é a mais popular e uma das mais fáceis de reconhecer ao ser tocada. Músicas como "Parabéns pra você" e "Atirei o pau no gato" foram compostas usando a escala maior/diatônica maior.

Escalas maiores no piano e no violão

Se alguém pedir para tocar a escala de Dó Maior no piano, você a montará como na Figura 7-1.

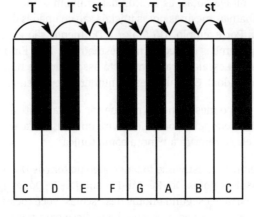

FIGURA 7-1: A escala de Dó Maior, tal como todas as maiores, segue o padrão TTstTTTst.

© John Wiley & Sons, Inc.

Observe os passos marcados na Figura 7-1 — cada escala maior com a qual você for trabalhar seguirá esse padrão usando as diferentes combinações das teclas brancas e pretas, dependendo da escala.

Para tocar cada escala do piano, comece com a tecla que tem o nome da escala. Para a escala de Lá Maior, por exemplo, comece com o Lá (se você ainda não tiver memorizado as notas do teclado do piano, vá pra o Capítulo 6). Então toque o padrão da escala maior: TTstTTTst. A escala terminará na mesma nota que começou, só que em uma oitava acima.

Para ver a escala maior de cada tom, vá para o Capítulo 8, que ilustra armaduras de clave na partitura para cada tom. Para ouvir todas as escalas maiores, escute os áudios, listados na seção a seguir "Ouvindo as escalas maiores", no site da Alta Books, www.altabooks.com.br (procure pelo título do livro).

Tocar as escalas no violão é bastante simples. Por convenção, os violonistas pensam no braço do violão dividido em blocos de quatro marcas, e, dependendo do tom em que você quiser tocar, sua mão se posiciona sobre cada bloco específico. O valor das duas oitavas de cada afinação dentro daquela escala está contido dentro de cada bloco de quatro trastes.

As escalas maiores no violão seguem o padrão mostrado na Figura 7-2, tocando as notas na ordem numérica que aparecem a seguir. **Lembre-se:** A 8ª nota (tônica) da primeira oitava é a 1ª nota (também tônica) da segunda.

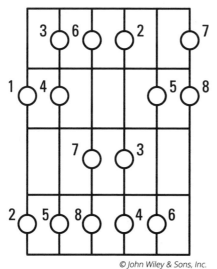

FIGURA 7-2: Esse padrão de escala maior funciona inteiro para cima e para baixo no braço do violão.

© John Wiley & Sons, Inc.

Para tocar cada escala no violão, comece com a marca correta na primeira corda (a corda de cima quando você segura o violão, chamada de Mi grave), para tocar a escala de Mi Maior:

- **Corda solta**: E
- **1º traste**: F
- **2º traste**: F♯/G♭
- **3º traste**: G
- **4º traste**: G♯/A♭
- **5º traste**: A
- **6º traste**: A♯/B♭
- **7º traste**: B
- **8º traste**: C
- **9º traste**: C♯/D♭
- **10º traste**: D
- **11º traste**: D♯/E2♭
- **12º traste**: E
- **13º traste**: F

Para tocar as escalas maiores no violão, você simplesmente move o padrão ao longo do braço para formar qualquer escala que quiser. O tom é determinado pela primeira e última nota da escala, então, se pedirem que toque uma escala de Dó Maior no violão, você simplesmente a começa no oitavo traste. Nada de teclas brancas e pretas para se confundir aqui — somente o mesmo padrão repetido indefinidamente ao longo do braço. (Para ver as notas nos 12 primeiros trastes do violão, confira o Capítulo 6.)

PAPO DE ESPECIALISTA

A *verdadeira* afinação do violão é uma oitava (12 semitons) mais baixa que a afinação *escrita*. Essa discrepância ocorre simplesmente porque a maioria das partituras é escrita para piano, e as notas estariam em linhas embaixo da partitura se fossem destinadas ao violão. No piano, a oitava do meio é a mais frequentemente usada, e, portanto, está centrada na pauta. Se compositores escrevessem a pauta do violão no tom real, teriam que usar muitas linhas e a pauta ficaria confusa.

Ouvindo as escalas maiores

ÁUDIO

Escute as Faixas 1 a 15 para ouvir cada uma das escalas maiores tocadas no piano e no violão. Observe que Fá sustenido e Sol bemol, Ré bemol e Dó sustenido, e Si e Dó bemol são escalas enarmônicas, ou escalas que soam idênticas, mas são escritas de formas diferentes, como Si e Dó bemol Maior.

Faixa	Escala
1	Lá Maior
2	Lá bemol
3	Si Maior
4	Si bemol
5	Dó Maior
6	Dó bemol
7	Dó sustenido
8	Ré Maior
9	Ré bemol
10	Mi Maior
11	Mi bemol
12	Fá Maior
13	Fá sustenido
14	Sol Maior
15	Sol bemol

Descobrindo o que as Escalas Menores Têm a Oferecer

Quando ouve o termo *escalas menores*, talvez você seja levado a acreditar que elas representam um grupo de escalas menos importante que as maiores. Ou, então, pode pensar que as escalas menores são apenas para as músicas tristes e melancólicas. Mas a verdade é que os arranjos e os tons (ou som das notas) disponíveis nas escalas menores — divididas, de acordo com a composição, em escalas menores naturais, harmônicas e melódicas — podem muito bem ser mais flexíveis para um compositor do que os das maiores isolados.

LEMBRE-SE

Ainda que todo tipo de escala menor contenha tipos diferentes de notas, todos os tipos de escalas são montados de forma bastante específica. Esses padrões de intervalo caracterizam as escalas menores. Os graus das menores têm os mesmos nomes que os das maiores, exceto o sétimo grau, que nas escalas menores é chamado de *subtônico*.

Cada uma das oito notas em uma escala menor também possui um grau:

- » **1ª nota:** Tônica
- » **2ª nota:** Supertônica
- » **3ª nota:** Mediante
- » **4ª nota:** Subdominante
- » **5ª nota:** Dominante
- » **6ª nota:** Submediante
- » **7ª nota:** Subtônica
- » **8ª nota:** Tônica

PAPO DE ESPECIALISTA

Nas escalas melódicas e harmônicas menores, como nas maiores, o sétimo grau é chamado de *sensível*.

Nas seções a seguir, abordamos escalas menores naturais, harmônicas e melódicas, e como tocá-las no piano e no violão.

Tocando escalas menores naturais no piano e no violão

LEMBRE-SE

As *escalas menores naturais* seguem o padrão de intervalo TstTTstTT, que significa **T**om **S**emi**t**om **T**om **T**om **S**emi**t**om **T**om **T**om. A primeira nota (e a última) na escala determinam seu nome.

Uma escala menor natural é formada a partir da escala maior de mesmo nome, porém, com o terceiro, sexto e sétimo graus menores (um semitom abaixo). Então, por exemplo, se alguém lhe pedir para tocar escala de Lá menor natural em um piano, seria como a Figura 7-3 mostra.

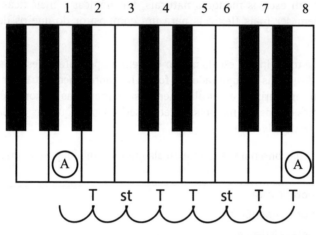

FIGURA 7-3: A escala de Lá menor natural no piano.

© John Wiley & Sons, Inc.

Tocar as escalas menores no violão é ainda mais simples. Elas seguem o padrão mostrado na Figura 7-4. Toque as notas na ordem numérica, como mostra a figura. Sua primeira nota está indicada pelo número 1, na corda Mi.

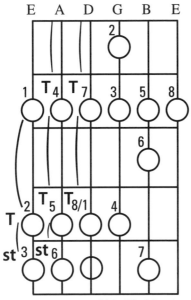

FIGURA 7-4: Tocando a escala menor no violão.

Assim como ocorre com as escalas maiores, para tocar as escalas menores naturais no violão, você apenas move o padrão da Figura 7-4 ao longo do braço do violão para criar qualquer escala menor que quiser. A nota com a qual você começar na corda de cima (Mi grave) será o nome da escala. Se pedirem que toque uma escala de Lá menor no violão, por exemplo, você tocará o padrão mostrado na Figura 7-5.

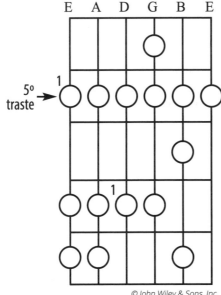

FIGURA 7-5: A escala de Lá menor natural no violão.

CAPÍTULO 7 Dominando Escalas Maiores e Menores   85

Divertindo-se com as harmônicas menores no piano e no violão

A *escala menor harmônica* é uma variação da menor natural (que discutimos na seção anterior). Ela ocorre quando a sétima nota da escala menor natural é elevada em meio-tom. No entanto, o intervalo *não* é elevado na armadura de clave, mas com o uso dos acidentes (sustenidos). Você lê sobre acidentes no Capítulo 6.

Para tocar a escala de Lá menor harmônica no piano, você seguirá a Figura 7-6. Observe como a escala muda após acrescentar meio-tom ao sétimo grau da escala.

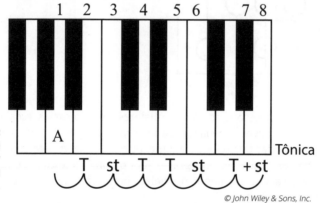

FIGURA 7-6: Uma escala de Lá menor harmônica no piano.

DICA

Quando você escreve uma música e quer usar uma escala harmônica, é mais fácil escrevê-la usando o tom menor natural primeiro, e depois adicionar o acidente que aumenta o sétimo grau em *meio-tom*.

Tocar as escalas menores harmônicas no violão é simples. Você apenas posiciona o padrão mostrado na Figura 7-7 sobre a tônica que deseja tocar. Mova-a para uma posição diferente para tocar a escala daquela nota específica.

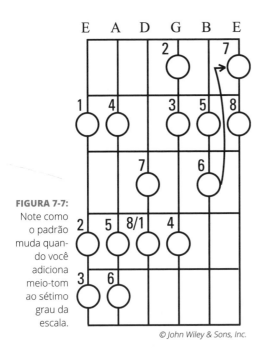

FIGURA 7-7: Note como o padrão muda quando você adiciona meio-tom ao sétimo grau da escala.

Como sempre, o tom é determinado pela primeira e última notas da escala; assim, se lhe pedissem para tocar uma escala menor harmônica de Lá no violão, você tocaria o que é mostrado na Figura 7-8.

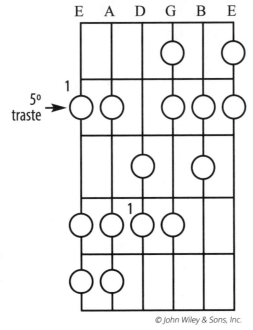

FIGURA 7-8: Uma escala menor harmônica no violão.

CAPÍTULO 7 **Dominando Escalas Maiores e Menores** 87

Fazendo uma música incrível com as menores melódicas

As *escalas menores melódicas* também derivam da menor natural (veja a seção anterior "Tocando escalas menores naturais no piano e no violão" para detalhes). Na escala menor melódica, a sexta e a sétima notas da escala menor natural são elevadas em meio-tom quando subimos a escala. Porém, tenha em mente que elas retornam para o menor natural quando descemos.

CUIDADO

Essa escala é complexa, por isso vamos explicá-la melhor: quando estiver subindo o tom durante a execução de uma obra, você adiciona os sustenidos ao sexto e ao sétimo graus da escala menor natural, mas, durante as partes da mesma obra em que o tom desce, você toca as notas de acordo com a escala menor natural. Escalas nas quais o sexto e o sétimo graus são bemolizados na menor exigem bequadros para aumentá-los.

Para tocar uma escala menor melódica de Lá (subindo) no piano, você imitará a Figura 7-9. Observe como a escala no piano se altera ao acrescentar meio-tom aos sexto e sétimo graus.

DICA

Ao escrever músicas na escala menor melódica, muitos compositores optam por usar o padrão menor natural, adicionando os acidentes que modificam as sexta e sétima notas ascendentes conforme aparecem.

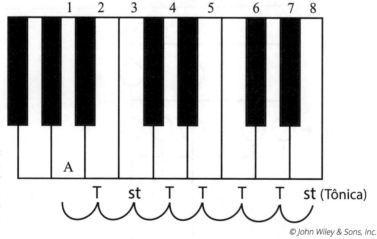

FIGURA 7-9: Uma escala menor melódica subindo no piano.

© John Wiley & Sons, Inc.

Algo maravilhoso a respeito do violão é que você só precisa memorizar um padrão para cada tipo de escala, e pronto. Para tocar uma escala menor melódica ascendente, toque o padrão mostrado na Figura 7-10. Para tocar a escala menor melódica de Lá ascendente no violão, você faz como a Figura 7-11 mostra.

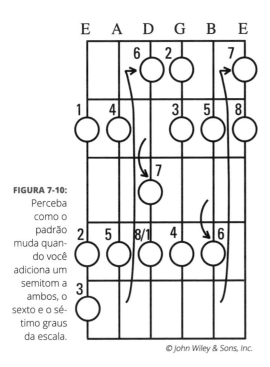

FIGURA 7-10: Perceba como o padrão muda quando você adiciona um semitom a ambos, o sexto e o sétimo graus da escala.

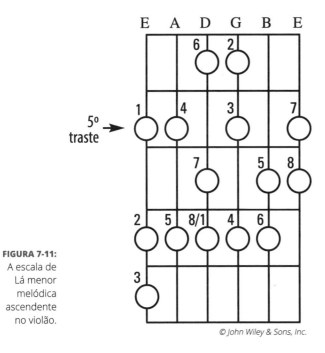

FIGURA 7-11: A escala de Lá menor melódica ascendente no violão.

CAPÍTULO 7 **Dominando Escalas Maiores e Menores** 89

E, claro, para notas descendentes, tanto no piano quanto no violão, você volta para a escala de Lá menor natural.

Ouvindo as escalas menores

ÁUDIO

Escute as Faixas 16 a 60 para ouvir cada escala menor tocada no piano e no violão.

Faixa	Escala
16	Lá menor natural
17	Lá menor harmônica
18	Lá menor melódica
19	Lá bemol menor natural
20	Lá bemol menor harmônica
21	Lá bemol menor melódica
22	Lá sustenido menor natural
23	Lá sustenido menor harmônica
24	Lá sustenido menor melódica
25	Si menor natural
26	Si menor harmônica
27	Si menor melódica
28	Si bemol menor natural
29	Si bemol menor harmônica
30	Si bemol menor melódica
31	Dó menor natural
32	Dó menor harmônica
33	Dó menor melódica
34	Dó sustenido menor natural
35	Dó sustenido menor harmônica
36	Dó sustenido menor melódica
37	Ré menor natural
38	Ré menor harmônica
39	Ré menor melódica
40	Ré sustenido menor natural
41	Ré sustenido menor harmônica
42	Ré sustenido menor melódica
43	Mi menor natural
44	Mi menor harmônica
45	Mi menor melódica

46	Mi bemol menor natural
47	Mi bemol menor harmônica
48	Mi bemol menor melódica
49	Fá menor natural
50	Fá menor harmônica
51	Fá menor melódica
52	Fá sustenido menor natural
53	Fá sustenido menor harmônica
54	Fá sustenido menor melódica
55	Sol menor natural
56	Sol menor harmônica
57	Sol menor melódica
58	Sol sustenido menor natural
59	Sol sustenido menor harmônica
60	Sol sustenido menor melódica

92   PARTE 2 **Juntando as Notas**

NESTE CAPÍTULO

» **Investigando o Círculo das Quintas**

» **Examinando tons maiores e menores**

» **Reconhecendo armaduras de clave maiores e menores**

Capítulo **8**

Armaduras de Clave e o Círculo das Quintas

No início da maioria das músicas escritas, você encontra um grupo de sustenidos e bemóis localizados diretamente à direita da fórmula de compasso. Esse grupo de símbolos é chamado de *armadura de clave* e informa em que tom a música foi escrita.

Quando você conhece o *tom* de uma música ou a escala das notas usadas para compor a música que está tocando, pode achar a leitura da música mais fácil. Você antecipa as notas da partitura com base em seu conhecimento das escalas e notas daquele tom. Além disso, ao tocar com outros músicos, se conhece o tom em que estão tocando, e puder antecipar os acordes, pode adivinhar para onde a melodia da música irá. É quase como saber que palavra virá a seguir — ou pelo menos que seleção limitada de palavras poderia vir em seguida — para se encaixar em uma frase.

Neste capítulo, você lê sobre o Círculo das Quintas, de Pitágoras, e como usá-lo para ler armaduras de clave. Você também descobre tudo sobre as armaduras de clave e como as reconhecer à primeira vista. Por fim, completamos o capítulo com uma discussão sobre armaduras de clave maiores e menores e seus tons relativos.

CAPÍTULO 8 **Armaduras de Clave e o Círculo das Quintas** 93

Entendendo o Círculo das Quintas e Reconhecendo as Armaduras de Clave Maiores

No século VI a.C., o erudito e filósofo grego Pitágoras tentou facilitar as coisas para todo mundo ao padronizar, ou pelo menos dissecar, o tom musical. Ele já havia descoberto as frequências dos tons em instrumentos musicais pela vibração de cordas de diferentes comprimentos e definido o que era exatamente uma oitava, então pensou em qual seria o passo lógico seguinte.

Ele dividiu um círculo em 12 seções iguais, como um relógio. O resultado de sua experimentação acabou ficando conhecido como o Círculo das Quintas, que ainda é usado hoje em dia. Cada um dos 12 pontos ao redor do círculo recebeu um valor de tom, que corresponde aproximadamente ao sistema atual de uma oitava com 12 semitons. Os teóricos da música ocidental desde então atualizaram o Círculo das Quintas de Pitágoras para o que você vê na Figura 8-1.

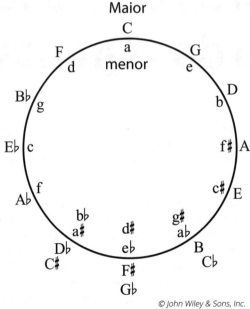

FIGURA 8-1: O Círculo das Quintas mostra a relação entre os tons maiores e seus relativos menores.

© John Wiley & Sons, Inc.

PAPO DE ESPECIALISTA

Em termos matemáticos, a unidade de medida utilizada em seu Círculo foi *centos*, com 1.200 centos sendo igual a uma oitava. Cada semitom, então, se divide em 100 centos.

A criação e o uso do Círculo das Quintas é o próprio fundamento da teoria musical ocidental moderna, e é por isso que falamos muito sobre isso neste livro. A Figura 8-2 mostra uma versão ligeiramente diferente do Círculo das Quintas da exibida na Figura 8-1. A figura anterior pode ser usada para ajudá-lo a aprender a ler armaduras de clave à primeira vista, contando os sustenidos e bemóis na fórmula de compasso. Você recebe informações sobre como fazer isso nas próximas seções.

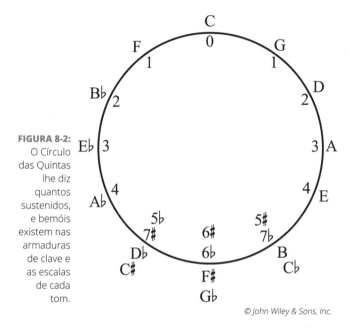

FIGURA 8-2: O Círculo das Quintas lhe diz quantos sustenidos, e bemóis existem nas armaduras de clave e as escalas de cada tom.

© John Wiley & Sons, Inc.

LEMBRE-SE

Cada um dos 12 pontos do círculo é, na verdade, o quinto tom da escala do ponto anterior, e é por isso que se chama Círculo das Quintas. Por exemplo, o quinto tom, ou a nota *dominante*, da escala Dó é Sol. Se você olhar para o Círculo das Quintas na Figura 8-2, verá que Sol é a nota seguinte à direita de Dó. Se seguir o sentido horário, verá que a nota dominante da escala de Sol, Ré, é o ponto seguinte, e assim por diante ao redor do círculo. (Você encontra uma cobertura completa de escalas no Capítulo 7.)

Além de ser seu melhor amigo para decifrar armaduras de clave à primeira vista, o Círculo das Quintas é essencial na composição musical, porque seu formato inteligente é útil para compor e harmonizar melodias, formar acordes e mudar para diferentes tons em uma composição.

LEMBRE-SE

Não podemos enfatizar o quanto é útil conhecer o Círculo das Quintas. É útil para compositores, artistas e estudantes de teoria musical. Tudo o que podemos fazer é dizer repetidamente: o Círculo das Quintas — memorize-o e use-o.

O Círculo das Quintas o ajuda a descobrir quais sustenidos e bemóis ocorrem nos diferentes tons. O tom tocado é a nota (ou letra) do lado de fora do círculo. Nas seções a seguir, observe que a ordem de sustenidos e bemóis fornecida nos mnemônicos é exatamente a ordem em que eles estão nas armaduras de clave.

Sustenidos: Frade ao Sol Reza Lá a Missinha

Para descobrir quantos sustenidos existem em cada tom, conte no *sentido horário* a partir de Dó na parte superior do círculo. Dó Maior tem um valor numérico de 0, por isso não tem sustenidos. Sol vale 1, então tem um sustenido. Quando você toca a escala de Sol Maior no piano, toca apenas as teclas brancas até chegar ao sétimo intervalo e parar naquele ponto: Fá sustenido, no caso. Ré tem dois sustenidos; Lá, três, e assim por diante no círculo. O valor numérico de cada letra do lado direito do círculo representa quantos sustenidos existem nesse tom, o que é determinado pela sua escala. Veja a Figura 8-3 para ver os sustenidos "subindo".

FIGURA 8-3: Os sustenidos são organizados na armadura de clave "subindo".

© John Wiley & Sons, Inc.

DICA

Os sustenidos sempre aparecem em uma ordem específica: Fá, Dó, Sol, Ré, Lá, Mi e Si. Você pode facilmente se lembrar desse padrão de sustenido usando o mnemônico *Frade ao Sol Reza Lá a Missinha*.

Por exemplo, se você tocar uma música no tom de Si Maior, sabe, pelo Círculo das Quintas, que ele tem cinco sustenidos. E sabe, pelo *mnemônico do frade*, que esses sustenidos são Fá sustenido, Dó sustenido, Sol sustenido, Ré sustenido e Lá sustenido, porque os sustenidos estão sempre nessa ordem. Se estiver tocando a tom de Ré Maior, que tem dois sustenidos, você sabe que esses sustenidos são Fá sustenido e Dó sustenido, porque o *frade*... Se você tem um mnemônico melhor do que esse que sugerimos, sinta-se à vontade para usá-lo.

Bemóis: <u>B</u>ingo <u>É</u> <u>a</u> <u>D</u>iversão <u>G</u>arantid<u>a</u> com <u>F</u>arofa

Para as escalas maiores e tons com bemóis, você se move no sentido anti-horário ao redor do Círculo das Quintas, iniciando em Dó, que tem o valor numérico de 0. Portanto, a clave de Fá Maior tem um bemol; a de Si Maior, dois, e assim por diante. A Figura 8-4 mostra os bemóis "descendentes".

FIGURA 8-4: Os bemóis são arrumados na armadura de clave "descendo".

© John Wiley & Sons, Inc.

DICA

Como os sustenidos, os bemóis aparecem em uma ordem específica em cada tom: Si (B), Mi (E), Lá (A), Ré (D), Sol (G), Dó (C) e Fá (F). O mnemônico que sugerimos aqui é *Bingo <u>É</u> <u>a</u> <u>D</u>iversão <u>G</u>arantida <u>c</u>om <u>F</u>arofa*, que é, como você provavelmente notou, o inverso exato da ordem dos sustenidos no Círculo das Quintas (para saber mais, veja a seção anterior, sobre sustenidos). É fácil lembrar que o primeiro bemol é sempre Si bemol porque o próprio sinal de bemol parece um *b minúsculo*, que é, na verdade, o que originalmente era.

Assim, Sol bemol, por exemplo, que está a seis pontos de Dó Maior no Círculo das Quintas, tem seis bemóis em sua escala, que são Si bemol, Mi bemol, Lá bemol, Ré bemol, Sol bemol e Dó bemol. O tom de Si bemol, que fica a dois pontos de Dó, no topo do Círculo das Quintas, tem Si bemol e Mi bemol na sua escala.

Encontrando as Armaduras dos Tons Menores e Seus Relativos

O Círculo das Quintas funciona da mesma maneira para os tons *menores* e para os maiores. Os tons menores são representados pelas letras minúsculas *dentro* do Círculo das Quintas, mostrado na Figura 8-1.

As notas menores dentro do Círculo as Quintas são as *relativas menores* das notas maiores, fora dele. A relativa menor e sua escala maior têm a mesma armadura. A única diferença é que a escala relativa menor começa em uma tônica diferente, ou primeira nota. A *tônica*, ou o ponto de partida, de uma relativa menor é uma terça menor — três semitons abaixo — da sua escala maior relativa.

Por exemplo, a relativa menor de Dó Maior é a Lá menor (veja a Figura 8-1, no Círculo das Quintas, em que o Dó está do lado de fora e o Lá, de dentro). A tônica é Lá, que fica três semitons à esquerda do Dó no piano ou três trastes em direção à mão do violão.

Até os mnemônicos *Frade* e *Bingo*, que descrevemos anteriormente neste capítulo, são os mesmos quando você lida com tons menores. Não existe diferença na armadura de clave entre um tom maior e seu relativo menor.

Na partitura, a relativa menor é a nota que está um espaço ou linha abaixo da tônica. O Dó está no terceiro espaço da Clave de Sol, e o Lá, sua relativa menor, no segundo espaço, abaixo dele.

No piano ou no violão, um acorde maior e seu relativo menor ficam juntos como unha e carne. Muitas, muitas músicas usam essa progressão de acordes porque ela simplesmente soa bem (você lê mais sobre acordes e progressões nos Capítulos 10 e 11).

Visualizando Armaduras de Clave

Independente de as armaduras de clave serem novas para você ou velhas conhecidas, estudar nunca fez mal a ninguém. Nas próximas seções, fornecemos um resumo das principais armaduras maiores e menores naturais e duas oitavas em notas desses tons organizadas em uma escala. Como este capítulo foca o Círculo das Quintas, ordenamos as armaduras de clave seguindo o círculo, em oposição à ordem alfabética. Esperamos que, ao resumir essas armaduras de clave, consigamos fixá-las junto com o Círculo das Quintas no seu conhecimento musical.

Não se impressione com a palavra *natural* quando a utilizamos para descrever as armaduras menores nesta seção. Acontece que há mais de um tipo de escala menor, como explicamos no Capítulo 7.

Dó Maior e Lá menor natural

A Figura 8-5 mostra a armadura de Dó Maior e a Figura 8-6, a de Lá menor natural, sua relativa.

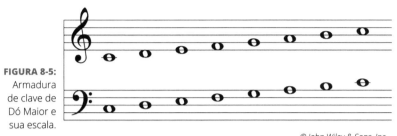

FIGURA 8-5: Armadura de clave de Dó Maior e sua escala.

© John Wiley & Sons, Inc.

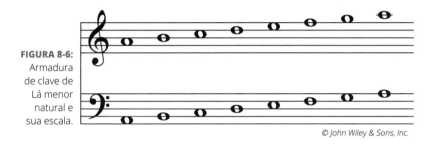

FIGURA 8-6: Armadura de clave de Lá menor natural e sua escala.

© John Wiley & Sons, Inc.

Como você pode ver, o Dó Maior e o Lá menor natural possuem exatamente a mesma armadura (ou seja, sem sustenidos ou bemóis) e exatamente as mesmas notas na escala, porque o Lá é a relativa menor natural de Dó. A única diferença é que a escala de Dó Maior se inicia em Dó; enquanto a de Lá, inicia em Lá.

Sol Maior e Mi menor natural

A Figura 8-7 mostra a armadura de Sol Maior e a Figura 8-8, a de Mi menor natural, sua relativa.

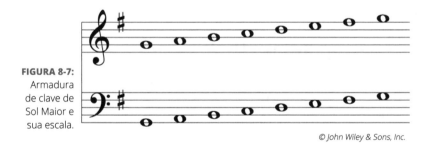

FIGURA 8-7: Armadura de clave de Sol Maior e sua escala.

© John Wiley & Sons, Inc.

CAPÍTULO 8 **Armaduras de Clave e o Círculo das Quintas** 99

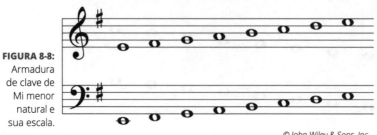

FIGURA 8-8: Armadura de clave de Mi menor natural e sua escala.

© John Wiley & Sons, Inc.

Agora, adicionamos um sustenido (o Fá) à armadura de clave. O ponto seguinte (o Ré) terá dois (o Fá e o Dó, por causa da ordem *Frade...*), e continuaremos adicionando um sustenido por vez até chegarmos à parte de baixo do Círculo das Quintas.

Ré Maior e Si menor natural

A Figura 8-9 mostra a armadura de clave de Ré Maior e a Figura 8-10, de Si menor natural, sua relativa.

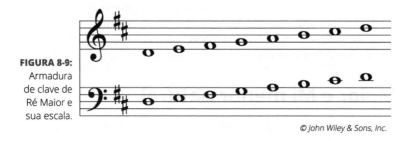

FIGURA 8-9: Armadura de clave de Ré Maior e sua escala.

© John Wiley & Sons, Inc.

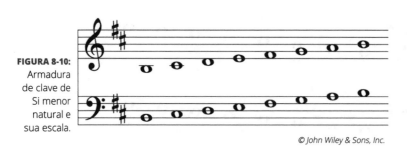

FIGURA 8-10: Armadura de clave de Si menor natural e sua escala.

© John Wiley & Sons, Inc.

Lá Maior e Fá sustenido menor natural

A Figura 8-11 mostra a armadura de clave de Lá Maior e a Figura 8-12, de Fá sustenido menor natural, sua relativa.

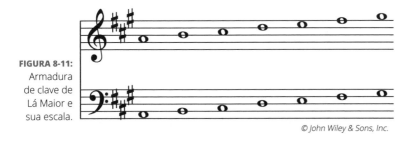

FIGURA 8-11: Armadura de clave de Lá Maior e sua escala.

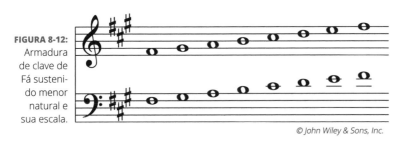

FIGURA 8-12: Armadura de clave de Fá sustenido menor natural e sua escala.

Mi Maior e Dó sustenido menor natural

A Figura 8-13 mostra a armadura de clave de Mi Maior e a Figura 8-14, de Dó sustenido menor natural, sua relativa.

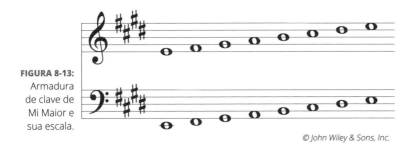

FIGURA 8-13: Armadura de clave de Mi Maior e sua escala.

FIGURA 8-14: Armadura de clave de Dó sustenido menor natural e sua escala.

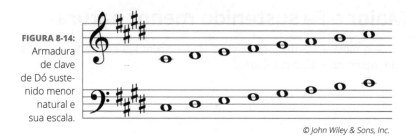

Si Maior e Dó bemol Maior, e Sol sustenido menor natural e Lá bemol menor natural

A Figura 8-15 mostra a armadura de clave de Si Maior e Dó bemol Maior; e a Figura 8-16, de Sol sustenido menor natural e Lá bemol menor natural, suas relativas.

FIGURA 8-15: Armadura de clave de Si Maior e Dó bemol Maior e suas escalas.

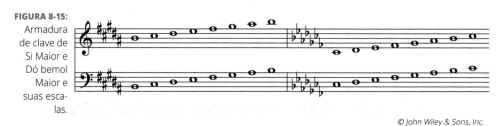

FIGURA 8-16: Armadura de clave de Sol sustenido menor natural e Lá bemol menor natural, e suas escalas.

Confuso com a dupla nomenclatura? Dê uma olhada em um teclado e verá que não há a tecla preta para o Dó bemol; em vez disso, há uma tecla branca: o Si. O Dó bemol e o Si são *equivalentes enarmônicos* um do outro, o que significa que são a mesma nota, porém, com nomes diferentes. Todas as notas da escala do Si Maior e do Dó bemol soam exatamente iguais — apenas usam uma notação musical um pouco diferente. O mesmo acontece com o Sol sustenido menor natural e o Lá bemol natural menor — mesmas notas, notações distintas.

Fá sustenido Maior e Sol bemol Maior, e Ré sustenido menor natural e Mi bemol menor natural

Nas seções anteriores, você deve ter notado que, a cada ponto do Círculo das Quintas, um sustenido é adicionado à armadura de clave. Desse ponto em diante, o número de bemóis na armadura de clave diminuirá até retornar à posição de 12 horas (Dó Maior / Lá menor natural).

A Figura 8-17 mostra a armadura de clave de Fá sustenido Maior e Sol bemol Maior; e a Figura 8-18, de Ré sustenido menor natural e Mi bemol menor natural, suas relativas. Mais equivalentes enarmônicos (veja a seção anterior)!

FIGURA 8-17: Armadura de clave de Fá sustenido Maior e Sol bemol Maior, e suas escalas.

© John Wiley & Sons, Inc.

FIGURA 8-18: Armadura de clave de Ré sustenido menor natural e Mi bemol menor natural, e suas escalas.

© John Wiley & Sons, Inc.

Dó sustenido Maior e Ré bemol Maior, e Lá sustenido menor natural e Si bemol menor natural

A Figura 8-19 mostra a armadura de clave de Dó sustenido Maior e Ré bemol Maior; e a Figura 8-20, de Lá sustenido menor natural e Si bemol menor natural, suas relativas.

FIGURA 8-19: Armadura de clave de Dó sustenido Maior e Ré bemol Maior, e suas escalas.

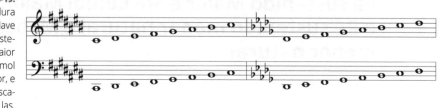

© John Wiley & Sons, Inc.

FIGURA 8-20: Armadura de clave de Lá sustenido menor natural e Si bemol menor natural, e suas escalas.

© John Wiley & Sons, Inc.

Essas são as últimas armaduras de clave equivalentes enarmônicas de que você precisará se lembrar. Nós prometemos. Além disso, também foram as últimas com sustenido. Daqui em diante, trabalharemos com os bemóis sozinhos enquanto continuamos subindo o lado esquerdo do Círculo das Quintas.

Lá bemol Maior e Fá menor natural

A Figura 8-21 mostra a armadura de clave de Lá bemol Maior e de Fá menor natural, sua relativa.

FIGURA 8-21: Armadura de clave de Lá bemol Maior e Fá menor natural, e suas escalas.

© John Wiley & Sons, Inc.

Mi bemol Maior e Dó menor natural

A Figura 8-22 mostra a armadura de clave de Mi bemol Maior e de Dó menor natural, sua relativa.

FIGURA 8-22: Armadura de clave de Mi bemol Maior e Dó menor natural, e suas escalas.

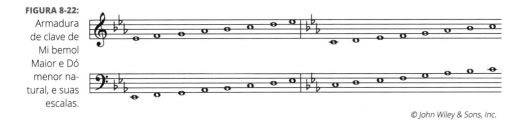

© John Wiley & Sons, Inc.

Si bemol Maior e Sol menor natural

A Figura 8-23 mostra a armadura de clave de Si bemol Maior e de Sol menor natural, sua relativa.

FIGURA 8-23: Armadura de clave de Si bemol Maior e Sol menor natural, e suas escalas.

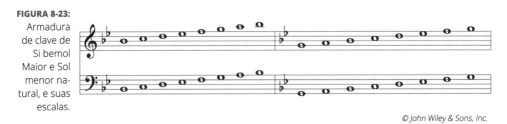

© John Wiley & Sons, Inc.

Fá Maior e Ré menor natural

A Figura 8-24 mostra a armadura de clave de Fá Maior e de Ré menor natural, sua relativa.

FIGURA 8-24: Armadura de clave de Fá Maior e Ré menor natural, e suas escalas.

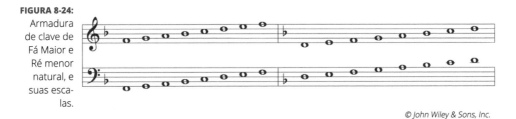

© John Wiley & Sons, Inc.

CAPÍTULO 8 **Armaduras de Clave e o Círculo das Quintas** 105

NESTE CAPÍTULO

» Entendendo os tipos de intervalos

» Conferindo intervalos de uníssonos a oitavas

» Criando os próprios intervalos

» Vendo como os intervalos se relacionam às escalas maiores

» Mergulhando em intervalos compostos

» Acesse os áudios no site da Alta Books (procure pelo título do livro)

Capítulo **9**

Intervalo: Distância entre Dois Sons

A distância entre duas notas é chamada de *intervalo*. Mesmo que você jamais tenha escutado a palavra *intervalo* utilizada na música antes, se já escutou música, ouviu como os intervalos funcionam. Se já tocou música, ou mesmo se acidentalmente apoiou uma xícara de café sobre o teclado de um piano forte o suficiente para fazer com que algumas notas tocassem juntas, você tocou intervalos. As escalas e os acordes são criados a partir dos intervalos. A riqueza da música vem dos intervalos. Este capítulo revisa os tipos de intervalos mais comuns usados na música e discute como são usados para formar escalas e acordes.

Detalhando Intervalos Harmônicos e Melódicos

Existem dois tipos de intervalos:

» Um *intervalo harmônico* é o que você obtém quando toca duas notas ao mesmo tempo, como na Figura 9-1.

FIGURA 9-1: Um intervalo harmônico é formado por duas notas tocadas simultaneamente.

© John Wiley & Sons, Inc.

» Um *intervalo melódico* é o que você obtém quando toca duas notas uma após outra, conforme a Figura 9-2.

FIGURA 9-2: Um intervalo melódico é formado por duas notas tocadas uma após a outra.

© John Wiley & Sons, Inc.

LEMBRE-SE

A *identidade* de um intervalo, e isso vale tanto para os harmônicos quanto para os melódicos, é determinada por dois fatores:

» Quantidade
» Qualidade

Explicamos o que cada um deles significa nas próximas seções.

108 PARTE 2 **Juntando as Notas**

Quantidade: Contando linhas e espaços

O primeiro passo para nomear intervalos é encontrar a distância entre as notas escritas na partitura. A *quantidade* do intervalo se baseia no número de linhas e espaços contidos por intervalo na partitura. Músicos e compositores usam nomes específicos para indicar a quantidade de intervalos:

- Uníssono (ou primeira)
- Segunda
- Terça
- Quarta
- Quinta
- Sexta
- Sétima
- Oitava

LEMBRE-SE

Você determina a quantidade de um intervalo simplesmente adicionando as linhas e espaços incluídos nele. Você deve contar toda linha e espaço entre as notas, bem como as linhas e espaços em que elas estão. Acidentes não importam para fins dessa conta.

Dê uma olhada na Figura 9-3 para um exemplo de como é fácil determinar a quantidade de um intervalo. Se começar da nota de cima ou da de baixo e contar todas as linhas e espaços contidos no intervalo, incluindo as linhas e os espaços em que as notas estão, chegará ao número cinco. Portanto, a Figura 9-3 possui a quantidade de cinco, ou uma quinta. Como as notas são escritas juntas, para serem tocadas ao mesmo tempo, são consideradas uma *quinta harmônica*, para ser mais preciso.

FIGURA 9-3: Existem cinco linhas e espaços incluídos na quantidade total deste intervalo, o que significa que ele é uma quinta.

© John Wiley & Sons, Inc.

A Figura 9-4 mostra uma segunda melódica. Note que o *acidente* sustenido (a marca #) no Fá não afeta em absolutamente nada a quantidade do intervalo. A quantidade do intervalo é uma questão de contagem de linhas e espaços. (Você lê sobre acidentes no Capítulo 6.)

FIGURA 9-4:
O fato de a primeira nota ser um Fá sustenido não afeta a quantidade dos intervalos.

© John Wiley & Sons, Inc.

A Figura 9-5 mostra a quantidade de intervalos desde o uníssono (quando as duas notas são a mesma) até a oitava (quando estão exatamente a uma oitava de distância) e todos os intervalos entre elas. Os sustenidos e os bemóis, no entanto, estão inclusos somente por diversão; mas, lembre-se de que eles não importam quando se trata de classificar um intervalo por quantidade.

FIGURA 9-5:
Os intervalos melódicos na ordem da esquerda para a direita: uníssono, segunda, terça, quarta, quinta, sexta, sétima e oitava.

© John Wiley & Sons, Inc.

LEMBRE-SE

E se um intervalo for além de uma oitava? Nesse caso, chama-se *intervalo composto*. Tal como toda a quantidade de um intervalo, com um composto você conta as linhas e os espaços. O exemplo mostrado na Figura 9-6 tem a quantidade de dez, então se chama *décima*. (Discutimos intervalos compostos com mais detalhes posteriormente neste capítulo.)

FIGURA 9-6: Um intervalo composto com uma quantidade total de dez, é também chamado de décima.

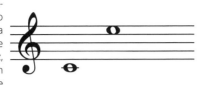

© John Wiley & Sons, Inc.

Qualidade: Considerando semitons

A *qualidade* de um intervalo é baseada no número de semitons entre uma nota e outra do intervalo. Diferente da quantidade (veja a seção anterior), os acidentes (sustenidos e bemóis), que aumentam ou diminuem o tom em um semitom, importam para a qualidade. (Veja o Capítulo 6 para mais detalhes sobre semitons e acidentes.) A qualidade de um intervalo é responsável por seu som característico.

Cada um dos intervalos mostrados na Figura 9-7, apesar de terem a mesma quantidade, soam diferentes uns dos outros porque cada um tem uma qualidade diferente.

FIGURA 9-7: Todos esses intervalos, em termos de quantidade, são quintas, mas a qualidade das quintas torna a sonoridade diferente.

© John Wiley & Sons, Inc.

Toque o áudio 61 para escutar as diferenças entre os intervalos que possuem a mesma quantidade (quinta), porém, as qualidades diferentes.

LEMBRE-SE

A seguir estão os termos usados para descrever a qualidade, e suas abreviações:

» **Maior (M):** Contém dois semitons entre as notas
» **Menor (m):** Contém um semitom a menos que o intervalo maior, ou um semitom, entre as notas
» **Justo (J):** Refere-se à qualidade harmônica de uníssonos, oitavas, quartas e quintas (que descrevemos posteriormente neste capítulo)

>> **Diminuto (dim ou d):** Contém um semitom a menos que o intervalo menor ou justo

>> **Aumentado (Aum ou A):** Contém um semitom a mais que o intervalo maior ou justo

Nomeando intervalos

Todo intervalo recebe seu nome completo a partir da combinação da quantidade com a qualidade. Por exemplo, uma *terça maior* ou *quinta justa*. Aqui estão as combinações possíveis que você usa quando descreve intervalos:

>> Justo (J) só pode ser usado com uníssonos, quartas, quintas e oitavas.

>> Maior (M) e menor (m) só podem ser usados com segundas, terças, sextas e sétimas (que discutimos posteriormente neste capítulo).

>> Diminuto (dim ou d) pode ser usado com todos os intervalos, menos o uníssono.

>> Aumentado (Aum ou A) pode ser usado com todos os intervalos.

Observando Uníssonos, Oitavas, Quartas e Quintas

Os uníssonos, as oitavas, as quartas e as quintas usam os termos justo, aumentado ou diminuto para identificar suas qualidades. (Veja a seção anterior "Qualidade: Considerando semitons" para mais informações.)

Uníssonos justos

Um *uníssono justo melódico* é possivelmente o movimento mais fácil que você fará em qualquer instrumento (exceto por uma pausa, claro). Você apenas bate, puxa ou sopra a mesma nota duas vezes. Também pode tocar os uníssonos na maior parte dos instrumentos de corda porque a mesma nota ocorre mais de uma vez nesses instrumentos, como no violão (o quinto traste do Mi grave é a corda Lá solta, por exemplo).

Na música escrita para múltiplos instrumentos, um *uníssono justo harmônico* ocorre quando duas (ou mais) pessoas tocam exatamente a mesma nota musical, da mesma maneira, em dois instrumentos diferentes.

Uníssonos aumentados

Para fazer um uníssono aumentado perfeito, você adiciona um semitom entre as notas. Altere qualquer uma delas para ampliar a distância em um semitom.

O intervalo do Si para o Si bemol é chamado de *uníssono aumentado* — *uníssono* porque os nomes das notas são os mesmos (ambas Si) e *aumentado* pois o intervalo tem um semitom a mais que um uníssono justo.

PAPO DE ESPECIALISTA

Não existe algo como um uníssono diminuto, visto que, não importa o quanto você mude os uníssonos com os acidentes, adicionará semitons ao intervalo todo.

Oitavas

Quando você possui duas notas com um intervalo com uma quantidade de oito linhas e espaços, tem uma *oitava*. Uma *oitava perfeita* é muito parecida com um uníssono justo (veja a seção anterior "Uníssonos justos"), no sentido de que a mesma nota (em um piano, seria a mesma tecla) está sendo tocada. A única diferença é que as duas notas estão separadas por doze semitons, incluindo a nota inicial, tanto para cima quanto para baixo do ponto de partida.

Uma oitava justa melódica, com 12 semitons entre as notas musicais, é mostrada na Figura 9-8.

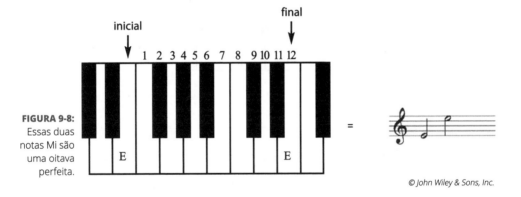

FIGURA 9-8: Essas duas notas Mi são uma oitava perfeita.

© John Wiley & Sons, Inc.

Para fazer uma oitava aumentada perfeita, você amplia a distância entre as notas em mais um semitom. A Figura 9-9 exibe uma oitava aumentada de Mi para Mi sustenido ao aumentar a nota de cima em um semitom, de forma que haja 13 semitons do primeiro Mi até o seguinte, Mi sustenido.

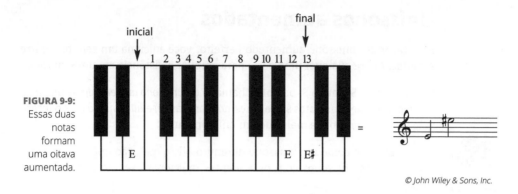

FIGURA 9-9: Essas duas notas formam uma oitava aumentada.

Para fazer uma oitava diminuta, você reduz a distância entre as notas em um semitom. Por exemplo, a Figura 9-10 ilustra a nota de cima sendo reduzida em meio-tom de forma que existam apenas 11 semitons da primeira nota à última. Você também pode subir um semitom da nota de baixo para formar outra oitava diminuta.

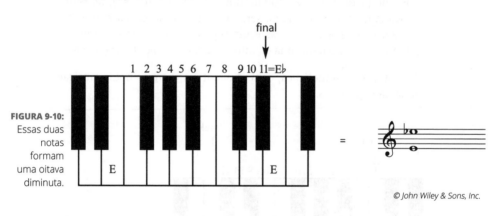

FIGURA 9-10: Essas duas notas formam uma oitava diminuta.

Quartas

Quartas são pares de notas separadas por quatro linhas e espaços. Todas as quartas são justas em qualidade, contendo cinco semitons entre as notas, exceto pela quarta do Fá natural para o Si natural, que contém seis semitons (o que a torna uma *quarta aumentada*). Compare os pares de notas na Figura 9-11 no teclado e você verá o que queremos dizer.

FIGURA 9-11: Quartas na partitura com o caso especial do Fá natural para o Si natural circulado, que é aumentado.

© John Wiley & Sons, Inc.

A Figura 9-12 mostra a conexão entre cada quarta em um teclado. Repare que, diferente do restante, a distância entre o Fá e o Si é de seis semitons.

FIGURA 9-12: No teclado, todas as quartas naturais são justas, com exceção do intervalo entre o Fá natural e o Si natural, que é de quarta aumentada.

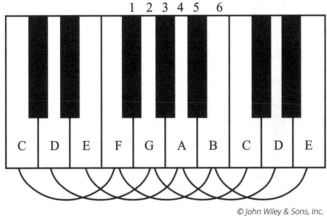

© John Wiley & Sons, Inc.

Como as quartas aumentadas têm meio-tom a mais que as justas, podemos criar uma quarta justa entre as notas Fá natural e Si natural ao aumentar a nota de baixo para Fá sustenido ou diminuir a de cima para Si bemol.

Se a quarta natural for justa, adicionar o mesmo acidente (seja sustenido ou bemol) a ambas as notas não mudaria a qualidade do intervalo. Ela permaneceria sendo uma quarta justa. Há o mesmo número de semitons (cinco) entre o Ré natural e o Sol natural, como há entre o Ré sustenido e o Sol sustenido, ou o Ré bemol e o Sol bemol, como as Figuras 9-13 e 9-14 mostram. Se uma nota muda, mas a outra não, é claro que a qualidade do intervalo se altera.

FIGURA 9-13: Adicionar acidentes a ambas as notas em um intervalo de quarta justa não o altera.

© John Wiley & Sons, Inc.

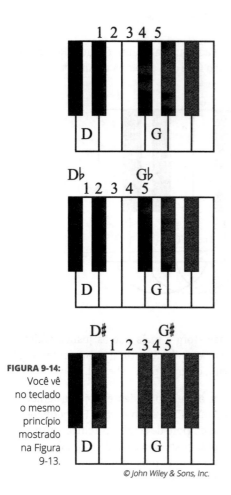

FIGURA 9-14: Você vê no teclado o mesmo princípio mostrado na Figura 9-13.

© John Wiley & Sons, Inc.

Quintas

Quintas são pares de notas separadas por cinco linhas e espaços (como mostrado na Figura 9-15). Elas são fáceis de reconhecer na notação musical, pois são duas notas separadas exatamente por duas linhas ou dois espaços.

FIGURA 9-15:
Os intervalos das quintas possuem uma quantidade de cinco linhas e espaços.

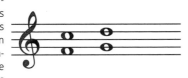

© John Wiley & Sons, Inc.

Todas as quintas são *justas*, o que significa que existem sete semitons no intervalo. Entretanto, como deve imaginar, o intervalo entre o Si e o Fá é uma *quinta diminuta*, que por acaso tem o mesmo som de uma quarta aumentada. Existem seis semitons entre as duas notas, independentemente de você ir do Si para o Fá ou do Fá para o Si.

Você pode criar uma quinta justa entre o Fá e o Si ao adicionar mais um semitom — seja transformando o Si em Si bemol ou o Fá em Fá sustenido. Dessa vez, como as notas foram tiradas da ordem que apareceram no intervalo de quartas, qualquer mudança *amplia* o tamanho do intervalo.

Mais uma vez, assim como ocorre com uma quarta justa, se uma quinta for justa (todos os casos, exceto Fá e Si), adicionar os mesmos acidentes a ambas as notas do intervalo não mudará sua qualidade. E, assim como as quartas, se apenas uma das notas for alterada com um acidente, a qualidade mudará.

Reconhecendo Segundas, Terças, Sextas e Sétimas

Segundas, terças, sextas e *sétimas* compartilham a característica de usar os termos *maior, menor, aumentada* e *diminuta* para identificar sua qualidade. (Confira a seção anterior "Qualidade: Considerando semitons" para mais informações.)

LEMBRE-SE

Um intervalo maior *reduzido* em meio-tom se torna menor, enquanto que um intervalo maior *ampliado* em meio-tom torna-se aumentado. Um intervalo menor *ampliado* em meio-tom se torna maior e um intervalo menor *reduzido* em meio-tom, diminuto.

Parece que falamos grego, certo? Bem, não se preocupe. Contamos tudo o que você precisa saber nas seções seguintes. Além disso, a Tabela 9-1 resume os intervalos de uníssono a oitava. Observe na tabela que a identidade do intervalo depende da quantidade — ou seja, quantas linhas e espaços estão incluídos no intervalo total.

TABELA 9-1   **Intervalos de Uníssonos a Oitavas**

Semitons entre as Notas	Nome do Intervalo
0	Uníssono justo/segunda diminuta
1	Uníssono aumentado/segunda menor
2	Segunda maior/terça diminuta
3	Segunda aumentada/terça menor
4	Terça maior/quarta diminuta
5	Quarta justa/terça aumentada
6	Quarta aumentada/quinta diminuta
7	Quinta justa/sexta diminuta
8	Quinta aumentada/sexta menor
9	Sexta maior/sétima diminuta
10	Sexta aumentada/sétima menor
11	Sétima maior/oitava diminuta
12	Sétima diminuta/oitava justa
13	Oitava aumentada

Segundas

Quando você tem duas notas musicais com um intervalo com a quantidade de duas linhas e espaços, é uma *segunda*, como mostra a Figura 9-16. As segundas são bem fáceis de reconhecer — são as duas notas posicionadas uma ao lado da outra, uma em uma linha e a outra em um espaço.

FIGURA 9-16: Esses três pares de notas são segundas.

© John Wiley & Sons, Inc.

Se existir um semitom (uma tecla do piano ou um traste do violão) entre as segundas, o intervalo é uma *segunda menor*. Se houver dois (um tom, duas teclas do piano ou dois trastes adjacentes do violão), uma *segunda maior*.

Por exemplo, o intervalo entre um Mi natural e um Fá natural é uma segunda menor, pois existe um semitom entre eles (veja a Figura 9-17).

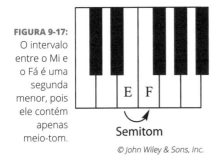

FIGURA 9-17: O intervalo entre o Mi e o Fá é uma segunda menor, pois ele contém apenas meio-tom.

Por outro lado, o intervalo entre o Fá e o Sol é uma segunda maior, porque há dois semitons (um tom) entre eles, como ilustra a Figura 9-18.

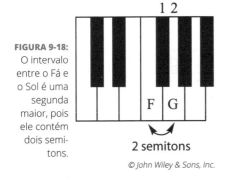

FIGURA 9-18: O intervalo entre o Fá e o Sol é uma segunda maior, pois ele contém dois semitons.

Você transforma uma segunda maior em menor reduzindo sua quantidade em meio-tom. Pode fazer isso reduzindo a nota de cima em meio-tom ou elevando a de baixo também em meio-tom. Ambos os movimentos reduzem a distância entre as notas em meio-tom (uma tecla do piano ou um traste do violão), como a Figura 9-19 mostra.

FIGURA 9-19: Transformando uma segunda maior em menor.

Uma segunda menor pode, pela lógica, ser transformada em uma segunda maior, ampliando o tamanho do intervalo em meio-tom. Você pode fazer isso elevando a nota de cima em meio-tom ou diminuindo a de baixo em meio-tom. Ambos os movimentos tornam a distância entre as notas em dois semitons (duas teclas do piano ou três trastes do violão).

LEMBRE-SE

Os únicos lugares em que os semitons aparecem entre as segundas é do Mi para o Fá e do Si para o Dó — os pontos do teclado em que não existem teclas pretas entre duas brancas.

Adicionar o mesmo acidente a ambas as notas de uma segunda natural não altera sua qualidade. Todas as segundas mostradas na Figura 9-20 são maiores.

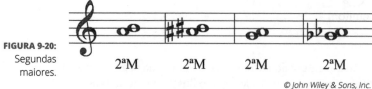

FIGURA 9-20: Segundas maiores.

© John Wiley & Sons, Inc.

Todas as segundas mostradas na Figura 9-21 são menores.

FIGURA 9-21: Segundas menores.

© John Wiley & Sons, Inc.

Uma segunda aumentada é meio-tom maior que uma segunda maior. Em outras palavras, existem três semitons entre cada nota. Você transforma uma segunda maior em aumentada tanto elevando a nota de cima quanto reduzindo a de baixo em meio-tom, conforme as Figuras 9-22 e 9-23 mostram.

FIGURA 9-22: Transformando um intervalo de segunda maior em segunda aumentada.

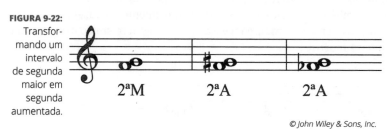

© John Wiley & Sons, Inc.

120 PARTE 2 **Juntando as Notas**

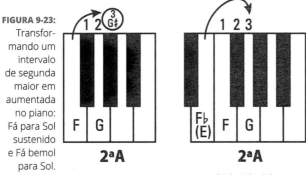

FIGURA 9-23: Transformando um intervalo de segunda maior em aumentada no piano: Fá para Sol sustenido e Fá bemol para Sol.

© John Wiley & Sons, Inc.

Uma segunda diminuta tem meio-tom a menos que uma segunda menor — o que significa que não há um tom entre ambas. Elas são a mesma nota. Uma segunda diminuta é equivalente enarmônico de um uníssono justo. *Enarmonia* quer dizer apenas que você está tocando as mesmas duas notas, no entanto a notação para o par é diferente.

Terças

Terças ocorrem quando você possui um intervalo que contenha três linhas e espaços, como na Figura 9-24.

FIGURA 9-24: As terças estão em linhas e espaços adjacentes.

© John Wiley & Sons, Inc.

Se houver quatro semitons em uma terça, ela é chamada de *terça maior*. As terças maiores ocorrem do Dó para o Mi, do Fá para o Lá e do Sol para o Si. Se houver três semitons em uma terça, ela é chamada de *terça menor*. Terças menores ocorrem do Ré para o Fá, do Mi para o Sol, do Lá para o Dó e do Si para o Ré. A Figura 9-25 mostra as terças maiores e as menores na partitura.

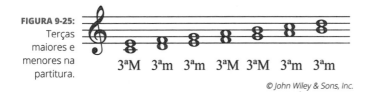

FIGURA 9-25: Terças maiores e menores na partitura.

© John Wiley & Sons, Inc.

CAPÍTULO 9 **Intervalo: Distância entre Dois Sons** 121

Uma terça maior pode ser transformada em menor se você reduzir o tamanho do seu intervalo em meio-tom, chegando a um total de três semitons entre as notas. Isso pode ser feito tanto reduzindo a nota de cima em meio-tom quanto elevando a de baixo em meio-tom (veja a Figura 9-26).

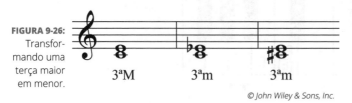

FIGURA 9-26: Transformando uma terça maior em menor.

Uma terça menor pode ser transformada em maior adicionando meio-tom ao intervalo, seja — já adivinhou? — elevando a nota de cima ou reduzindo a de baixo em meio-tom, como na Figura 9-27.

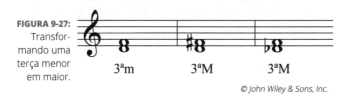

FIGURA 9-27: Transformando uma terça menor em maior.

Assim como com as segundas, as quartas e as quintas, o mesmo acidente adicionado a ambas as notas de uma terça (seja maior ou menor) não altera sua qualidade; porém, adicionar um acidente a apenas uma das notas, sim.

Uma terça aumentada está um semitom acima da maior, com cinco semitons entre as notas. Usando a terça maior como ponto de partida, eleve em um semitom a nota mais alta ou diminua a mais baixa. A Figura 9-28 mostra as terças aumentadas. Uma terça aumentada também é o equivalente enarmônico de uma quarta justa — são as mesmas notas, mas a notação é diferente.

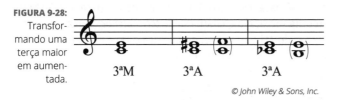

FIGURA 9-28: Transformando uma terça maior em aumentada.

Uma terça diminuta tem meio-tom a menos que uma menor. Começando em uma terça menor, eleve a nota de baixo em meio-tom ou abaixe a de cima em meio-tom para criar um intervalo de dois semitons (veja a Figura 9-29).

FIGURA 9-29: Transformando uma terça menor em diminuta.

© John Wiley & Sons, Inc.

Sextas e sétimas

Quando você tem duas notas com um intervalo com uma quantidade de seis linhas e espaços, como na Figura 9-30, você tem uma *sexta*. As notas em uma sexta são sempre separadas por duas linhas e um espaço, ou dois espaços e uma linha.

FIGURA 9-30: Intervalos de sexta harmônica.

© John Wiley & Sons, Inc.

Quando você tem duas notas com um intervalo com sete linhas e espaços, como na Figura 9-31, é uma *sétima*. As sétimas sempre consistem em pares de notas que estão ambas em linhas ou espaços. Elas são separadas por três linhas ou três espaços.

FIGURA 9-31: Intervalos de sétima harmônica.

© John Wiley & Sons, Inc.

Formando Intervalos

O primeiro passo para formar qualquer intervalo ao compor uma obra musical é criar a quantidade desejada acima ou abaixo da nota em questão. Depois você determina a qualidade. Detalhamos esses passos nas próximas seções.

Determinando a quantidade

Determinar a quantidade é fácil, especialmente no papel. Para, digamos, um intervalo uníssono, escolha uma nota. Então, próximo à primeira nota, coloque outra exatamente igual.

Quer transformar seu intervalo em uma oitava? Coloque a segunda nota exatamente sete linhas e espaços acima ou abaixo da primeira, criando um intervalo com a quantidade de oito linhas e espaços, como exibido na Figura 9-32.

FIGURA 9-32: Oitavas de Sol (abrangendo duas claves, com o Dó Central indicado).

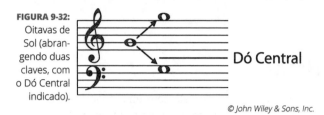

© John Wiley & Sons, Inc.

E quanto às quartas? Coloque a segunda nota três espaços e linhas abaixo ou acima da primeira, criando um intervalo com a quantidade total de quatro linhas e espaços. E quanto às quintas? Coloque a segunda nota quatro espaços e linhas abaixo ou acima da primeira, criando um intervalo com a quantidade total de cinco linhas e espaços.

Determinando a qualidade

O segundo passo para formar um intervalo é decidir qual será sua qualidade. Digamos que sua nota inicial seja um Lá bemol. E digamos que você queira que seu intervalo seja uma quinta justa acima do Lá. Primeiramente você precisa contar a *quantidade* necessária para formar o intervalo da quinta, o que significa que conta com quatro espaços adicionais acima da nota, somando uma quantidade total de cinco linhas e espaços, como a Figura 9-33 mostra.

FIGURA 9-33: Descobrindo a quantidade necessária para formar uma quinta justa acima do Lá bemol.

© John Wiley & Sons, Inc.

A seguir, precisamos mudar a segunda nota para torná-la uma quinta justa. Como todas as quintas são justas contanto que ambas as notas tenham o mesmo acidente (exceto pelo Si e Fá), para tornar esse par uma quinta justa, bemolizamos a segunda nota para que combine com a primeira, como na Figura 9-34.

FIGURA 9-34: Bemolizar a segunda nota para combiná-la com a primeira torna o intervalo uma quinta justa.

© John Wiley & Sons, Inc.

Se quiser tornar a segunda nota uma quinta aumentada *abaixo* do Lá, conte quatro linhas e espaços adicionais *para baixo* a partir do Lá, somando uma quantidade total de cinco linhas e espaços, e escreva a nota, que, nesse caso, é o Ré. Veja a Figura 9-35.

FIGURA 9-35: Para formar uma quinta aumentada abaixo do Lá comece procurando a quantidade.

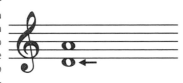

© John Wiley & Sons, Inc.

A seguir, alteramos a nota adicionada para criar o intervalo aumentado. Como já sabe, a quinta é aumentada quando um semitom adicional é somado ao intervalo (7 + 1 = 8 semitons), então você reduz a nota de baixo para Ré bemol, como a Figura 9-36 mostra.

FIGURA 9-36: Adicionar o acidente torna o intervalo aumentado.

© John Wiley & Sons, Inc.

Para fazer da segunda nota musical uma quinta diminuta *acima* do Lá, conte *subindo* quatro linhas e espaços adicionais, chegando a uma quantidade total de cinco linhas e espaços, e escreva a nota, que, nesse caso, é Mi.

A seguir, você altera a nota adicionada para criar o intervalo diminuto. Uma quinta é diminuta quando um semitom é removido da quinta justa (7 - 1 = 6 semitons), então você diminui a nota de cima para Mi bemol, como na Figura 9-37. (Repare que uma quinta diminuta é o mesmo que uma quarta aumentada — ambos os intervalos são constituídos de seis semitons.)

CAPÍTULO 9 **Intervalo: Distância entre Dois Sons** 125

FIGURA 9-37:
Adicionar o acidente torna a quinta diminuta.

© John Wiley & Sons, Inc.

Mostrando Intervalos Maiores e Justos na Escala de Dó Maior

Uma *escala* não é nada mais que uma sucessão específica de intervalos, começando da primeira nota da escala, ou seja, da *tônica*. Familiarizar-se com os intervalos e suas qualidades é o primeiro passo para dominar as escalas e os acordes. (Veja o Capítulo 7 para saber mais sobre escalas maiores e menores.)

A Tabela 9-2 mostra a escala de Dó Maior, que ilustra a relação entre a primeira nota e cada intervalo usado em uma escala maior.

TABELA 9-2 Intervalos na Escala de Dó Maior

Nota	Intervalo a partir da Tônica	Nome da Nota
Primeira nota (tônica)	Uníssono Justo	Dó
Segunda nota	Segunda Maior	Ré
Terceira nota	Terça Maior	Mi
Quarta nota	Quarta Justa	Fá
Quinta nota	Quinta Justa	Sol
Sexta nota	Sexta Maior	Lá
Sétima nota	Sétima Maior	Si
Oitava nota	Oitava Justa	Dó

A Figura 9-38 mostra os intervalos da Tabela 9-2 em uma escala. Esses intervalos estão na mesma ordem em qualquer escala maior. Na escala maior, somente os intervalos maiores e os justos aparecem acima da tônica. Saber isso facilita a identificação da qualidade dos intervalos. Se a nota de cima de um intervalo estiver em uma escala maior em relação à nota de baixo, ela será maior (se for uma segunda, terça, sexta ou sétima) ou justa (se for um uníssono, quarta, quinta ou oitava).

FIGURA 9-38: Os intervalos simples na escala de Dó Maior.

© John Wiley & Sons, Inc.

Escute o áudio 62 para ouvir intervalos simples na escala de Dó Maior.

Conferindo Intervalos Compostos

A locução *intervalo composto* pode soar um pouco complexa e assustadora — talvez pela palavra *composto*. No entanto, a verdade é que criar intervalos compostos não será completamente estranho se você estiver familiarizado com qualquer outro intervalo que abordamos neste capítulo.

O que distingue o *intervalo composto* é que ele não se limita a uma oitava, como um intervalo simples. Um intervalo composto pode ser distribuído ao longo de várias oitavas, embora as notas dos acordes, na maioria das vezes, apenas venham de duas oitavas vizinhas. As seções a seguir descrevem como formar um intervalo composto e transformá-lo em simples.

Criando um intervalo composto

Como se formam intervalos compostos? Você tem duas opções:

» Conte os intervalos entre as notas em semitons, como a décima na Figura 9-6.
» Pegue o intervalo composto, coloque as duas notas na mesma oitava, calcule a quantidade desse intervalo e, em seguida, adicione sete ao intervalo resultante.

Veja um exemplo de como criar um intervalo composto usando o segundo método: observe os intervalos simples na escala de Dó Maior, na Figura 9-38. Agora, transforme cada uma dessas figuras em um intervalo composto adicionando uma oitava à segunda nota de cada exemplo. Quando adicionamos uma oitava a um intervalo de segunda maior, ela se torna uma nona maior. Quando adicionamos uma oitava a uma terça maior, ela se torna uma décima maior. Uma quarta justa se torna uma décima primeira justa, enquanto que uma quinta justa, uma décima segunda justa. A qualidade do intervalo permanece a mesma — tudo o que foi feito foi adicionar uma oitava extra à quantidade (+7). (Veja a Figura 9-39.)

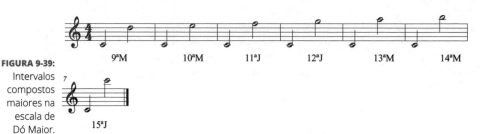

FIGURA 9-39: Intervalos compostos maiores na escala de Dó Maior.

© John Wiley & Sons, Inc.

LEMBRE-SE

A primeira nota nos intervalos simples da Figura 9-38 é exatamente igual à primeira nos compostos da Figura 9-39. A segunda nota no intervalo composto é a mesma nota da segunda no intervalo simples da Figura 9-38, apenas uma oitava acima. A qualidade de cada intervalo permanece a mesma, mas a quantidade aumenta em uma oitava, ou o número original mais 7.

DICA

Se você aumentasse a distância entre as notas com outra oitava completa, simplesmente adicionaria 7 novamente à quantidade para refletir o tamanho do intervalo: 16ª Maior, 17ª Maior, 18ª Justa, 19ª Justa, 20ª Maior, 21ª Maior e 22ª Justa.

Transformando um intervalo composto em simples

Encontrar a quantidade e a qualidade de um intervalo composto é semelhante ao processo que você pode usar para formar um intervalo composto (veja a seção anterior). Simplesmente transforme o intervalo composto em simples colocando as duas notas na mesma oitava, movendo a primeira nota para cima, ou a segunda para baixo.

É assim que funciona: na Figura 9-40, você tem um intervalo composto de quantidade e qualidade desconhecidas. Se não se importar em contar todas as linhas e espaços (10) entre as duas notas (Dó e Mi) para encontrar a quantidade, não será necessário transformar o intervalo em simples. No entanto, a maioria das pessoas acha mais fácil descobrir a quantidade e a qualidade de um intervalo se as notas estiverem mais próximas na partitura.

FIGURA 9-40: O intervalo composto original de quantidade e qualidade desconhecidas.

© John Wiley & Sons, Inc.

128 PARTE 2 **Juntando as Notas**

Agora, transforme o intervalo composto em simples aproximando as duas notas para que fiquem na mesma oitava. Você pode subir a primeira nota, como mostrado na Figura 9-41, ou baixar a segunda, como mostrado na Figura 9-42.

FIGURA 9-41: Transformando o intervalo composto em simples.

© John Wiley & Sons, Inc.

FIGURA 9-42: Outra forma de transformar um intervalo composto em simples.

© John Wiley & Sons, Inc.

Em sua forma reduzida, a quantidade do intervalo mostrado na Figura 9-42 é uma terça. Quando você pega uma terça e eleva a nota superior ou abaixa a inferior em meio-tom, o intervalo se torna uma terça aumentada. Adicione uma oitava e a quantidade e qualidade do intervalo composto se torna uma décima aumentada, ou a quantidade e a qualidade do intervalo simples mais 7. A qualidade não é influenciada com a retirada ou o acréscimo da oitava — apenas a quantidade muda.

130   PARTE 2 **Juntando as Notas**

NESTE CAPÍTULO

» **Dominando tríades maiores, menores, aumentadas e diminutas**

» **Observando os diferentes tipos de acordes de sétima**

» **Revisando tríades e sétimas**

» **Invertendo e mudando a ordem das notas para tríades e sétimas**

» **Conferindo os acordes complexos**

» **Acesse os áudios no site da Alta Books (procure pelo título do livro)**

Capítulo **10**

Formando Acordes

Um acorde é simplesmente três ou mais notas tocadas simultaneamente ou, no caso dos acordes arpejados, uma após outra. Usando essa definição simples, apoiar sua xícara de café ou o cotovelo sobre três ou mais teclas do piano ao mesmo tempo cria um acorde — provavelmente não soará particularmente musical, mas tecnicamente ainda é um acorde.

Tanto para o iniciante quanto para o músico experiente, a formação dos acordes pode parecer mágica, às vezes. Há algo absolutamente belo e maravilhoso na maneira como as notas individuais em um acorde trabalham para se sobressaírem umas às outras. Muitas pessoas não apreciam isso até que escutam a forma como as notas "erradas" soam quando tocadas juntas — por exemplo, sua xícara de café pressionando o teclado do piano em um acorde pobremente formado.

Na maior parte da música ocidental, os acordes são criados a partir dos *intervalos consecutivos de terça*, ou seja, cada nota em um acorde é uma terça da anterior e/ou posterior (veja o Capítulo 9 se precisar lembrar dos intervalos). A Figura 10-1 mostra duas pilhas de terças para ilustrar o que queremos dizer.

CAPÍTULO 10 **Formando Acordes** 131

FIGURA 10-1:
Duas pilhas de terças, uma nas linhas e outra nos espaços.

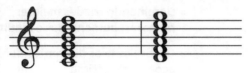

© John Wiley & Sons, Inc.

LEMBRE-SE

Com os acordes baseados nos intervalos de terça, todas as notas estarão em espaços ou em linhas, posicionadas umas sobre as outras, como os exemplos da Figura 10-1.

Criando Tríades com Três Notas

Tríades, que consistem em quaisquer três notas de uma mesma escala, são o tipo mais comum de acorde usado na música. Veja as diferenças entre as tríades com que você provavelmente vai se deparar:

» Maior
» Menor
» Aumentada
» Diminuta

Nas próximas seções, fornecemos informações sobre tríades, mas, primeiro, apresentamos o que são e como são formadas.

Tônica, terça e quinta

O termo *tríade* se refere a acordes que contêm três diferentes notas e são formados com terças. A nota mais grave de uma tríade é a *tônica*; muitos novatos na música aprendem a pensar em uma tríade como uma árvore, com sua base sendo a tônica. O acorde recebe o nome da tônica, como no *acorde de Dó*, mostrado na Figura 10-2.

132 PARTE 2 **Juntando as Notas**

FIGURA 10-2: A tônica do acorde de Dó (qualquer Dó).

© John Wiley & Sons, Inc.

Escute a Faixa 63 para ouvir a tônica do acorde de Dó.

A segunda nota de uma tríade é a *terça* (veja o Capítulo 9 para mais informações sobre intervalos). A terça de um acorde é chamada assim porque é o terceiro intervalo a partir da tônica. A Figura 10-3 mostra a tônica e a terça maior do acorde de Dó.

FIGURA 10-3: A tônica e a terça maior do acorde de Dó Maior.

© John Wiley & Sons, Inc.

Escute a Faixa 64 para ouvir a tônica e a terça maior de um acorde de Dó.

A terça de um acorde é especialmente importante na formação dos acordes porque é sua *qualidade* que determina se você está lidando com uma tríade maior ou uma menor. (Discutimos qualidade em detalhes no Capítulo 9.)

A última nota da tríade é a *quinta*. Ela tem esse nome porque é a quinta em relação à tônica, como mostrado na Figura 10-4.

FIGURA 10-4: A tônica e a quinta de um acorde de Dó Maior.

© John Wiley & Sons, Inc.

CAPÍTULO 10 **Formando Acordes** 133

Escute a Faixa 65 para ouvir a tônica e a quinta de um acorde de Dó Maior.

Combine a tônica, a terça e a quinta, e você tem uma tríade, como a Figura 10-5 mostra.

FIGURA 10-5:
Tríades de Dó Maior.

© John Wiley & Sons, Inc.

Escute a Faixa 66 para ouvir uma tríade de Dó Maior.

As próximas seções tratam da formação de uma variedade de tríades diferentes: maior, menor, aumentada e diminuta. A Tabela 10-1 tem um gráfico útil para ajudá-lo a manter as fórmulas em ordem.

TABELA 10-1   Formando Tríades

Formando Tríades pela Contagem de Semitons	
Maior =	Tônica + 4 semitons + 3 semitons (7 semitons a partir da tônica)
Menor =	Tônica + 3 semitons + 4 semitons (7 semitons a partir da tônica)
Aumentada =	Tônica + 4 semitons + 4 semitons (8 semitons a partir da tônica)
Diminuta =	Tônica + 3 semitons + 3 semitons (6 semitons a partir da tônica)
Formando Tríades com os Graus da Escala Maior	
Maior =	1, 3, 5
Menor =	1, b3, 5
Aumentada =	1, 3, #5
Diminuta =	1, b3, b5

Tríades maiores

Como são formadas de intervalos, as tríades são afetadas pela *qualidade* (consulte o Capítulo 9 para relembrar os conceitos de quantidade e qualidade). A quantidade das notas que compõem a tríade são os intervalos de uníssono, terça e quinta, mas é a qualidade do intervalo de cada nota que altera a ordem das notas na tríade.

Uma tríade maior é constituída da tônica, uma terça maior e uma quinta justa acima dela. Porém, existem duas maneiras de formar as tríades maiores. Descrevemos cada método nas seções a seguir.

Método da contagem de semitons

Você pode contar os semitons entre as notas para criar uma tríade maior usando esta fórmula:

Tônica + 4 semitons + 3 semitons (ou 7 semitons a partir da tônica)

A Figura 10-6 mostra o Dó Maior no piano. O padrão permanece o mesmo independente da tônica, no entanto, ele pode parecer confuso quando você sair do Dó. Observe o padrão de semitons entre a tônica, a terça e a quinta.

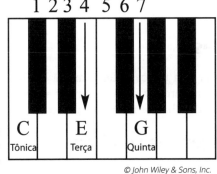

FIGURA 10-6: Dó Maior no piano.

© John Wiley & Sons, Inc.

Método da tônica, terça maior e quinta justa

A segunda maneira de formar tríades maiores é simplesmente utilizar a tônica, a terça maior e a quinta justa de uma escala maior.

Por exemplo, se alguém lhe pedisse para escrever um acorde de Fá Maior, primeiro você escreveria a armadura de clave de Fá Maior, como mostra a Figura 10-7. (Veja o Capítulo 8 para saber mais sobre armaduras de clave.)

FIGURA 10-7: A armadura de clave para Fá Maior.

© John Wiley & Sons, Inc.

CAPÍTULO 10 **Formando Acordes** 135

Depois você escreveria sua tríade na partitura, usando o Fá como tônica, como mostrado na Figura 10-8.

FIGURA 10-8: Acréscimo da tríade de Fá Maior.

© John Wiley & Sons, Inc.

Para formar um acorde de Lá bemol Maior, você primeiro escreve a armadura de clave de Lá bemol Maior e depois a tríade, como a Figura 10-9 mostra.

FIGURA 10-9: Tríade de Lá bemol Maior.

© John Wiley & Sons, Inc.

Tríades menores

Uma tríade menor é formada pela tônica, a terça menor e a quinta justa da tônica. Como com as tríades maiores, você pode formar as menores de duas maneiras distintas, conforme detalhamos nas próximas seções.

Método da contagem de semitons

Assim como as tríades maiores (veja a seção anterior), você pode contar os semitons entre as notas para criar uma tríade menor usando esta fórmula:

Tônica + 3 semitons + 4 semitons (7 semitons a partir da tônica)

A Figura 10-10 mostra o Dó menor no piano e a Figura 10-11, na partitura. Na Figura 10-10, observe o padrão de semitons entre a tônica, a terça e a quinta.

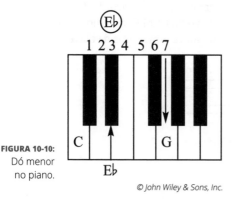

FIGURA 10-10: Dó menor no piano.

© John Wiley & Sons, Inc.

PARTE 2 **Juntando as Notas**

FIGURA 10-11: Dó menor na partitura.

© John Wiley & Sons, Inc.

Método da tônica, terça maior e quinta justa

A segunda maneira de formar tríades menores é simplesmente utilizar a tônica, a terça menor ou a *terça bemolizada* (o que significa que você diminui o terceiro grau da terça maior em meio-tom) e a quinta justa de uma escala maior.

Por exemplo, para um acorde de Fá menor, primeiro você escreveria a armadura de Fá e, então, as notas da tríade menor, como mostra a Figura 10-12.

FIGURA 10-12: A tríade de Fá menor diminui a terça em meio-tom.

© John Wiley & Sons, Inc.

Se fosse formar um acorde do Lá bemol menor, você escreveria a armadura de Lá e adicionaria as notas, retirando meio-tom da terça, como na Figura 10-13.

FIGURA 10-13: A tríade de Lá bemol menor diminui a terça em meio-tom.

© John Wiley & Sons, Inc.

Tríades aumentadas

As *tríades aumentadas* são tríades maiores que tiveram sua quinta justa aumentada em meio-tom, criando uma dissonância.

DICA

Uma tríade aumentada é uma pilha de terças maiores com quatro semitons em cada intervalo.

Você forma uma tríade de Dó Aumentada contando os semitons entre os intervalos, assim:

Tônica + 4 semitons + 4 semitons (8 semitons a partir da tônica)

O Dó Aumentado é mostrado nas Figuras 10-14 e 10-15.

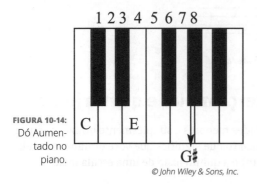

FIGURA 10-14: Dó Aumentado no piano.

© John Wiley & Sons, Inc.

FIGURA 10-15: Dó Aumentado na partitura.

© John Wiley & Sons, Inc.

LEMBRE-SE

Usando o método de iniciar com um tom maior e depois formar o acorde, a fórmula da qual você precisa se lembrar para formar os acordes aumentados é:

Tríade aumentada = 1 + 3 + 5 sustenizado

Assim, o primeiro e o terceiro graus da escala maior permanecem inalterados no acorde, mas o quinto é aumentado em meio-tom.

CUIDADO

É importante notar aqui que o *quinto grau sustenizado* não significa necessariamente que a nota terá um sustenido, mas que a quinta nota da escala é aumentada em meio-tom.

Portanto, se alguém lhe pedisse para escrever uma tríade de Fá Aumentada, primeiro você escreveria a armadura de Fá e depois a tríade na partitura, usando o Fá como tônica e aumentando a quinta em meio-tom, como na Figura 10-16.

FIGURA 10-16: Tríade de Fá Aumentada.

© John Wiley & Sons, Inc.

Se você tivesse que formar uma tríade de Lá bemol Aumentada, faria o mesmo processo e chegaria à Figura 10-17. Repare que a quinta justa do Lá bemol Maior é um Mi bemol. Dada a armadura de Lá bemol, você precisa de um bequadro para elevar a quinta em meio-tom e chegar ao Mi natural.

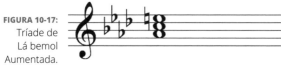

FIGURA 10-17: Tríade de Lá bemol Aumentada.

© John Wiley & Sons, Inc.

Tríades diminutas

As *tríades diminutas* são tríades menores que tiveram sua quinta reduzida em meio-tom.

DICA

Tríades diminutas são uma pilha de terças menores com três semitons entre cada intervalo.

Para formar a tríade de Dó diminuta, conte os semitons entre os intervalos, assim:

Tônica + 3 semitons + 3 semitons (6 semitons a partir da tônica)

O Dó diminuto é mostrado nas Figuras 10-18 e 10-19.

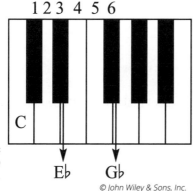

FIGURA 10-18: Dó diminuto no piano.

© John Wiley & Sons, Inc.

FIGURA 10-19: Dó diminuto na partitura.

© John Wiley & Sons, Inc.

LEMBRE-SE

Usando o método de iniciar com um tom maior e depois formar o acorde, a fórmula da qual você precisa se lembrar para formar os acordes diminutos é:

Tríade diminuta = 1 + 3 bemolizado + 5 bemolizado

Assim, a tônica da escala maior permanece inalterada, mas o terceiro e o quinto graus da escala maior são ambos reduzidos em um semitom.

CUIDADO

É importante notar que os *bemóis* da fórmula não significam que essas notas necessariamente terão um símbolo de *bemol*. Essas notas são simplesmente a terça e a quinta da escala reduzidas em meio-tom.

Portanto, se alguém lhe pedisse para escrever uma tríade de Fá diminuta, primeiro você faria a armadura de Fá e depois escreveria sua tríade na pauta, usando o Fá como tônica e diminuindo os intervalos da terça e quinta em meio-tom, como mostrado na Figura 10-20.

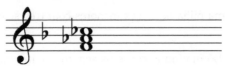

FIGURA 10-20: Tríade de Fá diminuta.

© John Wiley & Sons, Inc.

Se quisesse formar uma tríade de Lá bemol diminuta, você faria o mesmo processo e chegaria à tríade da Figura 10-21.

FIGURA 10-21: Tríade de Lá bemol diminuta.

© John Wiley & Sons, Inc.

Observe que a quinta justa de Lá bemol Maior é um Mi bemol — bemolizar a quinta o torna um Mi dobrado bemol.

Expandindo para Acordes de Sétima

Quando você adiciona mais uma terça acima da quinta da tríade, vai além do domínio das tríades. Você agora possui um *acorde de sétima*. Os acordes de sétima recebem esse nome porque o último intervalo é uma sétima acima da tônica.

Existem diversos tipos de acordes de sétima. Os seis mais comuns são:

- » Sétimas Maiores
- » Sétimas menores
- » Sétimas da Dominante
- » Sétimas da Sensível (ou meio-diminuta)

- » Sétimas diminutas
- » Sétimas menores Maiores

DICA

A maneira mais fácil de compreender como as sétimas são formadas é pensar em cada uma como uma tríade com uma sétima acoplada. Observando as sétimas assim, você perceberá que os acordes de sétima são apenas mais uma variação das quatro tríades que já vimos neste capítulo. Os nomes dos acordes lhe dizem como unir as sétimas às tríades.

As seções a seguir passam pela formação de uma variedade de sétimas: maior, menor, dominante, diminuta e mais. A Tabela 10-2 agrega essas informações sobre a formação de sétimas.

TABELA 10-2   Formando Sétimas

Formando Sétimas pela Contagem de Semitons	
Maior =	Tônica + 4 semitons + 3 semitons + 4 semitons (11 semitons a partir da tônica)
Menor =	Tônica + 3 semitons + 4 semitons + 3 semitons (10 semitons a partir da tônica)
Dominante =	Tônica + 4 semitons + 3 semitons + 3 semitons (10 semitons a partir da tônica)
Sensível =	Tônica + 3 semitons + 3 semitons + 4 semitons (10 semitons a partir da tônica)
Diminuta =	Tônica + 3 semitons + 3 semitons + 3 semitons (9 semitons a partir da tônica)
Menor Maior =	Tônica + 3 semitons + 4 semitons + 4 semitons (11 semitons a partir da tônica)
Formando Sétimas com Graus da Escala Maior	
Maior =	1, 3, 5, 7
Menor =	1, ♭3, 5, ♭7
Dominante =	1, 3, 5, ♭7
Sensível =	1, ♭3, #5, ♭7
Diminuta =	1, ♭3, #5, ♭7
Menor Maior =	1, ♭3, 5, 7

Sétimas maiores

Um acorde com sétima maior consiste em uma tríade maior com uma sétima maior acrescida. A Figura 10-22 mostra como formar uma tríade maior usando o Dó Maior dos exemplos anteriores deste capítulo.

FIGURA 10-22: Tríade de Dó Maior.

Agora vamos adicionar uma sétima maior ao topo da pilha, como na Figura 10-23. O resultado é:

Dó Maior com sétima maior = tríade de Dó Maior + intervalo de sétima maior

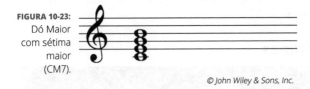

FIGURA 10-23: Dó Maior com sétima maior (CM7).

O Si natural é uma sétima maior da tônica dessa tríade. Repare que ela também é uma terça maior (quatro semitons) da quinta.

Sétimas menores

Um acorde menor com sétima consiste em uma tríade menor com uma sétima menor adicionada à tônica. Usando o exemplo do Dó menor, no começo do capítulo, crie primeiro uma tríade menor, como a da Figura 10-24.

FIGURA 10-24: Tríade de Dó menor (Cm).

Agora vamos adicionar uma sétima menor ao topo da pilha, como na Figura 10-25. O resultado é:

Dó menor com sétima menor = tríade de Dó menor + sétima menor

FIGURA 10-25: Dó menor com sétima menor (Cm7).

Si bemol é uma sétima menor (10 semitons) da tônica da tríade. Ela também é uma terça menor (três semitons) da quinta.

Para formar uma sétima menor usando os graus da escala maior, você utiliza sua tônica, terça bemolizada, quinta justa e sétima bemolizada.

Sétimas da dominante

Um acorde com sétima da dominante consiste em uma *tríade maior com uma sétima menor adicionada*, como na Figura 10-26. A fórmula para a sétima é:

Dó com sétima da dominante = tríade de Dó Maior + sétima menor

FIGURA 10-26: Dó com sétima da dominante (C7).

© John Wiley & Sons, Inc.

Existem dez semitons entre a tônica e a sétima menor, e três semitons entre a quinta da tríade e a sétima menor.

CUIDADO

A sétima da dominante é o único acorde com sétima que não revela a relação da tríade com seu nome. Você só precisa se lembrar disso. E não confunda os acordes com sétima maior com os acordes com sétima da dominante. A sétima maior é sempre escrita M7, enquanto que a dominante é simplesmente 7. Por exemplo, GM7 (Sol Maior com sétima maior) e G7 (Sol Maior com sétima da dominante).

Para formar uma sétima da dominante usando os graus da escala maior, você usa a tônica, a terça, a quinta e a sétima bemolizada.

Acorde com sétima da sensível

Um *acorde com sétima da sensível* (ou meio-diminuta) é uma tríade com sétima menor diminuta adicionada. Seu nome diz tudo o que você precisa saber sobre como esse acorde deve ser formado.

A *sétima menor* está a dez semitons da tônica, como a Figura 10-27 mostra.

FIGURA 10-27: A tônica e a sétima menor do acorde de Dó com sétima da sensível.

© John Wiley & Sons, Inc.

A *quinta diminuta* se refere à tríade diminuta, que compartilha uma terça diminuta com o acorde menor, mas também tem uma quinta diminuta, como mostrado na Figura 10-28.

FIGURA 10-28: Tríade de Dó diminuta.

© John Wiley & Sons, Inc.

Junte as duas e você terá um acorde de Dó com sétima da sensível, como na Figura 10-29.

FIGURA 10-29: Dó com sétima da sensível.

© John Wiley & Sons, Inc.

Para formar um acorde menor com sétima da sensível usando os graus da escala maior, use a tônica, terça diminuta, quinta diminuta e sétima diminuta.

Sétimas diminutas

Um acorde com *sétima diminuta* é uma pilha de três terças menores consecutivas. O nome também demonstra como o acorde deve ser formado, assim como o acorde com sétima maior, que é uma tríade maior com sétima maior. O acorde com sétima menor é uma tríade menor com uma sétima menor, uma sétima diminuta é uma tríade diminuta com uma sétima diminuta. Você vê uma sétima diminuta na Figura 10-30. A fórmula para a sétima diminuta é a seguinte:

Dó com sétima diminuta = tríade de Dó diminuta + sétima diminuta

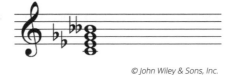

FIGURA 10-30: Dó com sétima diminuta (Cdim7).

© John Wiley & Sons, Inc.

PAPO DE ESPECIALISTA

Repare como a sétima em um acorde da sétima diminuta é um *dobrado bemol* em relação à sétima maior. Assim, a sétima diminuta do acorde Dó é um Si com dois bemóis.

Para formar uma sétima diminuta usando os graus da escala maior, você usa a tônica, a terça diminuta, a quinta diminuta e a sétima com dobrado bemol.

As sétimas menores maiores

O nome *sétima menor maior* não deveria gerar confusão. Uma parte da palavra lhe diz que a primeira parte do acorde, a tríade, é menor e a segunda parte, que a outra parte do acorde, a sétima, é um intervalo de sétima maior.

Portanto, formar um acorde menor maior começa com o acorde menor, como na Figura 10-31.

FIGURA 10-31: Tríade de Dó menor.

© John Wiley & Sons, Inc.

Então adicione a sétima maior, como na Figura 10-32. A fórmula é:

Dó menor-sétima maior = Dó menor + intervalo de sétima maior

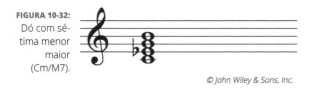

FIGURA 10-32: Dó com sétima menor maior (Cm/M7).

© John Wiley & Sons, Inc.

Para formar uma sétima menor maior usando os graus da escala maior, você usa a tônica, a terça diminuta e a sétima.

Olhando Todas as Tríades e Sétimas

Esta seção estabelece todos os tipos de tríades e sétimas que discutimos neste capítulo na ordem em que aparecem. As Figuras 10-33 a 10-47 as ilustram. Você também pode conferir os Faixas 67 a 81 para ouvir tríades e sétimas em ação.

CAPÍTULO 10 **Formando Acordes** 145

Lá

ÁUDIO

Escute a Faixa 67 para ouvir tríades e sétimas de Lá: Lá Maior, Lá menor, Lá Aumentado, Lá diminuto, Lá com sétima maior, Lá com sétima menor, Lá com sétima da dominante, Lá com sétima da sensível, Lá com sétima diminuta e Lá com sétima menor maior.

Faixa 67

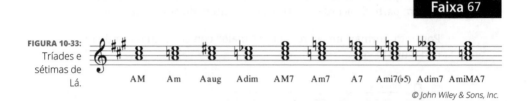

FIGURA 10-33: Tríades e sétimas de Lá.

© John Wiley & Sons, Inc.

Lá bemol

ÁUDIO

Escute a Faixa 68 para ouvir tríades e sétimas de Lá bemol: Lá bemol Maior, Lá bemol menor, Lá bemol Aumentado, Lá bemol diminuto, Lá bemol com sétima maior, Lá bemol com sétima menor, Lá bemol com sétima da dominante, Lá bemol com sétima da sensível, Lá bemol com sétima diminuta e Lá bemol com sétima menor maior.

Faixa 68

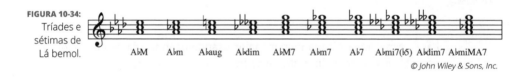

FIGURA 10-34: Tríades e sétimas de Lá bemol.

© John Wiley & Sons, Inc.

Si

ÁUDIO

Escute a Faixa 69 para ouvir tríades e sétimas de Si: Si Maior, Si menor, Si Aumentado, Si diminuto, Si com sétima maior, Si com sétima menor, Si com sétima da dominante, Si com sétima da sensível, Si com sétima diminuta e Si com sétima menor maior.

Faixa 69

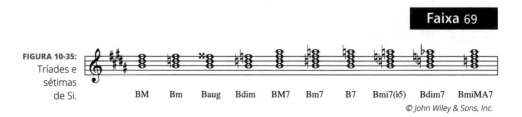

FIGURA 10-35: Tríades e sétimas de Si.

© John Wiley & Sons, Inc.

Si bemol

Escute a Faixa 70 para ouvir tríades e sétimas de Si bemol: Si bemol Maior, Si bemol menor, Si bemol Aumentado, Si bemol diminuto, Si bemol com sétima maior, Si bemol com sétima menor, Si bemol com sétima da dominante, Si bemol com sétima da sensível, Si bemol com sétima diminuta e Si bemol com sétima menor maior.

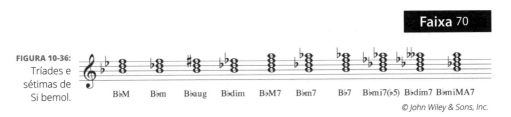

FIGURA 10-36: Tríades e sétimas de Si bemol.

© John Wiley & Sons, Inc.

Dó

Escute a Faixa 71 para ouvir tríades e sétimas de Dó: Dó Maior, Dó menor, Dó Aumentado, Dó diminuto, Dó com sétima maior, Dó com sétima menor, Dó com sétima da dominante, Dó com sétima da sensível, Dó com sétima diminuta e Dó com sétima menor maior.

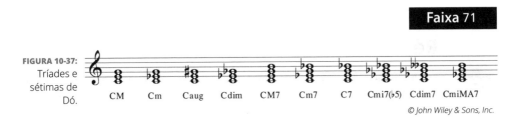

FIGURA 10-37: Tríades e sétimas de Dó.

© John Wiley & Sons, Inc.

Dó bemol

Escute a Faixa 72 para ouvir tríades e sétimas de Dó bemol: Dó bemol Maior, Dó bemol menor, Dó bemol Aumentado, Dó bemol diminuto, Dó bemol com sétima maior, Dó bemol com sétima menor, Dó bemol com sétima da dominante, Dó bemol com sétima da sensível, Dó bemol com sétima diminuta e Dó bemol com sétima menor maior.

Nota: Dó bemol é equivalente enarmônico do Si. Esses acordes soam exatamente iguais, mas incluímos Dó bemol para deixar a lista completa.

CAPÍTULO 10 **Formando Acordes** 147

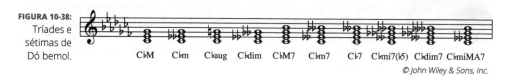

FIGURA 10-38: Tríades e sétimas de Dó bemol.

Dó sustenido

Escute a Faixa 73 para ouvir tríades e sétimas de Dó sustenido: Dó sustenido Maior, Dó sustenido menor, Dó sustenido Aumentado, Dó sustenido diminuto, Dó sustenido com sétima maior, Dó sustenido com sétima menor, Dó sustenido com sétima da dominante, Dó sustenido com sétima da sensível, Dó sustenido com sétima diminuta e Dó sustenido com sétima menor maior.

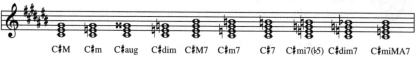

FIGURA 10-39: Tríades e sétimas de Dó sustenido.

Ré

Escute a Faixa 74 para ouvir tríades e sétimas de Ré: Ré Maior, Ré menor, Ré Aumentado, Ré diminuto, Ré com sétima maior, Ré com sétima menor, Ré com sétima da dominante, Ré com sétima da sensível, Ré com sétima diminuta e Ré com sétima menor maior.

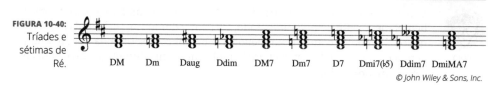

FIGURA 10-40: Tríades e sétimas de Ré.

148 PARTE 2 **Juntando as Notas**

Ré bemol

ÁUDIO

Escute a Faixa 75 para ouvir tríades e sétimas de Ré bemol: Ré bemol Maior, Ré bemol menor, Ré bemol Aumentado, Ré bemol diminuto, Ré bemol com sétima maior, Ré bemol com sétima menor, Ré bemol com sétima da dominante, Ré bemol com sétima da sensível, Ré bemol com sétima diminuta e Ré bemol com sétima menor maior.

Faixa 75

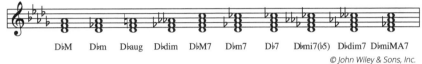

FIGURA 10-41: Tríades e sétimas de Ré bemol.

D♭M   D♭m   D♭aug   D♭dim   D♭M7   D♭m7   D♭7   D♭mi7(♭5)   D♭dim7   D♭miMA7

© John Wiley & Sons, Inc.

Mi

ÁUDIO

Escute a Faixa 76 para ouvir tríades e sétimas de Mi: Mi Maior, Mi menor, Mi Aumentado, Mi diminuto, Mi com sétima maior, Mi com sétima menor, Mi com sétima da dominante, Mi com sétima da sensível, Mi com sétima diminuta e Mi com sétima menor maior.

Faixa 76

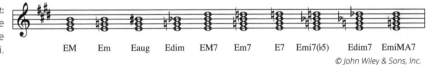

FIGURA 10-42: Tríades e sétimas de Mi.

EM   Em   Eaug   Edim   EM7   Em7   E7   Emi7(♭5)   Edim7   EmiMA7

© John Wiley & Sons, Inc.

Mi bemol

ÁUDIO

Escute a Faixa 77 para ouvir tríades e sétimas de Mi bemol: Mi bemol Maior, Mi bemol menor, Mi bemol Aumentado, Mi bemol diminuto, Mi bemol com sétima maior, Mi bemol com sétima menor, Mi bemol com sétima da dominante, Mi bemol com sétima da sensível, Mi bemol com sétima diminuta e Mi bemol com sétima menor maior.

CAPÍTULO 10 **Formando Acordes**

FIGURA 10-43: Tríades e sétimas de Mi bemol.

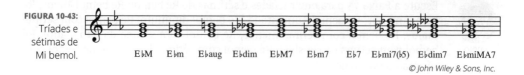

© John Wiley & Sons, Inc.

Fá

Escute a Faixa 78 para ouvir tríades e sétimas de Fá: Fá Maior, Fá menor, Fá Aumentado, Fá diminuto, Fá com sétima maior, Fá com sétima menor, Fá com sétima da dominante, Fá com sétima da sensível, Fá com sétima diminuta e Fá com sétima menor maior.

FIGURA 10-44: Tríades e sétimas de Fá.

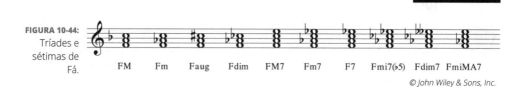

© John Wiley & Sons, Inc.

Fá sustenido

Escute a Faixa 79 para ouvir tríades e sétimas de Fá sustenido: Fá sustenido Maior, Fá sustenido menor, Fá sustenido Aumentado, Fá sustenido diminuto, Fá sustenido com sétima maior, Fá sustenido com sétima menor, Fá sustenido com sétima da dominante, Fá sustenido com sétima da sensível, Fá sustenido com sétima diminuta e Fá sustenido com sétima menor maior.

FIGURA 10-45: Tríades e sétimas de Fá sustenido.

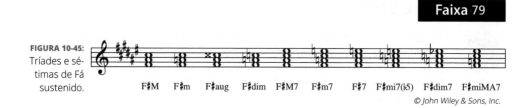

© John Wiley & Sons, Inc.

Sol

Escute a Faixa 80 para ouvir tríades e sétimas de Sol: Sol Maior, Sol menor, Sol Aumentado, Sol diminuto, Sol com sétima maior, Sol com sétima menor, Sol com sétima da dominante, Sol com sétima da sensível, Sol com sétima diminuta e Sol com sétima menor maior.

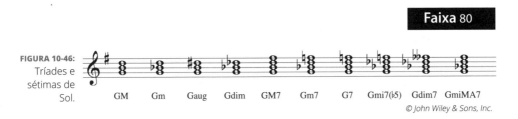

FIGURA 10-46: Tríades e sétimas de Sol.

© John Wiley & Sons, Inc.

Sol bemol

Escute a Faixa 81 para ouvir tríades e sétimas de Sol bemol: Sol bemol Maior, Sol bemol menor, Sol bemol Aumentado, Sol bemol diminuto, Sol bemol com sétima maior, Sol bemol com sétima menor, Sol bemol com sétima da dominante, Sol bemol com sétima da sensível, Sol bemol com sétima diminuta e Sol bemol com sétima menor maior.

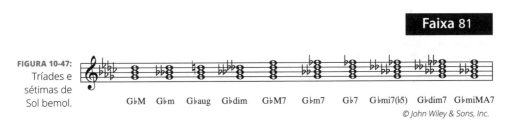

FIGURA 10-47: Tríades e sétimas de Sol bemol.

© John Wiley & Sons, Inc.

Invertendo as Notas em Tríades

Aqui vai uma charada: quando é que uma tríade não é uma pilha perfeita de terças formadas a partir de uma tônica? Resposta: quando sua *posição* for *aberta*, ou *invertida*. A *ordem das notas* simplesmente se refere à maneira como um acorde é organizado. Entramos em maiores detalhes sobre ordem das notas e inversão nas seções a seguir.

CAPÍTULO 10 **Formando Acordes** 151

Observando acordes abertos e fechados

Às vezes, as notas de uma tríade estão espalhadas por duas ou mais oitavas, com as diferentes partes reorganizadas de forma que, por exemplo, a tônica ou terça seja a nota mais aguda e a quinta, a mais grave. As notas continuam sendo as mesmas (Dó, Mi, Sol, por exemplo) — apenas estão uma ou mais oitavas acima ou abaixo do local onde você esperaria que estivessem em uma tríade padrão. Quando todas as notas de um acorde estão em uma mesma oitava, ele está em *posição fechada*.

A Figura 10-48 mostra um acorde de Dó Maior em posição fechada.

FIGURA 10-48: Acorde de Dó Maior em posição fechada.

© John Wiley & Sons, Inc.

O acorde na Figura 10-49, no entanto, também é um acorde de Dó Maior, mas está em *posição aberta*, o que significa que suas notas não estão na mesma oitava.

FIGURA 10-49: Acorde de Dó Maior em posição aberta.

© John Wiley & Sons, Inc.

Os acordes nas Figuras 10-48 e 10-49 têm as mesmas notas, mas no último caso subiu uma oitava em relação à posição fechada. Ambos ainda são considerados na *posição da tônica*, porque Dó, a tônica, ainda é a nota mais grave da tríade.

Identificando acordes invertidos

Se o som mais grave de um acorde *não* for a tônica, ele é considerado *invertido*. Aqui estão as possibilidades de inversões de tríade:

- » **Primeira inversão:** Se a terça de um acorde é a nota mais grave, ele está na *primeira inversão*. A Figura 10-50 mostra o acorde Dó Maior na primeira inversão, em posição fechada (mesma oitava) e aberta (oitavas diferentes).
- » **Segunda inversão:** Quando a quinta de um acorde é a nota mais grave, ele está na *segunda inversão*. A Figura 10-51 mostra o acorde de Dó Maior na segunda inversão.

» **Terceira inversão:** Se a sétima de um acorde for sua nota mais grave, ele está na *terceira inversão*. A Figura 10-52 mostra o acorde de Dó Maior com sétima na terceira inversão.

FIGURA 10-50: Acorde de Dó Maior na primeira inversão, nas posições fechada e aberta.

FIGURA 10-51: Acorde de Dó Maior na segunda inversão, nas posições fechada e aberta.

FIGURA 10-52: Acorde de Dó Maior com sétima na terceira inversão, nas posições fechada e aberta.

CAPÍTULO 10 **Formando Acordes** 153

Então, como você identifica os acordes invertidos? Simples: eles não estão organizados em pilhas de terças. Para descobrir qual é o acorde, você precisa redistribuir as notas novamente em terças. Só existe uma maneira de fazer isso, então não se trata de uma adivinhação das notas propriamente dita. Só é preciso um pouco de paciência.

Por exemplo, dê uma olhada nos três acordes invertidos na Figura 10-53.

FIGURA 10-53: Acordes invertidos.

© John Wiley & Sons, Inc.

Se movermos as notas em oitavas para cima ou para baixo (a fim de organizá-las em pilhas das terças), elas acabarão no formato da tríade de Fá sustenido Maior, Sol com sétima diminuta e Ré Maior (veja a Figura 10-54).

FIGURA 10-54: Reorganização dos acordes em pilhas de terças.

© John Wiley & Sons, Inc.

A partir da redistribuição dos acordes, você pode dizer que o primeiro exemplo é um Fá sustenido Maior na segunda inversão, porque a quinta é sua nota mais grave. O segundo exemplo é o Sol com sétima diminuta, também na segunda inversão, pois a quinta do acorde está na parte de baixo da partitura. O terceiro exemplo é uma tríade de Ré Maior na primeira inversão, pois a terça do acorde é a nota mais grave.

DOBRANDO A DIVERSÃO

Além dos métodos que vemos neste capítulo, você também pode formar um acorde através da duplicação, o que significa simplesmente que você tem várias versões da tônica, terça, quinta e até da sétima. Por exemplo, uma tríade de Dó Maior ainda é uma tríade de Dó Maior com dois Dó, contanto que tenha pelo menos um Mi e um Sol. Também é uma tríade de Dó Maior se tiver múltiplos Mi ou Sol; no entanto, dobrar a tônica é a forma de duplicação mais comum.

Explorando Acordes Complexos

Os acordes mais usados na música ocidental são tríades, que são formadas por terças empilhadas. As tríades são formadas pelo primeiro (tônica), terceiro e quinto graus de uma escala. Se você adicionar mais uma nota, terá uma sétima, que é um acorde formado pelo primeiro, terceiro, quinto e sétimo graus. Mas não para por aí! Você pode continuar a formar acordes cada vez mais amplos adicionando mais terças à pilha, até que não tenha mais teclas no piano para trabalhar (ou cordas no violão) ou ficar sem dedos. Esses acordes mais amplos e elaborados formados a partir de terças empilhadas são chamados de *acordes complexos*.

Assim como na formação de tríades e sétimas (veja as seções anteriores deste capítulo), a quantidade de cada acorde formado a partir de uma escala permanece a mesma, mas a qualidade muda dependendo de quais notas são aumentadas ou diminuídas meio-tom dos graus da escala. (Para saber mais sobre quantidade e qualidade, veja o Capítulo 9.)

Uma coisa a se notar ao formar acordes complexos é que você pode encontrar muito mais permutações possíveis por aí. Para evitar que as coisas fiquem esdrúxulas, vamos dar alguns exemplos para você trabalhar.

PAPO DE ESPECIALISTA

Curioso sobre todos os potenciais acordes complexos? Pense nisso como uma senha: quando você tem três notas para trabalhar, como em tríades, tem apenas quatro maneiras diferentes de formar um acorde: maior, menor, aumentado e diminuto. Quando trabalha com acordes em sétima, mostramos seis maneiras de formá-los: maior, menor, dominante, sensível, diminuta e menor maior. Quando adiciona uma, duas, três ou mais notas, tem ainda mais possibilidades disponíveis.

Como este livro não trata apenas da criação de acordes, limitamo-nos nas próximas seções às permutações mais usadas de acordes complexos, concentrando-nos mais nos acordes com nona, usados amplamente no jazz e no pop. Também destacamos apenas alguns acordes de 11º e 13º, uma vez que a maioria das pessoas tem mãos menores do que as do Nelson Ned e tem dificuldade em pressionar todas as notas.

Acordes de nona

Um *acorde de nona* é um acorde que tem mais uma terça adicionada do que apenas uma sétima, e resulta em um som mais amplo e cheio do que uma tríade ou sétima. Assim, por exemplo, um Dó maior com nona (ou CM9, como se usa nas cifras de violão), consistindo em primeiro, terceiro, quinto, sétimo e nono graus da escala de Dó Maior, é apenas nosso acorde de Dó Maior com sétima (CM7) da

Figura 10-37 com mais uma terça no topo da pilha. O resultado é o acorde CM9, que você vê na Figura 10-55.

FIGURA 10-55: Acorde de Dó Maior com nona (CM9).

Um acorde de nona é formado pela combinação do primeiro (tônica), terceiro, quinto, sétimo e nono graus de uma escala maior, e é escrito adicionando-se uma terça maior a um acorde com sétima da dominante. Por exemplo, para a escala de Dó Maior, você escreve C9. Então, se formássemos acordes de nona de todas as escalas maiores no Círculo das Quintas, seriam o que mostra a Figura 10-56. (Para mais informações sobre o Círculo das Quintas, vá para o Capítulo 8.)

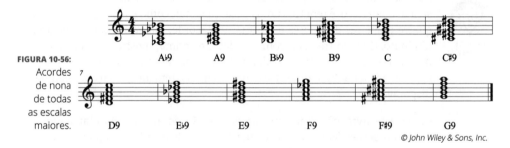

FIGURA 10-56: Acordes de nona de todas as escalas maiores.

Acordes menores de nona

Acordes menores de nona são formados pela combinação do primeiro, terceiro bemolizado, quinto, sétimo bemolizado e nono graus de uma escala maior, ou um acorde de sétima menor com uma nona maior adicionada. Se formássemos acordes menores com nona para cada escala maior, seguindo o Círculo das Quintas, o resultado seria o que vemos na Figura 10-57.

FIGURA 10-57: Acordes menores de nona de todas as escalas maiores.

Acordes maiores de nona

Os acordes maiores de nona são formados pela combinação do primeiro, terceiro, quinto, sétimo maior e nono graus de uma escala maior — ou pela adição de uma nona maior a um acorde de sétima maior. Confira a Figura 10-58 para ver como seria se formássemos acordes maiores de nona de cada escala maior, na ordem do Círculo das Quintas.

FIGURA 10-58: Acordes maiores de nona de todas as escalas maiores.

Acordes de nona e quinta aumentada

Os acordes de nona e quinta aumentada são formados combinando-se o primeiro, terceiro, quinto sustenizado, sétimo bemolizado e nono graus de uma escala maior. Você está se perguntando como seria se os formássemos para cada escala maior? Bem, não imagine mais. A Figura 10-59 mostra todos eles, seguindo o Círculo das Quintas.

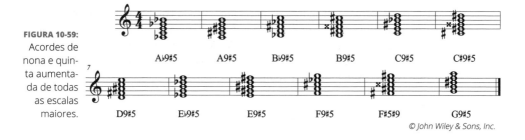

FIGURA 10-59: Acordes de nona e quinta aumentada de todas as escalas maiores.

Acorde de nona e quinta diminuta

Você forma acordes de nona e quinta diminuta combinando o primeiro, terceiro, quinto bemolizado, sétimo bemolizado e nono graus da escala maior. A Figura 10-60 mostra como ficaria se o formássemos para cada escala maior, seguindo o Círculo das Quintas.

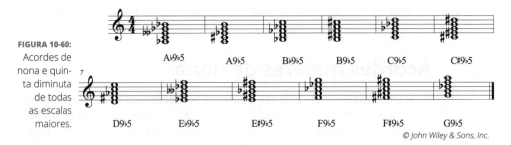

FIGURA 10-60: Acordes de nona e quinta diminuta de todas as escalas maiores.

© John Wiley & Sons, Inc.

Acordes de sétima e nona diminuta

Quando você combina o primeiro, terceiro, quinto, sétimo bemolizado e nono graus da escala maior, ou pega um acorde com sétima e adiciona uma nona diminuta, obtém um acorde de sétima e nona diminuta. Para ver esse acorde em todas as escalas maiores, confira a Figura 10-61.

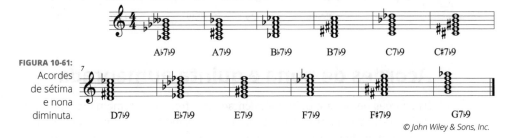

FIGURA 10-61: Acordes de sétima e nona diminuta.

© John Wiley & Sons, Inc.

Acordes de nona aumentada

Você pode formar um acorde de nona aumentada combinando o primeiro, terceiro, quinto, sétimo bemolizado e nono sustenizado graus da escala maior de um acorde, ou um acorde de sétima da dominante com uma nona maior. Se formássemos esses acordes em todas as escalas maiores, seguindo o Círculo das Quintas, seria semelhante à Figura 10-62.

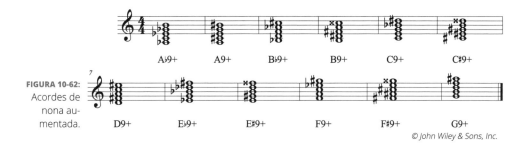

FIGURA 10-62: Acordes de nona aumentada.

Acordes de décima primeira

Assim como um acorde de nona é formado ao empilhar cinco terças (veja as seções anteriores), um acorde de décima primeira é formado quando você tem uma pilha de seis terças. Muitas, muitas permutações de acordes com décimas primeiras são possíveis, mas, como raramente são usadas, as únicas duas que detalharemos são as maiores e as aumentadas.

Você pode formar um acorde de décima primeira ao combinar o primeiro, terceiro, quinto, sétimo, nono e décimo primeiro graus da escala maior. Confira a Figura 10-63 para ver alguns exemplos de acordes de décima primeira.

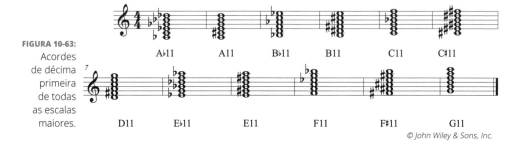

FIGURA 10-63: Acordes de décima primeira de todas as escalas maiores.

Para formar um acorde de décima primeira aumentada, você combina o primeiro, terceiro, quinto, sétimo, nono e décimo primeiro graus da escala maior. Veja a Figura 10-64 para conhecer acordes de todas as escalas maiores.

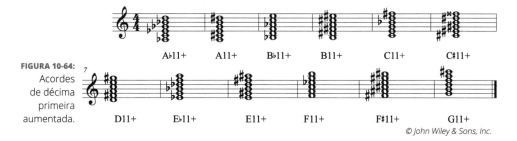

FIGURA 10-64: Acordes de décima primeira aumentada.

CAPÍTULO 10 **Formando Acordes** 159

Acordes de décima terceira

Aqui tratamos de apenas três das organizações mais comuns dos acordes de décima terceira: maior, de nona diminuta e de nona e quinta diminutas. Nós nos concentramos nesses três porque são os que você provavelmente encontrará, pois são os mais harmônicos dentre as dezenas de possibilidades.

PAPO DE ESPECIALISTA

Quanto mais terças você acumular em um acorde, maior a chance de acabar com um acorde dissonante. Na verdade, muitos músicos consideram o acorde de décima terceira (e além) meramente teórico, pois sabem que existem, sabem como criá-los, mas nunca os usarão quando escreverem ou tocarem uma música.

Um acorde de décima terceira é uma pilha de sete terças: o primeiro, terceiro, quinto, sétimo bemolizado, nono, décimo primeiro e décimo terceiro graus da escala maior. A Figura 10-65 contém todos os treze acordes das escalas maiores.

FIGURA 10-65: Acordes de décima terceira.

© John Wiley & Sons, Inc.

Um acorde de décima terceira e nona diminuta é formado pelo primeiro, terceiro, quinto, sétimo bemolizado, nono bemolizado, décimo primeiro e décimo terceiro graus de uma escala maior. Veja a Figura 10-66 para todos os possíveis acordes desse tipo.

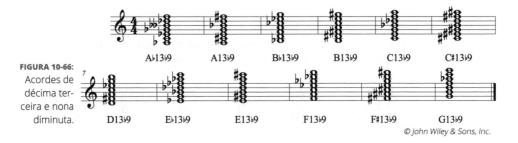

FIGURA 10-66: Acordes de décima terceira e nona diminuta.

© John Wiley & Sons, Inc.

Um acorde de décima terceira e nona e quinta diminutas é formado pelo primeiro, terceiro, quinto bemolizado, sétimo bemolizado, nono bemolizado, décimo primeiro e décimo terceiro graus de uma escala maior. A Figura 10-67 mostra todos os possíveis acordes.

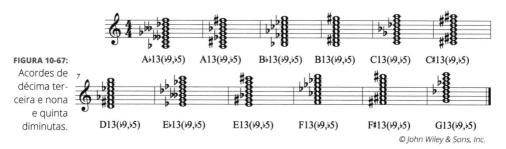

FIGURA 10-67: Acordes de décima terceira e nona e quinta diminutas.

NESTE CAPÍTULO

» **Progressões com acordes diatônicos e cromáticos, e modos da escala menor**

» **Progressões de acordes e suas notações**

» **Aproveitando acordes de sétima**

» **Partituras simplificadas e tablaturas**

» **Uma rápida olhada nas modulações**

» **Progressões para criar cadência**

» **Acesse os áudios no site da Alta Books (procure pelo título do livro)**

Capítulo **11**

Progressões de Acordes

Como você já deve ter notado, compor música está bem distante de juntar notas aleatórias, assim como escrever um livro não é puxar palavras aleatórias de um saquinho surpresa. Existem tantas regras para compor uma música quanto para formar uma frase, e neste capítulo mostraremos mais algumas.

Quando você analisa a maior parte da música harmônica ocidental, vê certos padrões surgirem das maneiras como as progressões de acordes são formadas. É possível que qualquer acorde progrida para qualquer outro em uma clave, no entanto, certas progressões de acordes são usadas com mais frequência do que outras. Por quê? Porque simplesmente soam melhor. Essas progressões obviamente são padrões naturais que agradam ouvintes e compositores, porque os mesmos padrões aparecem continuamente na música popular, clássica, rock, jazz e assim por diante.

Os teóricos da música observaram esses padrões e elaboraram um conjunto de regras relativas às progressões de acordes. Essas regras, discutidas ao longo deste capítulo, são imensamente úteis na composição musical.

CAPÍTULO 11 **Progressões de Acordes** 163

Revisando Acordes Diatônicos, Cromáticos e Modos da Escala Menor

Na música ocidental, a armadura de clave informa quais notas podem ser usadas em uma obra musical. Portanto, se você tem uma música escrita em Dó Maior, as únicas sete notas que podem aparecer (em qualquer ordem) na música são Dó, Ré, Mi, Fá, Sol, Lá e Si (com um sustenido ou um bemol como raras exceções permitidas). Se sua música for composta em Lá Maior, as únicas notas que vão aparecer serão Lá, Si, Dó sustenido, Ré, Mi, Fá sustenido e Sol sustenido (novamente, com possíveis acidentes). Os acordes também serão formados de alguma combinação dessas sete notas para cada tom.

LEMBRE-SE

Os acordes formados a partir das sete notas de uma armadura maior são chamados de *acordes diatônicos*. Os formados pelas notas musicais *fora* da armadura são chamados de *acordes cromáticos*.

Já os acordes menores são um pouco mais complexos, porque existem nove notas potenciais que se encaixam em uma única armadura menor quando você leva em consideração as escalas menores harmônicas e melódicas (revise o Capítulo 7 se as escalas menores não estiverem claras).

Como as escalas naturais, melódicas e harmônicas são ensinadas separadamente para os músicos as praticarem, com frequência existe a má interpretação de que você precisa ficar preso a um desses tipos de escalas menores quando compõe uma música. Ai! Para aqueles que gostam das regras simples e boas, esse definitivamente não é o caso.

DICA

A maneira mais fácil de se pensar na formação dos acordes em tons menores é reconhecer que só existe uma escala menor por armadura, no entanto, uma faceta das tonalidades menores é a natureza flexível do sexto e sétimo graus.

Existem duas formas, chamadas modos, de o sexto e o sétimo graus aparecerem na escala, dependendo do contexto da música. Com frequência, essas duas versões diferentes desses graus, ou *modos*, aparecerão na mesma obra musical. A escala menor, portanto, tem potencialmente nove notas, como mostra a Figura 11-1.

FIGURA 11-1:
A escala de
Lá menor,
incluindo
os modos
harmônicos
e melódicos.

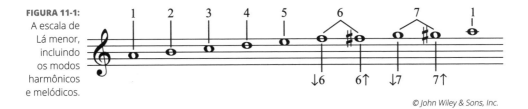

© John Wiley & Sons, Inc.

Observe como o uso das setas indica onde o sexto e o sétimo graus são aumentados (setas para cima) ou inalterados (setas para baixo).

Identificando e Nomeando Progressões de Acordes

Quando as tríades são usadas em uma série organizada, são chamadas de *progressões*. E é essa progressão dos acordes que constitui a maior parte da harmonia musical ocidental. (Você lê mais sobre tríades no Capítulo 10.)

LEMBRE-SE

Ao esmiuçar uma obra musical baseada em progressões de acordes, os numerais romanos representam os diferentes graus da escala. Os numerais romanos maiúsculos representam os acordes com uma terça maior e os minúsculos, os acordes menores. Outros caracteres especiais indicam se o acorde é diminuto (°) ou aumentado (+), como você vê na Tabela 11-1.

TABELA 11-1 Notações Básicas dos Acordes

Tipo de Acorde	Formato do Numeral Romano	Exemplo
Maior	Maiúsculo	V
Menor	Minúsculo	ii
Diminuto	Minúsculo com °	vii°
Aumentado	Maiúsculo com +	III+

Atribuindo graus e nomes

Como o nome do acorde deriva da tônica, é natural que a tônica de cada acorde localizado dentro de uma escala também leve o grau da escala em seu nome. Em outras palavras, o nome de um acorde nos diz qual tipo de acorde ele é, com base na tônica, enquanto o *grau* nos diz o que o acorde faz, conforme a tonalidade.

Por exemplo, vamos utilizar a escala de Dó Maior novamente. Para cada nota está atribuído o grau e o nome do grau da escala, assim:

Número e Função do Grau na Escala	Nota
1 Tônica	Dó
2 Supertônica	Ré
3 Mediante	Mi
4 Subdominante	Fá
5 Dominante	Sol
6 Superdominante (ou submediante)	Lá
7 Sensível	Si
8/1 Tônica	Dó

Quando você forma tríades na escala de Dó Maior, a cada uma é atribuído o grau da tônica em seu nome, como na Figura 11-2.

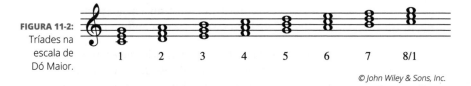

FIGURA 11-2: Tríades na escala de Dó Maior.

© John Wiley & Sons, Inc.

Observando progressões de acordes em tons maiores

Eis o quadro das progressões na escala de Dó maior:

Grau/nome	Nota
I Tônica	Dó
ii Supertônica	Ré
iii Mediante	Mi
IV Subdominante	Fá
V Dominante	Sol
vi Superdominante (ou submediante)	Lá
vii° Sensível	Si
(I) Tônica	Dó

Como o grau sensível é uma tríade diminuída, tem o pequeno símbolo ° próximo ao seu numeral romano.

A Figura 11-3 apresenta mais uma visão da escala de Dó Maior, dessa vez com os nomes dos acordes em conformidade com a tônica de cada tríade escrita abaixo delas (e seus nomes como usados para alguns instrumentos, como o violão). Repare que no nome abreviado do acorde quando não há nenhuma indicação extra, trata-se de um acorde maior (o C para Dó, por exemplo). Se houver um minúsculo é porque estamos diante de um acorde menor (como Em).

FIGURA 11-3: Tríades contidas na tonalidade de Dó Maior.

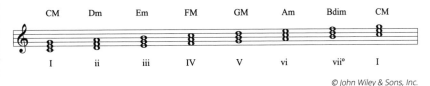

© John Wiley & Sons, Inc.

Como pode ver na Figura 11-3, a progressão do acorde segue naturalmente o padrão ascendente da escala, começando com a tônica, neste caso, Dó. A Figura 11-4 mostra as tríades contidas na tonalidade de Mi bemol Maior. As oito notas que a compõem são usadas para produzir os oito acordes mostrados na Figura 11-4.

FIGURA 11-4: Tríades contidas na tonalidade de Mi bemol Maior.

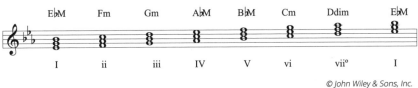

© John Wiley & Sons, Inc.

Observe que o padrão de acordes maiores e menores é o mesmo para Dó Maior e Mi bemol Maior. Na verdade, é o mesmo para todas as escalas maiores. Então, se você disser que um acorde é um acorde ii, os outros músicos saberão automaticamente que é menor.

A Tabela 11-2 mostra as progressões de acordes comuns para as escalas maiores. Qualquer uma das tríades na tabela com uma sétima adicionada também são aceitáveis na posição da tríade. (Você lê mais sobre os acordes com sétima na seção posterior "Adicionando uma Sétima à Tríade".)

LEMBRE-SE

Armaduras de clave maiores podem conter acordes menores.

CAPÍTULO 11 **Progressões de Acordes** 167

TABELA 11-2 Principais Progressões dos Acordes Maiores

Acorde	Leva a
I	Aparece e resulta em qualquer posição
ii	Acordes I, V e vii°
iii	Acordes I, IV e vi
IV	Acordes I, ii, V e vii°
V	Acordes I e vi
vi	Acordes I, ii, iii, IV e V
vii°	Acorde I

Conferindo progressões de acordes em tons menores

Ao lidar com os tons menores, infelizmente, a formação das tríades é bem mais complexa. O sexto e o sétimo graus de uma escala são variáveis, dependendo de a música usar notas da escala menor natural, harmônica ou melódica. Isso significa que, para quase todas as tríades menores, existem mais possibilidades para formar os acordes com o sexto e sétimo graus do que nas escalas maiores. Portanto, se vir uma obra musical escrita em Dó menor, os acordes possíveis são os mostrados na Figura 11-5.

FIGURA 11-5: Tríades possíveis na escala de Dó menor.

Apesar de qualquer um dos acordes da Figura 11-5 ser possível, as escolhas feitas tradicionalmente pelos compositores são as da Figura 11-6.

Repare na Figura 11-6 que as tríades supertônica e sensível são diminutas, resultando em uma combinação das escalas naturais, harmônicas e melódicas para esse conjunto de acordes. Nenhum acorde usa o sexto grau da escala, então esses dois acordes resultam apenas das escalas menores naturais e harmônicas.

FIGURA 11-6: Graus mais comuns da escala de Dó menor.

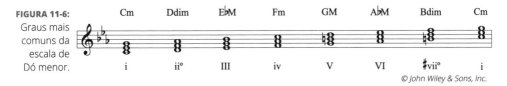

© John Wiley & Sons, Inc.

Você pode achar útil se lembrar que, com o sétimo grau aumentado, o quinto (V) e o sétimo (vii°) graus das escalas maiores e menores de mesmo nome são idênticos.

A Tabela 11-3 mostra as principais progressões dos acordes menores. Qualquer tríade da Tabela 11-3 com uma sétima adicionada é aceitável na posição da tríade. Os acordes entre parênteses são os menos comumente usados, mas ainda assim aceitáveis, e funcionariam na progressão.

Armaduras de clave menores podem conter acordes maiores.

TABELA 11-3 Principais Progressões dos Acordes Menores

Acorde	Leva a
Acorde i	Aparece e resulta em qualquer posição
Acorde ii° (ii)	Acordes i, V (v) e vii° (VII)
Acorde III (III+)	Acordes i, iv (IV), VI (#vi°) e vii° (VI)
Acorde iv (IV)	Acordes i, V (v) e vii° (VII)
Acorde V (v)	Acordes I e VI (#vi°)
Acorde VI (#vi°)	Acordes i, III (III+), iv (IV), V (v) e vii° (VII)
Acorde vii° (VII)	Acorde i

Adicionando uma Sétima à Tríade

Claro, não podemos nos esquecer dos acordes de sétima (pode ser que você queira dar uma espiada no Capítulo 10 para relembrar). Ao adicionar uma sétima acima da tríade comum, você acaba com uma combinação dos símbolos dos acordes da tríade e das sétimas.

Há mais um símbolo que você precisa aprender para lidar com as progressões de acordes de sétima (Figura 11-7). Este símbolo é usado para indicar um *acorde de sétima da sensível*.

FIGURA 11-7: Este símbolo significa que o acorde é de sétima da sensível (tem uma sétima meio diminuta).

© John Wiley & Sons, Inc.

A Tabela 11-4 mostra os numerais romanos que usamos para descrever os acordes de sétima.

TABELA 11-4   Notações dos Acordes de Sétima

Tipo de Acorde de Sétima	Formato do Numeral Romano	Exemplo
Sétima Maior	Maiúsculo com M7	IM7
Sétima maior menor	Maiúsculo com 7	V7
Sétima menor	Minúsculo com 7	iii7
Sétima da sensível	Minúsculo com 7	ii 7
Sétima diminuta	Minúsculo com °	vii°

Esteja ciente de que o "M7" dos acordes I e IV é comum na música popular — os músicos clássicos tendem a usar apenas um "7" para esses acordes. A Figura 11-8 mostra os acordes de sétima com base em Dó Maior.

FIGURA 11-8: Acordes de sétima na escala de Dó Maior.

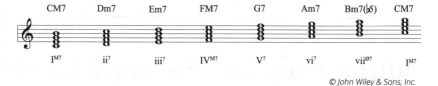

© John Wiley & Sons, Inc.

Ao levar em consideração as escalas natural, harmônica e melódica, 16 acordes de sétima podem ocorrer em uma escala menor. Os mostrados na Figura 11-9 são os mais usados.

FIGURA 11-9: Acordes de sétima da escala de Dó menor.

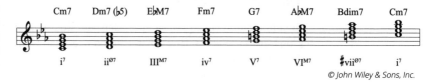

© John Wiley & Sons, Inc.

A Tabela 11-5 coloca em um só lugar os símbolos dos acordes maiores, menores e de sétima.

TABELA 11-5   **Acordes das Escalas Maior, Menor e de Sétima**

Tríades da Escala Maior	Tríades da Escala Menor	Acordes Raros Baseados na Escala Menor	Acordes Maiores de Sétima	Acordes Menores de Sétima
I	I		IM7	i7
ii	ii°	ii	ii7	ii 7
iii	III	III+	iii7	IIIM7
IV	Iv	IV	IVM7	iv7
V	V	v	V7	V7
vi	VI	#vi°	vi7	VIM7
vii°	#vii°	VII	vii 7	#vii°7

Vendo (e Ouvindo) as Progressões de Acordes em Ação

Nesta seção, mostramos alguns exemplos musicais para que você possa ver as regras da progressão de acordes na prática. (Você lê sobre essas regras na seção anterior "Identificando e Nomeando Progressões de Acordes".) Observe que quando falamos de *acordes* não tratamos apenas das tríades e sétimas empilhadas, mas falamos também sobre as notas individuais que as compõem.

Dê uma olhada na música tradicional "London Bridge", com uma parte mostrada na Figura 11-10.

FIGURA 11-10: Primeiros sete compassos de "London Bridge".

© John Wiley & Sons, Inc.

CAPÍTULO 11 **Progressões de Acordes**   **171**

Observe que os dois primeiros compassos usam as notas encontradas na tríade de Dó Maior (Dó, Mi e Sol), fazendo de Dó Maior o acorde I. No terceiro compasso, o primeiro acorde é um acorde de Sol com sétima (G7 — Sol, Si, Ré e Fá). O quarto compasso retorna ao acorde I, de Dó, e ao V, de Sol com sétima, no sétimo compasso.

A julgar pelas progressões de acordes básicas na Tabela 11-2, o acorde seguinte teria que ser I ou vi. Veja a Figura 11-11 para descobrir o que acontece a seguir.

FIGURA 11-11: "London Bridge" volta ao acorde I.

© John Wiley & Sons, Inc.

O exemplo mostrado na Figura 11-12 é uma partitura para a tradicional canção inglesa "Scarborough Fair". (Detalhamos partituras na próxima seção.) Versões menos tradicionais de alguns acordes da escala menor são usados aqui: III, IV e VII. O padrão das progressões permanece o mesmo, contudo, o acorde i leva para o VII; o III, para o IV e daí para outro III e, então, VII. O acorde I/i pode aparecer em qualquer lugar em uma obra musical — e, nessa aqui, ele também o faz, é claro.

DICA

Como em tudo na música e nas artes em geral, você é o criador do seu trabalho, e pode decidir se quer seguir as regras ou tentar algo completamente diferente. Entretanto, as Tabelas 11-2 e 11-3 são uma boa base para você se familiarizar com a forma dos acordes que se encaixam com os outros. Só por diversão, tente tocar ou apenas escutar online (busque pelo título do livro no site da Alta Books, em www.altabooks.com.br) as progressões de acordes listadas a seguir para entender como é simples compor uma boa canção — ou pelo menos uma música pop decente.

ÁUDIO

Toque a Faixa 82 para ouvir a progressão de acordes I-V-I (Sol Maior–Ré Maior–Sol Maior) da escala de Sol Maior. Toque a Faixa 83 para ouvir a progressão de acordes I-ii-V-I-iii-V-vii°-I (Dó Maior–Ré menor–Sol Maior–Dó Maior–Mi menor–Sol Maior–Si diminuto–Dó Maior) da escala de Dó Maior. Toque a Faixa 84 para ouvir a progressão i-iv-V-VI-iv-vii°-i (Fá menor–Si bemol menor–Dó menor–Ré bemol Maior–Si bemol menor–Mi diminuto–Fá menor) da escala de Fá menor.

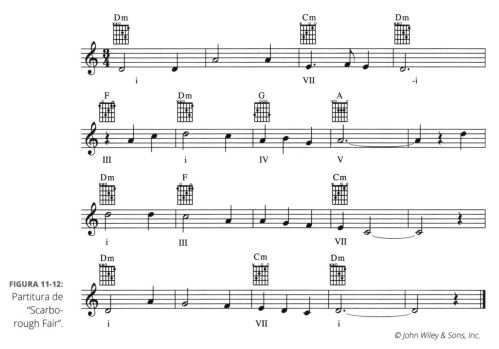

FIGURA 11-12: Partitura de "Scarborough Fair".

© John Wiley & Sons, Inc.

Toque a Faixa 85 para ouvir as progressões i-III-VI-III-VII-i-v7-i (Lá menor–Dó Maior–Fá Maior–Dó Maior–Sol Maior–Lá menor–Mi menor com sétima–Lá menor) da escala de Lá menor.

Aplicando o Estudo dos Acordes a Partituras Simplificadas e Tablaturas

Se você já folheou uma *partitura simplificada* (e há milhares por aí), já viu uma pauta. Elas fornecem apenas a informação necessária para que um músico toque uma música de forma competente, dando a linha melódica principal e anotando os acordes básicos entre as linhas melódicas para preencher a harmonia, seja com um acorde linear ou com os improvisos. A Figura 11-13 mostra um pequeno exemplo.

FIGURA 11-13: Uma amostra de partitura.

© John Wiley & Sons, Inc.

CAPÍTULO 11 **Progressões de Acordes** 173

As partituras simplificadas são ótimas para treinar a leitura das notas e o improviso com base em determinado tom. Com frequência, em um caderno de cifras para violão, a partitura chega ao ponto de desenhar os acordes para você saber como usar as *cifras* ou *tablaturas*. A Figura 11-14 mostra uma cifra de violão para o acorde de Mi Maior.

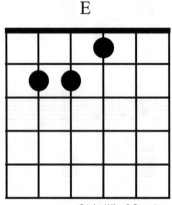

FIGURA 11-14: Cifra de violão para o acorde de Mi Maior.

© John Wiley & Sons, Inc.

Ao ler cifras de violão, você pressiona os dedos no traste em que os pequenos pontos pretos estão indicados, e pronto — você tem o seu acorde. As linhas na figura representam as cordas, com a corda Mi grave à esquerda. As cifras de violão usam os nomes das notas escritos sob a forma de letras (C, D, E, F, G, A, B), para facilitar a improvisação ou antecipar as notas que logicamente seguem a linha melódica.

Modulando para um Novo Tom

Às vezes a obra musical muda temporariamente para outro tom. Isso se chama *modulação*. É bastante comum na música clássica tradicional. Sinfonias e concertos longos quase sempre passam algum tempo em um tom diferente, em geral em um tom próximo, como o relativo menor ou maior do original. A tonalidade dessas obras permanecerá a mesma, claro, no entanto, as qualidades e os numerais romanos atribuídos aos acordes serão completamente diferentes, o que levará a um conjunto de progressão de acordes totalmente distinto.

Se você de repente achar que uma música possui progressões de acordes inesperados para aquele tom, pode ser que ela tenha modulado. Muitos acidentes ou até mesmo uma nova tonalidade no meio da peça são pistas de que a música foi modulada.

Uma das maneiras favoritas para modular a música pop atual é simplesmente subir o tom; por exemplo, do Fá Maior para o Sol Maior. Contanto que você se lembre de ajeitar as armaduras corretamente, lidar com modulações em uma obra não costuma ser um problema.

Criando Cadências Musicais com Progressões de Acordes

A *cadência* é qualquer ponto de uma obra musical que dê a sensação de finalização. Pode ser uma pausa forte e decisiva, como o final da canção ou somente o final de um movimento ou seção, mas a cadência também se refere a uma pequena pausa no final das frases individuais.

Uma obra musical pode acabar simplesmente parando, é claro; porém, se aquele ponto de pausa não "fizer sentido" para os ouvintes, eles não ficarão satisfeitos. Terminar uma música nas notas erradas é como terminar uma conversa no meio, e a maior parte dos ouvintes reage com insatisfação ante a uma canção que simplesmente para em vez de ser concluída apropriadamente.

LEMBRE-SE

Um final mais universalmente satisfatório é geralmente obtido ao se dar pistas dele na música por meio da progressão dos acordes, que façam o ouvinte perceber que o fim está chegando. Como o final de uma história (ou sentença, parágrafo, capítulo ou livro), um desfecho para a música "faz sentido" se seguir certas regras. Assim como o hábito de contar histórias, as expectativas podem ser diferentes para gêneros e tradições musicais distintas.

Claro, se você está escrevendo uma música, *não precisa* seguir nenhuma das regras da cadência, incluindo aquelas feitas para suprir os ouvintes com certo nível de conforto e satisfação. Mas, se agir assim, esteja preparado para as massas zangadas carregando tochas e gritando que o seguirão até sua casa após suas performances. Não diga que não avisamos.

A fundamentação básica da música é o que chamamos de *objetivo harmônico*, em que uma frase começa em um acorde I e segue uma série de progressões até terminar em um acorde IV ou V, dependendo do tipo de cadência usado durante a música (consulte os diferentes tipos de acordes no Capítulo 10). Uma canção pode ter dois ou cem acordes, pode durar 3 segundos ou 45 minutos; mas, no fim, ela *atingirá* esse objetivo harmônico do acorde IV ou V antes de retornar ao I.

LEMBRE-SE

Existe um continuum de tensão e de relaxamento que se move ao longo da música, com o acorde I sendo o ponto de pausa, ou relaxamento, e todos os acordes com pontos de tensão conduzindo para o acorde I. A progressão dos dois acordes entre o V ou IV e o acorde I é a cadência.

Ao realmente pensar no assunto, toda a história da música ocidental pode ser resumida em I-V-I ou I-IV-I. Do período barroco ao rock 'n' roll, essa fórmula funciona muito bem. O que é realmente fantástico é que essa simples fórmula resultou em muitas canções que soam completamente diferentes umas das outras. Isso porque as notas e os acordes em uma tonalidade podem ser distribuídos de maneiras bem diferentes.

Aqui estão os quatro tipos de cadência comumente usados na harmonia musical ocidental:

» Cadência autêntica
» Cadência plagal
» Cadência deceptiva
» Meia cadência

Discutimos cada uma delas nas próximas seções.

Cadência autêntica

As *cadências autênticas* são as que têm sonoridade mais óbvia e, portanto, são consideradas as mais fortes. Em uma cadência autêntica, o objetivo harmônico de uma frase ou seção musical que começa com um acorde I/i e termina com uma cadência é o acorde V (ou o v, dependendo se a música é maior ou menor), e a cadência ocorre quando você muda de um acorde V/v para um I/i. A frase envolvida em uma cadência autêntica essencialmente termina em um acorde V/v, e a canção ou termina completamente ou começa uma nova frase no acorde I/i.

ÁUDIO

Ouça a Faixa 86 para um exemplo de cadência autêntica.

Existem dois tipos de cadência autêntica usados na música:

» Cadência autêntica perfeita (CAP)
» Cadência autêntica imperfeita (CAI)

Nas seções a seguir, explicamos cada uma delas.

Cadência autêntica perfeita

Em uma *cadência autêntica perfeita*, ou CAP, como costuma ser chamada pelos teóricos da música, fanáticos por siglas, os dois acordes que compõe a cadência estão na posição da tônica, o que significa (conforme discutimos no Capítulo 10) que a nota mais grave é a *tônica* (que dá o nome ao acorde).

A CAP mais forte ocorre quando o segundo acorde, I/i, possui a tônica do acorde embaixo da pilha *e* em cima. Isso causa um alto impacto para o final de uma música.

Repare, na Figura 11-15, como a nota de cima no acorde I é a mesma de baixo, o que faz da tônica a nota mais aguda e a mais grave do acorde.

FIGURA 11-15: Uma cadência autêntica perfeita (CAP).

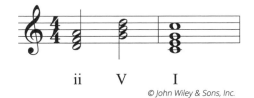

© John Wiley & Sons, Inc.

Escute a Faixa 87 para um exemplo de cadência autêntica perfeita.

Cadência autêntica imperfeita

Uma progressão V-I feita com acordes invertidos — em que tônica, terça e quinta não estão perfeitamente empilhadas — é chamada de *cadência autêntica imperfeita* (CAI).

A diferença entre a CAP (veja a seção anterior) e a CAI está na Figura 11-16. Observe como a CAP termina com a tônica o acorde na posição da tônica; enquanto que a CAI, com o acorde invertido.

FIGURA 11-16: A distinção entre CAP e CAI.

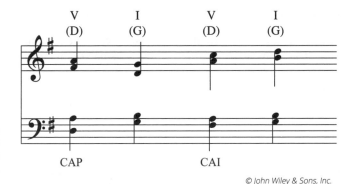

© John Wiley & Sons, Inc.

Escute a Faixa 88 para ouvir as diferenças entre uma cadência autêntica perfeita e uma imperfeita.

Cadência plagal

O objetivo harmônico de uma *cadência plagal* é, em última instância, o quarto acorde (IV/iv), com a cadência ocorrendo quando esse acorde se move para o primeiro (I/i). Outras possibilidades incluem IV-I, iv-i, iv-I e IV-i.

Essa estrutura é originária da música sacra medieval, em especial da música vocal, e por isso é chamada com frequência de *cadência do amém*. Se você conhece os cantos gregorianos ou mesmo muitos hinos modernos, já ouviu a cadência do amém em ação. Ela normalmente ocorre, obviamente, quando os cantores entoam os dois acordes equivalentes a "A-mém".

A música "Amazing Grace", mostrada na Figura 11-17, contém um bom exemplo de cadência plagal.

FIGURA 11-17: Uma cadência plagal em "Amazing Grace".

© John Wiley & Sons, Inc.

Escute a Faixa 89 para ouvir um exemplo de cadência plagal.

As cadências plagais são normalmente usadas dentro de uma música para concluir uma frase, em vez de no final, porque elas não soam tão decisivas quanto as cadências perfeitas.

A Figura 11-18 mostra mais dois exemplos de cadência plagal.

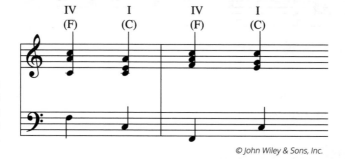

FIGURA 11-18: Mais dois exemplos de cadência plagal.

© John Wiley & Sons, Inc.

Escute a Faixa 90 para ouvir mais dois exemplos de cadência plagal.

Cadência deceptiva

Uma *cadência deceptiva* (às vezes chamada de *cadência interrompida*) essencialmente atinge um ponto definitivo de tensão de um acorde V/v, assim como a cadência autêntica, porém finda-se em algo diferente da tônica (I/i). Daí o nome *cadência deceptiva* (ou de engano). Você acha que está prestes a retornar para o acorde I, mas não retorna.

Uma cadência deceptiva pode levar de um acorde V/v para qualquer *outro* que não seja o I/i. Os VI ou vi são apenas os mais usados em uma cadência deceptiva. Elas costumam ser consideradas as cadências mais fracas, pois geram um sentimento de incompletude.

A cadência deceptiva mais comum, usada em 99% das vezes, ocorre quando o acorde V/v se move para VI/vi. A frase passa a sensação de que terminará e fechará o acorde I; no entanto, em vez disso vai para o vi, conforme mostra a Figura 11-19. O VI e o vi são os acordes de chegada mais comuns usados na cadência deceptiva porque compartilham duas notas com a tônica (I), o que aumenta a "decepção" do ouvinte, que esperava a ouvir.

FIGURA 11-19:
Cadência deceptiva.

© John Wiley & Sons, Inc.

Escute a Faixa 91 para ouvir um exemplo de cadência deceptiva.

Meia cadência

Com a *meia cadência*, a frase musical termina *no* ponto de tensão, o próprio acorde V/v. Ela basicamente vai parando no acorde V, o que resulta em uma frase musical que parece inacabada. Ela recebe esse nome porque simplesmente não dá a sensação de que está concluída.

A forma mais comum da meia cadência ocorre quando o acorde V é precedido pelo I na segunda inversão (quando a quinta é a nota mais grave do acorde; veja o Capítulo 10). Esse padrão produz dois acordes com a mesma nota grave, como mostra a Figura 11-20. O primeiro compasso da Figura 11-20 mostra o teclado e o segundo, a voz.

FIGURA 11-20: Meias cadências não soam conclusivas.

I V   I V

Parte do teclado   **Parte da voz**

© John Wiley & Sons, Inc.

 Escute a Faixa 92 para ouvir um exemplo de meia cadência.

3

Tocando com Andamento e Dinâmica

NESTA PARTE...

Leia e use indicações de dinâmica.

Entenda mudanças de tempo.

Familiarize-se com o tom e a acústica do instrumento.

> **NESTE CAPÍTULO**
>
> » Controlando o tempo com o andamento
>
> » Dominando sonoridade com dinâmica
>
> » Acesse os áudios no site da Alta Books (procure pelo título do livro)

Capítulo **12**

Variando os Sons com Andamento e Dinâmica

Todo mundo sabe que para fazer uma boa música é necessário mais do que reunir notas. A música possui tanta relação com a comunicação quanto com a criação dos sons. A fim de realmente se comunicar com o público, você precisa chamar sua atenção, inspirá-lo e arrancar dele algum tipo de resposta ligada às emoções.

O *andamento* (velocidade) e a *dinâmica* (intensidade) são as duas ferramentas que você utiliza para transformar aquelas notas cuidadosamente metrificadas na partitura musical no elegante passeio da Rapsódia Húngara Nº 2, de Liszt; na exuberância arrebatadora dos estudos de Chopin; ou, em um contexto mais moderno, na lenta e rastejante "Red Right Hand", de Nick Cave.

O andamento e a dinâmica são como as indicações em uma frase musical que lhe dizem se você deveria se sentir com raiva, feliz ou triste quando escuta uma música. Essas marcas ajudam um músico a passar a história do compositor para o público. Neste capítulo, vamos familiarizá-lo com ambos os conceitos e sua notação.

Entendendo o Andamento da Música

Andamento significa, basicamente, "velocidade", e quando você escuta as pessoas falarem sobre andamento de uma obra musical, elas estão se referindo à velocidade na qual a música progride. Contudo, o ponto do andamento não é necessariamente o quão rápido ou lento você pode tocar uma música. O que ele realmente faz é estabelecer o estado de espírito básico dela. A música que é tocada muito lentamente, ou *grave*, pode transmitir um sentimento de extrema melancolia, enquanto que a música tocada mais rapidamente, ou *prestissimo*, pode parecer feliz e brilhante. (Explicamos esses e outros termos em italiano nas próximas seções.)

PAPO DE ESPECIALISTA

A importância do andamento é realmente vista quando você considera que o propósito original da maior parte da música popular era acompanhar as pessoas dançando. Com frequência, o movimento dos pés dos dançarinos e as posições do corpo funcionavam para marcar o andamento da música. E os musicistas apenas os seguiam.

Antes do século XVII, entretanto, os compositores não tinham um controle real sobre como sua música transcrita seria executada por outros, especialmente por aqueles que nunca haviam escutado as obras tocadas pelo seu criador. Foi apenas por volta de 1600 que o conceito de usar as marcas de andamento (e dinâmica) na partitura musical começou a ser empregado. As próximas seções explicam como surgiu a ideia de andamento e como ele é usado na música hoje.

Estabelecendo um andamento universal: O mínimo

A primeira pessoa a escrever um livro sério sobre andamento e velocidade foi o filósofo e matemático francês Marin Mersenne. Desde jovem Mersenne era obcecado por matemática e ritmos que governavam seu cotidiano — como os batimentos cardíacos dos mamíferos, os trotes dos cavalos e as batidas das asas de vários tipos de pássaros. Essa obsessão levou seu interesse ao ainda novo campo da teoria musical.

Em 1636, com o lançamento de seu livro, *Harmonie universelle*, Mersenne apresentou a ideia de um andamento musical universal, chamado de *mínimo* (nomeado conforme sua ordem religiosa), que equivalia à batida do coração humano, com cerca de 70 a 75 batidas por minuto (bpm). Além disso, Mersenne apresentou a ideia de dividir seu mínimo em unidades menores, para que os compositores pudessem adicionar mais detalhes à música escrita.

O mínimo de Mersenne foi recebido de braços abertos pela comunidade musical. Desde a introdução da música escrita, centenas de anos antes, os compositores tentavam encontrar alguma maneira de reproduzir com precisão o andamento necessário para executar apropriadamente seus trabalhos escritos. Os músicos adoraram o conceito porque ter uma unidade de velocidade comum para praticar a música facilitava para os músicos, sozinhos, tocarem o crescente cânone de padrões musicais com pessoas desconhecidas.

Mantendo o andamento com o metrônomo

Apesar do que você possa ter aprendido com os filmes de terror, como *Dois Olhos Satânicos*, de Dario Argento, e inúmeros outros de Alfred Hitchcock, aquela caixa no formato de pirâmide fazendo um barulho contínuo tem um propósito que vai além de transformar os seres humanos em zumbis sem cérebro.

LEMBRE-SE

Praticar música com um metrônomo é a melhor forma de aprender a manter um ritmo firme ao longo da canção, e é uma das maneiras mais fáceis para combinar o andamento da obra que está tocando com o concebido pela pessoa que a escreveu.

O metrônomo foi criado em 1696 pelo músico e inventor francês Étienne Loulié. O primeiro protótipo de Loulié consistia em um pêndulo com um peso bastante simples e era chamado de *cronométre*. O problema da sua invenção, contudo, era que, para poder trabalhar com as velocidades tão lentas quanto de 40 a 60 batidas por minuto (bpm), o aparelho tinha que ter, no mínimo, 1,83 metro de altura.

Somente 100 anos depois, dois alemães que faziam consertos, Dietrich Nikolaus Winkel e Johann Nepomuk Maelzel, trabalharam de forma independente para produzir o modelo com mola que é a base para os metrônomos analógicos (não eletrônicos) de hoje. Maelzel foi o primeiro a patentear o produto final e, como resultado, suas iniciais são anexadas ao sinal do andamento padrão 4/4, *MM= 120*. MM é a abreviatura de *Metrônomo de Maelzel* e o 120 significa que há *120* bpm, ou 120 semínimas, por minuto na obra a ser tocada.

Como o mínimo (veja a seção anterior), o metrônomo também foi recebido de maneira igualmente calorosa pelos músicos e compositores. A partir daí, quando os compositores escreviam uma obra musical, podiam dar aos músicos o número exato de batidas por minuto a serem tocadas. A marcação metronômica era escrita sobre a pauta, de modo que os músicos soubessem como calibrar seus metrônomos. Por exemplo, *semínima = 96*, ou *MM = 96*, significava que 96 semínimas deveriam ser tocadas por minuto em uma canção. Essas marcas ainda são usadas para definir principalmente os metrônomos eletrônicos, em particular nas composições clássicas e de vanguarda, que requerem um andamento preciso.

Traduzindo a notação do andamento

Apesar de o metrônomo ser a invenção perfeita para controlar os loucos, como Beethoven e Mozart, a maioria dos compositores ficou feliz em usar o crescente vocabulário da notação do andamento para descrever em linhas gerais o ritmo de uma canção. Ainda hoje, as mesmas palavras são usadas para descrever o andamento e o ritmo na música. Usamos as palavras em italiano simplesmente porque quando essas frases começaram a ser usadas (1600–1750), a maior parte da música europeia vinha dos compositores italianos.

A Tabela 12-1 lista algumas das notações de tempo mais convencionais na música ocidental, geralmente encontradas escritas em cima da fórmula do compasso, no início de uma obra musical, como na Figura 12-1.

TABELA 12-1 **Notação Comum para Indicar Andamento**

Notação	Descrição
Grave	O passo mais lento; muito formal e muito, muito lento
Largo	O lento passo da marcha fúnebre; bastante sério e sombrio
Larghetto	Lento, mas menos do que o *largo*
Lento	Lento
Adagio	Vagaroso; pense em formaturas e marchas nupciais
Andante	Passo de caminhada; próximo ao mínimo original
Andantino	Ligeiramente mais rápido que o andante; pense em "Walking After Midnight", de Patsy Cline, ou em qualquer outra balada do caubói solitário de que se lembrar
Moderato	Fica bem no meio; nem tão rápido nem tão lento, apenas moderado
Allegretto	Moderadamente rápido
Allegro	Rápido, vivo, um galope
Vivace	Vívido, rápido
Presto	Muito rápido
Prestissimo	Ensandecidamente rápido; pense em "O voo do besouro"

186   PARTE 3 **Tocando com Andamento e Dinâmica**

FIGURA 12-1: *Allegro* significa que a música deve ser tocada em um andamento vivo.

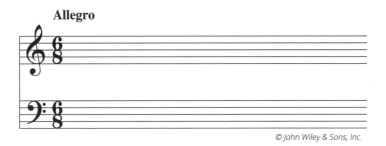

© John Wiley & Sons, Inc.

Só para deixar as coisas um pouco mais precisas, advérbios modificadores como *molto* (muito), *meno* (menos), *poco* (um pouco) e *non troppo* (não muito) às vezes são usados em conjunto com os termos da notação do andamento listados na Tabela 12-1. Por exemplo, se uma obra musical diz que o andamento é *poco allegro*, significa que deve ser tocada "um pouco rápido", enquanto que *poco largo* quer dizer "um pouco lento".

DICA

Se tiver um metrônomo, experimente configurá-lo em diferentes velocidades para perceber de quantas maneiras diferentes as obras musicais podem ser tocadas.

ÁUDIO

Toque a Faixa 93 para ouvir exemplos de 80 (lento), 100 (moderado) e 120 (rápido) batidas por minuto.

Acelerando e reduzindo: Mudando o andamento

Às vezes, um andamento diferente é associado a uma frase musical específica dentro de uma música para separá-la das restantes. A seguir estão algumas mudanças de andamento que são, provavelmente, o que você encontrará na música escrita:

- » *Accelerando (accel.):* Toque gradualmente cada vez mais rápido.
- » *Stringendo:* Toque imediatamente mais rápido.
- » *Doppio movimento*: Toque duas vezes mais rápido.
- » *Ritardando (rit., ritard., rallentando ou rall.):* Toque gradualmente cada vez mais lento.
- » *Calando*: Toque mais lenta e suavemente.

Após a finalização das frases musicais com alteração no andamento, você pode ver um *a tempo*, que indica um retorno ao andamento original da obra.

CAPÍTULO 12 **Variando os Sons com Andamento e Dinâmica** 187

Lidando com a Dinâmica: Intenso e Suave

As *notações de dinâmica* lhe dizem o quão intensa ou suave uma obra musical deve ser tocada. Os compositores usam a dinâmica para comunicar como querem que uma obra musical "toque" o público, seja de forma tranquila, brutal ou agressiva, por exemplo.

As notações mais comuns para indicar dinâmica, da mais suave à mais intensa, estão na Tabela 12-2.

TABELA 12-2   **Notação Comum para Indicar Dinâmica**

Notação	Sigla	Descrição
Pianissimo	pp	Tocada bem suavemente
Piano	p	Tocada suavemente
Mezzo piano	mp	Tocada com suavidade moderada
Mezzo forte	mf	Tocada com intensidade moderada
Forte	f	Tocada intensamente
Fortissimo	ff	Tocada bem intensamente

LEMBRE-SE

As marcas de dinâmica podem ser colocadas no começo ou em qualquer outra posição dentro de uma obra musical. Por exemplo, na música exibida na Figura 12-2, *pianissimo (pp)* significa que a obra deve ser tocada muito suavemente até que você atinja a marca seguinte. O *fortissimo (ff)* significa que o restante da seleção deve ser tocado com muita intensidade.

FIGURA 12-2: As marcas de dinâmica aqui significam que você deve tocar o primeiro compasso muito suavemente, *pianissimo*; e o segundo, com bastante intensidade, *fortissimo*.

© John Wiley & Sons, Inc.

Modificando as frases

Às vezes, ao ler uma obra musical, você poderá encontrar uma das seguintes notações associadas a uma frase ou seção musical, em geral com duração de quatro a oito compassos:

TABELA 12-3   **Modificadores Comuns de Frases**

Notação	Sigla	Descrição
Crescendo	*cresc.*, <	Toque gradualmente mais intenso
Diminuendo	*dim.*, <	Toque gradualmente mais suave

Na Figura 12-3, o longo *cresc.* (<), chamado de *chave de dinâmica*, significa que deve-se tocar a seleção gradualmente cada vez com mais intensidade até chegar ao final do *crescendo*.

FIGURA 12-3: O *crescendo* aqui significa tocar cada vez mais intenso até o final da chave de dinâmica.

© John Wiley & Sons, Inc.

Na Figura 12-4, a chave de dinâmica entre as frases significa que deve-se tocar a seleção gradualmente cada vez com mais suavidade até chegar ao final do *diminuendo*.

FIGURA 12-4: O *diminuendo*, ou *decrescendo*, aqui significa tocar cada vez mais suave até o final da chave de dinâmica.

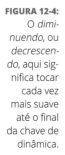

© John Wiley & Sons, Inc.

Outra marca comum que você provavelmente encontrará é a *ligadura do fraseado*, ou a expressão *slur*, que você vê na Figura 12-5. Assim como quando seu discurso é incompreensível e as palavras grudam umas nas outras, a ligadura faz todas as notas serem tocadas ligando-se umas às outras. As ligadura de articulação se parecem com as linhas curvas que ligam as notas.

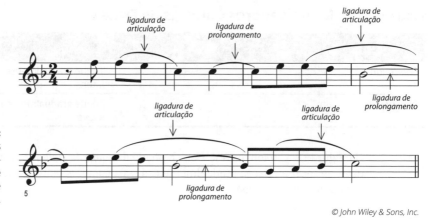

FIGURA 12-5: Ligaduras de articulação sobre grupos de notas.

© John Wiley & Sons, Inc.

Conferindo outras marcas de dinâmica

Provavelmente você nunca verá qualquer um dos próximos marcadores em uma obra musical para músicos iniciantes ou intermediários; porém, é possível que os mais avançados encontrem um ou dois dos seguintes marcadores (listados em ordem alfabética):

- **Agitato:** Exaltado, agitado
- **Animato:** Com espírito
- **Appassionato:** Apaixonado
- **Con forza:** Com intensidade
- **Dolce:** Docemente
- **Dolente:** Tristemente, com grande amargura
- **Grandioso:** Grandiosamente
- **Legato:** Suavemente, com as notas fluindo
- **Sotto voce:** Mais audível

O PIANO: INSTRUMENTO UNIVERSAL DE COMPOSIÇÃO

Desde sua origem, o piano tem sido o instrumento universal para compor, pois quase qualquer nota com que você queira trabalhar está presente nele, bem ali na sua frente. A maioria dos pianos possui pelo menos sete oitavas, e alguns de concerto, oito.

Você quer compor uma música para oboé? Os registros mais graves do piano funcionam muito bem. As obras escritas para instrumentos de corda podem ser facilmente tocadas nos registros centrais e nos mais altos. E, diferente da maior parte dos demais instrumentos, você pode atingir os acordes e as múltiplas notas simultaneamente, o que funciona bem para tentar descobrir como aquela obra para orquestra com vários instrumentos ressoará.

Você pode culpar o fato de o piano ter sido inventado por um italiano, Bartolomeo Cristofori, para a maioria das indicações de andamento e dinâmica serem em italiano. Desde a invenção do piano até o início da notação, os compositores buscaram novas maneiras para compor música nesse instrumento espetacular e flexível.

Observando a dinâmica do pedal do piano

As marcas da dinâmica adicionais se relacionam com os três pedais localizados na base do piano (alguns pianos possuem apenas dois). A configuração padrão do piano moderno:

>> **Pedal suave (ou pedal *una corda*):** Na maioria dos pianos modernos, o pedal esquerdo move os martelos em repouso dentro do piano para uma posição mais próxima às suas cordas correspondentes. Como os martelos possuem uma distância menor para viajar e chegar até as cordas, a velocidade com a qual eles as acertam é reduzida e o volume das notas musicais resultantes, portanto, é muito mais silencioso e menos sustentado.

A maioria dos pianos de cauda modernos tem três cordas por nota, portanto, quando você pressiona uma tecla, o martelo atinge as três simultaneamente. O pedal esquerdo é chamado de *una corda* ("uma corda") porque move todos os martelos para a direita, de modo que eles apenas atinjam uma das cordas. Isso reduz efetivamente o volume do som em dois terços.

CAPÍTULO 12 **Variando os Sons com Andamento e Dinâmica** 191

- » **Pedal central:** Se ele estiver presente (e muitos pianos modernos têm apenas os dois pedais externos para trabalhar), o pedal central possui uma variedade de papéis, dependendo do piano. Em alguns pianos norte-americanos, o pedal dá às notas um pequeno som de "cabaré" quando pressionado. Alguns pianos ainda possuem um pedal de sustentação grave como seu central, que funciona como sustentação somente para a metade grave do teclado do piano.

    Fora isso, os outros — especificamente muitos pianos de concerto — têm um pedal *sostenuto* como pedal central, que funciona sustentando uma ou mais notas indefinidamente enquanto permite que as notas sucessivas sejam tocadas sem sustentação.

- » **Pedal dos abafadores (pedal direito ou sustentado):** O pedal dos abafadores faz exatamente o oposto daquilo que o nome poderia sugerir — quando pressionado, o abafador dentro do piano se eleva *acima* das cordas e permite que as notas tocadas "morram" naturalmente. Isso cria um efeito de eco para as notas e os acordes únicos (por exemplo, o final da música "A Day in the Life", dos Beatles). Ele também cria um som bem confuso se uma frase muito longa for tocada com o pedal pressionado.

LEMBRE-SE

Nas partituras, toda frase musical que é alterada pelo uso dos pedais utiliza colchetes horizontais, com o nome do pedal, a ser colocado ao lado ou dentro delas. Se nenhum pedal específico for informado, o pedal da direita deverá ser automaticamente utilizado para a seleção.

Por exemplo, na Figure 12-6, o "Ped" significa que o primeiro pedal à sua esquerda precisa ser pressionado durante a seleção. As pausas nos colchetes (∧) indicam que, naquelas posições, você levanta brevemente seu pé do pedal.

FIGURA 12-6: As dinâmicas do pedal mostram qual pedal você deve utilizar e por quanto tempo pressioná-lo.

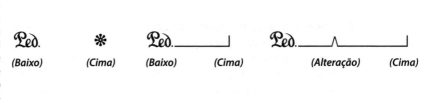

© John Wiley & Sons, Inc.

Indicações de dinâmica para outros instrumentos

Apesar de a maioria das indicações de dinâmica serem consideradas instruções universais — ou seja, aplicáveis a todos os instrumentos —, algumas delas se destinam especificamente a determinados instrumentos. A Tabela 12-4 lista algumas e seus respectivos instrumentos.

TABELA 12-4 ## Notação de Dinâmica para Instrumentos Específicos

Notação	O que Significa
INSTRUMENTOS DE CORDA	
Martellato	Um curto golpe martelado tocado com ataques bem curtos do arco
Pizzicato	Pinçar a corda com os dedos
Spiccato	Fazer um movimento leve do arco, imitando ondas
Tremolo	Tocar rapidamente a mesma sequência de notas
Vibrato	Mudar de tom levemente na mesma nota, produzindo um som vibrante e trêmulo
TROMPA	
Chiuso	Deixar o metal parado (para produzir um efeito surdo e fora do tom)
VOZ	
A capella	Sem qualquer acompanhamento musical
Choro	O refrão da canção
Parlando ou parlante	Cantar como se estivesse falando
Tessitura	A extensão vocal comum utilizada em uma obra

DO CLAVICÓRDIO AO PIANO

O uso das notações em partituras surgiu na mesma época que o piano, por uma boa razão. Antes da invenção do piano, por Bartolomeo Cristofori, em 1709, a maioria dos compositores era obrigada a escrever suas obras para cravo ou clavicórdio. Nenhum dos dois tinha a capacidade de tocar sons fracos e fortes com facilidade.

O motivo disso é que o formato interno de ambos segue o feitio dos instrumentos de corda. Entretanto, em vez de terem os dedos de alguém em contato direto com as cordas, o cravo e o clavicórdio são equipados com um mecanismo que puxa as cordas dentro do próprio instrumento. Quando determinada tecla é pressionada, a corda correspondente é puxada. Não importa a suavidade ou força com que você toque as teclas de ambos os instrumentos, a intensidade resultante é basicamente a mesma. Portanto, os clavicórdios eram utilizados para obras tranquilas, que precisavam de vários vibratos (a qualidade trêmula das notas, que, em geral, vem de instrumentos de corda), enquanto que os cravos eram usados para as mais intensas.

Apesar de o piano se parecer bastante com esses instrumentos, na verdade é bem diferente. Ele incorpora um mecanismo de martelos e alavancas que ataca cada corda com a mesma força que o dedo humano aplica na tecla. Por isso o piano é considerado percussivo. Ele possibilitou criar sons fortes e fracos com um mesmo instrumento e, portanto, na mesma música. Dessa forma, o piano foi originalmente batizado de *gravicembalo col pian e forte* ou "cravo com fraco e forte". O nome foi posteriormente reduzido para *pianoforte* e, finalmente, *piano*.

> **NESTE CAPÍTULO**
> » **Misturando os timbres**
> » **Familiarizando-se com a acústica**

Capítulo **13**

Timbres e Acústica dos Instrumentos

Você já se perguntou por que não há tantas músicas que utilizam tuba ou fagote como o instrumento principal ou a razão pela qual tantas partes instrumentais importantes são executadas por pianos e violões? Ok, talvez você nunca tenha considerado muito o assunto, mas caso esteja pensando em compor músicas, é melhor considerá-lo.

A explicação mais simples para alguns instrumentos serem utilizados nas linhas principais é o fato de o ouvido humano reagir de maneira mais favorável aos sons de tonalidade mais aguda do que aos graves. Perceba que é a extensão dos sons agudos que os bebês e as crianças pequenas balbuciam, que os pássaros cantam e que basicamente todos os pequenos objetos produzem. Não conseguimos nos esquivar de gostar desses sons — faz parte da nossa rede de conexões.

Também há um senso de imediatismo que é transmitido pelas notas mais agudas. Você pode se matar de tocar um violoncelo, mas ele jamais soará tão urgente e vívido se a mesma passagem for tocada por um violino. É igual a um diálogo quando você tenta fazer uma ideia valer, o tom da sua voz tende a ir em direção aos registros mais altos e não aos mais baixos. Por isso que os instrumentos principais costumam ser chamados de *instrumentos falantes*.

Neste capítulo, examinamos o que constitui o tom dos instrumentos e o que faz o som de cada um deles ser como é. Também discutimos acústica básica e harmonia instrumental, e explicamos por que pequenos grupos e orquestras se juntam da maneira que o fazem.

Investigando o Timbre

O *timbre* de um instrumento é formado por três componentes básicos:

» Ataque

» Timbre (ou conteúdo harmônico)

» Decaimento

Esses três fatores fazem com que cada instrumento soe diferente. Mesmo que você escute uma música pelos alto-falantes do seu carro, pode dizer de imediato, só de ouvir, qual instrumento está sendo tocado. Discutimos esses fatores nas seções a seguir.

Ataque: Conferindo o som inicial de uma nota

O *ataque* faz parte do primeiro som que você escuta em uma nota e é possivelmente seu aspecto mais distinguível. O violino, o piano e o violão têm ataques distintos. Eis um breve resumo deles:

» **Violino:** Quando você escutar o primeiro microssegundo de um violino sendo tocado sabe instantaneamente que é um violino por causa daquele som familiar cru e rápido do arco friccionado na corda. É lindo, imediato e inconfundível. Você nem sabe que está ouvindo o primeiro pequeno ponto de contato, porém, ele está lá. Se pudesse desacelerar a gravação de qualquer solo de violino de um virtuoso, você encontraria aquela linda arcada familiar no começo de todo movimento.

» **Piano:** A cada vez que você toca uma tecla de um piano, um pequeno martelo acerta três cordas de metal simultaneamente, produzindo um som belo e envolvente. É ainda mais espetacular abrir um piano e escutar como cada nota soa quando os abafadores não estão amortecendo o som.

» **Violão:** O violão também possui o próprio ataque, distinguível através de uma pequena e aguda vibração quando as cordas de metal são puxadas e por um som definitivamente menos pronunciado se o violão for de náilon. Os diferentes tipos de cordas são parcialmente responsáveis pela variedade

> dos estilos que os músicos tocam. O rock, o pop e a música country são geralmente tocados com violões de aço por sua sonoridade ao mesmo tempo cristalina e agressiva. A música clássica, o flamenco e muitos tipos de música popular utilizam violões de náilon porque o ataque é bem mais suave, o que torna a música mais melódica.

A velocidade do ataque de um instrumento desempenha um papel crucial no que tange ao som: a martelada de uma corda em um cravo é rápida e afiada, o que é muito diferente do desenho lânguido de um arco nas cordas de um contrabaixo acústico.

Timbre: Ouvindo o corpo de uma nota

O *timbre*, ou conteúdo harmônico, de um instrumento é o que determina a parte do meio ou o corpo de cada nota musical tocada. Quando você retira o ataque e o decaimento dos sons de alguns instrumentos com um equipamento digital, encontra várias similaridades entre eles. (Você lê mais sobre decaimento na próxima seção.)

Por exemplo, o timbre e a extensão de uma flauta e de um violino são quase idênticos, mas pelo fato de um ser soprado e o outro, tocado com um arco, o ataque inicial de cada nota musical em separado é completamente diferente e identifica o instrumento pelo som produzido logo no primeiro segundo.

Entretanto, os *harmônicos* entre alguns instrumentos são radicalmente diferentes, simplesmente por conta de sua formação. Por exemplo, o conteúdo harmônico de uma nota de um violão e o da mesma nota em um piano são completamente distintos, pois a nota do violão é uma corda tocada e uma nota no piano, na verdade, são três cordas atingidas por um martelo.

Qualquer som, não importa a fonte, é causado por algo que vibra. Sem vibração, o som não existe. Essas vibrações fazem com que as partículas de ar próximas à fonte também vibrem, e elas, por sua vez, fazem as partículas próximas a elas vibrarem, e assim por diante, criando uma onda sonora. Assim como uma onda na água, quanto mais longe a onda sonora se move, mais fraca fica, até que se dissipa completamente. Se a vibração original criar uma onda forte o suficiente, no fim alcançará seus ouvidos e será registrada como som.

Você ouve sons porque o ar vibra contra seus tímpanos, fazendo com que eles vibrem. Essas vibrações são então analisadas pelo seu cérebro e registradas como música, trânsito, pássaros cantando — o que quer que seja. Como as ondas sonoras são captadas por cada tímpano de forma isolada e dissecadas pelos hemisférios cerebrais separadamente, é provável que ninguém ouça o mesmo som exatamente igual a outra pessoa.

> ### REPRODUZINDO SONS "NATURAIS" COM SINTETIZADORES
>
> Quando os primeiros sintetizadores foram desenvolvidos, os projetistas tentavam reproduzir os instrumentos "naturais" em vez de apenas os sons sintéticos (o som plano e artificial de um sintetizador da década de 1970, por exemplo). Os criadores do sintetizador descobriram que o maior desafio de fazê-lo soar natural não era reproduzir o timbre de outro instrumento — foco dos engenheiros desde o começo —, mas sim reproduzir seu ataque e decaimento. Dessa forma, eles tiveram que gravar amostras dos próprios instrumentos dentro dos sintetizadores para tornar os sons distinguíveis uns dos outros.

Cada vibração completa de uma onda sonora é chamada de *ciclo*. O número de ciclos concluídos em um segundo é chamado de *frequência* da vibração. Uma das diferenças mais notáveis entre dois sons é a diferença no tom; determinado pela frequência de um som. A frequência é medida em hertz, com um *hertz* (Hz) sendo um ciclo por segundo. Um milhar de hertz é chamado de *quilohertz* e é escrito como 1kHz. Uma vibração de alta frequência produz uma nota aguda; uma vibração de baixa frequência, uma nota grave, de baixa frequência.

DICA

O alcance da audição humana (alcance audível) é de cerca de 16Hz a 16kHz. As frequências de notas que podem ser tocadas em um piano variam de 27,5Hz a pouco mais de 4kHz.

Os instrumentos obtêm seus sons específicos porque os sons vêm de muitos tons diferentes, todos soando juntos em frequências diferentes. Uma única nota tocada em um piano, por exemplo, consiste na verdade em vários tons, todos soando juntos em frequências ligeiramente diferentes, ou múltiplos da frequência base. A nota produzida por um diapasão é chamada de *tom puro* porque consiste em um tom que soa em apenas uma frequência.

Decaimento: Escutando o som final de uma nota

O *decaimento* é a parte final da nota tocada por um instrumento. Existem dois tipos de decaimento:

» **Impulsivo:** Um decaimento *impulsivo* pertence aos instrumentos que precisam ser tocados continuamente, ou em pulsos, para continuar soando. Os tons são produzidos e imediatamente começa o decaimento até que a próxima nota tocada recomece o processo. Os exemplos comuns de instrumentos com decaimento impulsivo são os que puxam ou golpeiam, como o violão, a maioria dos instrumentos percussivos e o piano.

» **Sustentado:** Um decaimento *sustentado* é aquele em que a coluna vibratória do instrumento, como o corpo de uma flauta, clarinete ou outro instrumento que tenha forma de coluna, é continuamente estimulada, de forma que o som continue de uma maneira mais ou menos firme, contanto que a nota continue sendo tocada. Os instrumentos que produzem tons sustentados são os de corda tocados por arco, como os violinos; os de sopro; os de palhetas livres, como o acordeão; e os de metal.

Formando a Banda: Aula de Acústica

Da próxima vez que você vir uma orquestra ou uma grande banda tocar, ou mesmo quando assistir a um daqueles shows de TV com bandas ao vivo, dê uma olhada na posição em que os músicos tocam em relação uns aos outros. Preste atenção em qual instrumento é o "líder".

Ao estudar uma orquestra ou banda, você notará estas duas coisas:

CUIDADO

» **Especialmente em uma configuração de orquestra, todos os músicos que tocam o mesmo instrumento estão sentados juntos.** Isso não ocorre porque eles têm que dividir a mesma partitura, mas porque quando você junta duas flautas, violinos ou clarinetes, eles soam mais vibrantes e completos. Una dez deles e você terá uma parede sonora saindo da área da orquestra e indo em sua direção.

Esse, então, é um dos motivos pelo qual tocar um instrumento é tão desafiador. Não se trata de os instrumentos serem particularmente complicados, mas de você normalmente ter que tocá-los em uma sincronia exata com os outros músicos.

» **Os instrumentos que lideram estão na frente de todos os outros, especialmente em performances acústicas.** Há uma relação entre o volume e a percepção; assim, as ondas sonoras dos instrumentos que estão na frente do fosso da orquestra serão ouvidas um microssegundo antes do restante dela e, portanto, serão percebidas de forma mais alta, pois você as escutou uma fração de segundo antes.

DICA

Esse princípio se aplica também à configuração regular de uma banda com quatro pessoas. Se você quer que seu cantor seja ouvido acima das guitarras, certifique-se de que os amplificadores que carregam sua voz posicionem-se mais próximos do público do que os amplificadores de guitarra e baixo.

O melhor lugar para se sentar em uma performance orquestral é diretamente atrás do maestro, mas longe o suficiente para ficar no mesmo nível dele. Eles montam a orquestra para cada performance em volta de onde ficam, de forma que possam ouvir exatamente o que está sendo tocado. Isso facilita bastante a vida de um engenheiro de som experiente ao realizar uma gravação. Coloque os microfones bem onde o regente está, e você gravará a obra musical exatamente como ele pretende que ela seja ouvida.

4
Expressão Musical Através da Forma

NESTA PARTE...

Descubra a estrutura de diferentes tipos de música.

Explore diferentes formas e gêneros musicais.

NESTE CAPÍTULO

» Revisando ritmo, melodia e harmonia

» Entendendo frases e períodos musicais

» Selecionando e nomeando as partes de uma música

Capítulo **14**

Os Alicerces: Ritmo, Melodia, Harmonia e Forma Musical

Quando falamos sobre a *forma musical*, queremos dizer o esquema estrutural usado para criar um tipo específico de música. Por exemplo, se você quiser escrever uma sonata, siga uma estrutura determinada. Embora os elementos de estilo, como melodia básica, tema e armadura de clave, fiquem inteiramente por sua conta, a maneira como a sonata se estrutura — seu começo, meio e fim — é definida desde o início por suas restrições.

LEMBRE-SE

De muitas maneiras, saber como funciona a forma torna a composição musical extremamente fácil. Afinal, o padrão já está lá — você só precisa preencher as lacunas. O verdadeiro desafio é fazer com que sua sonata, fuga ou concerto se destaque de todas as outras músicas escritas usando a mesma forma.

Existem muitas semelhanças entre as definições de forma e gênero, mas são dois conceitos diferentes. O *gênero* trata mais da maneira como a música soa, independentemente de sua estrutura; exemplos são jazz, pop, country e música clássica (embora também existam certas formas exclusivas da música clássica).

O problema com a identificação das formas da música moderna é que ela ainda está em evolução. Os estudantes de música do século XXI podem em breve estar estudando pioneiros do math-rock anti-4/4, como Steve Albini, ao lado dos compositores Philip Glass e Beethoven.

Neste capítulo, explicamos exatamente o que queremos dizer quando nos referimos a "forma musical" e discutimos algumas das mais comuns que você encontrará.

Estabelecendo o Ritmo

LEMBRE-SE

Não podemos falar de forma e gênero sem falar de ritmo, que é o principal elemento da música. Você pode escrever uma obra musical sem uma linha melódica ou acompanhamento harmônico, mas simplesmente não há como a escrever sem ritmo; a não ser, claro, que sua "música" seja uma única nota sustentada sem variações de tom.

Com frequência, é o ritmo que diferencia um gênero do outro — como na distinção entre o rock alternativo e o punk rock, por exemplo. Crie um andamento mais rápido para qualquer música de Son Volt ou do Wilco e você pode colocar os resultados na mesma seção da loja em que estão Ramones e Sex Pistols. Mude os padrões rítmicos inerentes de uma canção, mesmo uma do Sex Pistols, e pode transformá-la em algo como um tango ou uma valsa. O ritmo é *crucial* para o gênero.

O ritmo se move pela música como uma força motriz de diversas maneiras. Ele cria a pulsação básica de uma música, como foi discutido na Parte 1 deste livro. O ritmo é a parte da música que seus dedos acompanham tamborilando, que sua cabeça balança e seus pés se movem. A métrica ajuda a organizar as notas em grupos pelo uso de uma fórmula de compasso e define o padrão repetitivo dos tempos fortes e fracos que se movem visivelmente com a música. O pulso cria uma sensação de familiaridade e de expectativa para o ouvinte, de forma que, teoricamente, você pode jogar uma pilha de notas e acordes estridentes e inesperados contra o ouvinte e ainda assim reter um sentimento de conectividade com o público, ao ater-se à mesma pulsação constante.

O ritmo que você escuta ao ouvir uma canção costuma ser chamado de *ritmo superficial*. Por exemplo, quando as pessoas dizem que gostam da batida de uma música pop, querem dizer que curtem o ritmo superficial, que pode ser simplesmente um padrão rítmico da bateria. Às vezes, o ritmo superficial combina com o pulso subjacente de uma canção, isso é frequente, especialmente na música pop. Mas, às vezes, por causa da *síncope musical* (que dá ênfase às batidas no contratempo), o ritmo superficial e o pulso não combinam.

O *andamento* entra em cena quando discutimos a velocidade de uma obra específica. Ela deve ser rápida e vivaz ou lenta e sombria?

A velocidade com a qual uma música é tocada determina o sentimento geral a ser transmitido ao público. Raramente você encontra uma canção superfeliz tocada de forma lenta e serena ou uma triste na velocidade de "O voo do besouro" (veja o Capítulo 12 para mais informações sobre o andamento).

Dando Cara à Melodia

Na maior parte das vezes, a *melodia* é a parte da música que não conseguimos tirar da cabeça. É a linha principal da canção, a parte em torno da qual a harmonia é formada e que produz um vislumbre emocional de uma obra tanto quanto o ritmo. (Vá à seção posterior sobre harmonia para mais informações.)

Muito do poder da expressão melódica vem do fluxo do tom agudo ou grave. As notas da canção sobem e podem fazê-la parecer mais tensa ou vívida. Se elas descem, podem tornar aquela parte da música mais melancólica ou sombria. A forma como as notas oscilam se chama *contorno*.

Existem quatro *contornos melódicos* comuns:

» Arco
» Onda
» Arco invertido
» Pivotante

O *contorno* simplesmente significa que a melodia é moldada de determinada maneira. O formato de uma melodia é particularmente fácil de aprender quando você está diante da partitura. As possibilidades para formar as frases melódicas com apenas quatro contornos básicos são virtualmente infinitas. (*Formar frases melódicas* significa começar no acorde I, ir para o acorde IV ou V e terminar no I; veja o Capítulo 11 para mais informações sobre progressões de acordes.) Para saber mais sobre composição, *Composição Musical Para Leigos*, de Scott Jarrett e Holly Day (Alta Books) é um bom ponto de partida.

A Figura 14-1 mostra uma música com *contorno em arco*. Perceba como a linha melódica sobe, desce, sobe e desce de novo, criando um arco. Quando a música sobe gradualmente de tom, resulta em um aumento na tensão naquela seção da composição. Quanto mais baixo o tom ficar em um arco gradual, mais a tensão diminui.

CAPÍTULO 14 **Os Alicerces: Ritmo, Melodia, Harmonia e Forma Musical** 205

FIGURA 14-1: No contorno em arco, a nota sobe e desce novamente.

© John Wiley & Sons, Inc.

A Figura 14-2 mostra uma música com *contorno de onda*. Observe como a linha melódica sobe, desce, então sobe e desce de novo — como uma série de ondas.

FIGURA 14-2: No contorno de onda, as notas sobem, descem, sobem e descem novamente, como as ondas do mar.

© John Wiley & Sons, Inc.

A Figura 14-3 mostra uma música com *contorno de arco invertido*. Você deve ter notado que a música da Figura 14-3 se parece com a da Figura 14-1. A única diferença é que a linha melódica da Figura 14-3 desce o tom e depois sobe no final da frase. Portanto, a frase começa parecendo relaxante e calma, mas sofre um aumento de tensão no momento em que o arco começa a se aproximar do final da frase.

FIGURA 14-3: No contorno em arco invertido, a nota começa alta, desce e sobe novamente.

© John Wiley & Sons, Inc.

A Figura 14-4 mostra um exemplo de música com *contorno pivotante*. Uma linha melódica pivotante gira em torno da nota central da obra — no caso da Figura 14-4, o Mi. Ela parece bastante com a melodia em onda, exceto pelo movimento para cima e para baixo da nota central, que é mínimo e retorna continuamente à nota central. A música folclórica tradicional usa frequentemente esse padrão.

FIGURA 14-4:
O contorno pivotante gira em torno de uma determinada nota.

Qualquer linha melódica em uma obra musical geralmente cairá em uma dessas categorias de contornos. Tente escolher uma partitura aleatoriamente e traçar o padrão melódico por conta própria e verá o que queremos dizer.

LEMBRE-SE

O *âmbito* de uma melodia é determinado pelo intervalo entre a nota mais aguda e a mais grave de uma música. O aumento e a queda da tensão em uma melodia costumam ser proporcionais ao seu âmbito. As melodias com âmbito estreito tendem a ter apenas um pequeno montante de tensão musical, enquanto que as melodias com amplo alcance tonal comumente terão um alcance expressivo. Quando o âmbito de uma canção é ampliado, o potencial para os maiores níveis de tensão aumenta.

Complementando a Melodia com a Harmonia

A *harmonia* é a parte da música que preenche as ideias expressas na melodia. Com frequência, quando você cria uma harmonia baseada em uma linha melódica, está essencialmente preenchendo as notas faltantes das progressões dos acordes usadas na canção. Por exemplo, veja a linha melódica simples mostrada na Figura 14-5.

FIGURA 14-5: Uma melodia simples em Dó.

Você preenche a harmonia da Figura 14-5 simplesmente utilizando as notas dos acordes I e V e colocando-as na linha de baixo, como mostra a Figura 14-6.

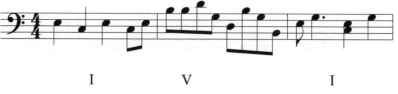

FIGURA 14-6: Harmonia para uma linha melódica em Dó.

© John Wiley & Sons, Inc.

Para simplificar, a harmonia se preocupa com a formação dos *acordes* que são as notas melódicas derivadas da escala na qual a música foi feita. A harmonia também deriva da própria ordem das progressões dos acordes e do fato de uma frase resolver a si própria através da cadência V-I ou IV-I (veja o Capítulo 11 para entender as cadências).

LEMBRE-SE

Harmonias *consonantes*, auditivamente agradáveis, são aquelas que soam estáveis, como o acorde I no final da frase. Harmonias *dissonantes* soam mal e parecem instáveis ou geradoras de um choque até serem resolvidas pelas harmonias consonantes. A tensão pode ser criada em uma música através da harmonia, criando dissonância, muitas vezes adicionando intervalos extras de terça em cima de uma tríade para criar uma sétima, nona e assim por diante. (Confira o Capítulo 9 para entender os intervalos.) Os compositores também usam a tensão entre a consonância e a dissonância para estabelecer um senso de começo e de término em uma canção.

Lidando com Frases e Períodos Musicais

Dois dos alicerces da forma musical são as frases e os períodos. Uma *frase musical* é a menor unidade musical com início e fim definidos. A maioria das frases musicais consiste em um começo com um acorde I progredindo para um IV ou V e terminando novamente no acorde I. Teoricamente, milhares de progressões de acordes podem existir entre o primeiro acorde I e o acorde IV ou V. No entanto, você pode perder seu público nesse meio-tempo.

As frases musicais são como as frases de um parágrafo — assim como a maioria dos leitores não quer perder tempo em milhares de linhas de texto para descobrir o mote de uma frase, a maior parte do público escuta uma ideia musical expressa em uma frase e fica entediado se ela soar como se você estivesse apenas serpenteando pelos acordes sem chegar a uma resolução.

Então, qual deveria ser a duração de uma frase musical? Realmente depende do compositor, mas, em geral, uma frase dura três ou quatro compassos. Dentro desse espaço, uma frase começa, trabalha em uma ou mais progressões dos acordes e resolve-se ao retornar para o acorde I. (Confira a Capítulo 11 para o escopo sobre progressões de acordes.)

Quando um compositor realmente quer que você entenda que um grupo de compassos está ligado a uma frase e deve ser tocado como uma unidade importante — como um tópico frasal em um ensaio —, ele une a frase com uma linha curvilínea chamada *ligadura de fraseado*, como mostra a Figura 14-7. Note como as frases começam e terminam no acorde I, ou no Sol Maior. (Os números acima dos numerais romanos são marcas de dedilhado para o pianista; você não precisa se preocupar com eles.)

FIGURA 14-7: Note o fraseado na clave de Fá.

© John Wiley & Sons, Inc.

CUIDADO

Não confunda a ligadura de fraseado com as ligaduras simples ou de articulação. Uma ligadura de fraseado amarra uma frase musical inteira, enquanto as ligaduras simples amarram somente uma pequena parte dela. (Se quiser ler sobre ligaduras simples, vá para o Capítulo 2. Discutimos ligaduras de articulação no Capítulo 12.)

A frase representa a menor unidade de uma obra musical, que termina em uma cadência. O período é a próxima unidade, maior que a frase usada na forma musical. *Períodos musicais* são criados quando duas ou três frases são unidas umas às outras. No caso dos períodos musicais, a primeira frase musical é aquela que termina em uma meia cadência (*no* acorde V/v) e a segunda, com uma cadência autêntica (com o acorde V/v culminando no acorde I/i). Tratamos de cadências no Capítulo 11.

DICA

A meia cadência funciona como uma vírgula em uma sentença, com a cadência autêntica concluindo os períodos como um ponto final.

A Figura 14-8 mostra um exemplo de período musical.

FIGURA 14-8: Um período musical é feito de frases ligadas.

© John Wiley & Sons, Inc.

Conectando Seções para Criar Formas

A divisão da música em *seções* acontece quando você liga dois ou mais períodos que soam tonalmente como se pertencessem uns aos outros. Eles partilham os pontos harmônicos focais, as linhas melódicas similares, a estrutura rítmica similar e podem ter outras semelhanças. As seções podem ser ainda mais conectadas entre si para criar as *formas musicais*.

Por convenção, os compositores rotulam alfabeticamente as seções musicais em uma composição: A, B, C e assim por diante. Se uma seção for repetida em uma canção, sua letra é repetida. Por exemplo, ABA é um sistema comum na música clássica em que o *tema de abertura* (chamado de A), ou ideia principal que se desenvolve durante a música, após desaparecer durante a parte B é repetido no final.

Como as *formas contrastantes*, as formas AB contêm uma gama ilimitada de possibilidades. Você pode ver seções recorrentes, únicas ou uma combinação de ambas. Por exemplo, um *rondó* — uma forma popular da música clássica — consiste em uma alternância de uma seção recorrente em outras que ocorrem uma por vez. Um rondó, então, seria rotulado ABACADA... (e assim por diante).

Uma *forma contínua*, sem qualquer recorrência, também é possível: ABCDE... Qualquer sequência das seções únicas e recorrentes pode ocorrer em *uma* obra musical.

Nas seções a seguir, descrevemos algumas das formas mais comuns que você encontra na música.

RACHEL GRIMES, COMPOSITORA, SOBRE OS LIMITES DA FORMA

"Na escola, existe a tendência de ser muito didático em relação à teoria, essa mentalidade leva a acreditar que somente determinadas progressões de acordes são permitidas e outras não. A música pop é bastante didática nesse sentido. Existem alguns padrões esperados, como você não poder ir para o acorde VI após ter chegado a um IV ou V — espera-se simplesmente que você vá para o acorde I, e não há muito desvio desse padrão. Acho que o maior desafio para os estudantes da teoria musical é aceitar que uma determinada base foi traçada na medida em que soa "correta" na música ocidental, porém, desvios ainda são permitidos."

Forma simples (A)

A *forma simples*, ou *A*, é a estrutura mais primitiva de uma canção e, às vezes, também é chamada de *forma balada*. Na forma simples, uma melodia é repetida com pequenas mudanças para acomodar as palavras diferentes, como em uma *canção estrófica*, do tipo "Old McDonald Had a Farm". Essa música repete a mesma linha musical, porém, altera as palavras em cada verso.

A forma simples é encontrada principalmente em canções folclóricas, natalinas ou em outras que sejam curtas, com tema e movimento limitados. Assim como a forma ininterrupta, as formas simples só aparecem em uma única variedade. Elas podem ser longas ou curtas, no entanto, são sempre descritas como A (ou AA, ou até AAA).

Forma binária (AB)

A *forma binária* consiste em duas seções contrastantes, que funcionam como frase e contrafrase. O padrão pode ser um simples AB, como em "My Country, 'Tis of Thee", ou ter variações, sendo comumente AABB, com o segundo A e o segundo B significando variações deles.

Na forma binária usada no período barroco, o padrão pode envolver uma mudança de tom, normalmente para a quinta do tom original, se a obra tiver sido composta em um tom maior. A seção A começa em um tom e termina no tom da quinta, enquanto que a seção B começa em um novo tom e termina no original. Cada seção é repetida, o que cria o padrão AABB.

A forma canção (ABA)

As canções normalmente usam a forma ABA (ou a *forma de três partes*, ou ainda a *forma ternária*). Uma das formas mais simples é produzida pela variação e a repetição da melodia. Por exemplo, "Brilha, Brilha, Estrelinha" estabelece uma melodia, varia essa melodia e, então, a reexpõe (forma ABA). Aqui a seção B é chamada de *ponte*, porque conecta as duas seções A.

Veja como a forma canção funciona:

» A primeira seção, A, pode ser tocada uma vez e repetida imediatamente.

» A ponte, B, é uma seção de contraste, o que significa que é diferente da primeira.

» A última seção é bastante similar à A.

A forma canção estende a ideia de declaração e partida, retomando a primeira seção. Contraste e repetição são usados nessa forma. A música pop é frequentemente uma variação de ABA, chamada de AABA, enquanto que o blues é frequentemente um AAB. A forma AABA é usada em músicas como "Over the Rainbow".

A forma em arco (ABCBA)

A música escrita na *forma em arco* é constituída de três seções: A, B e C. Na forma em arco, A, B e C são tocados na sequência e então a seção B é repetida logo após o C, e a canção termina com a repetição da seção A.

O compositor Béla Bartók usou essa forma em muitas de suas obras, incluindo Concerto para Piano Nº 2 e Concerto para Violino Nº 2. Exemplos mais recentes incluem "The Desert Music", de Steve Reich, e "Biblical Violence", de Hella.

MÚSICOS REFLETEM SOBRE SABER QUANDO UMA MÚSICA ESTÁ PRONTA

Steve Reich (compositor): "Quando começo, sempre tenho uma ideia aproximada de quanto tempo tenho para trabalhar com uma música, seja uma obra longa ou curta. E isso geralmente depende de quem a encomenda. Exatamente quanto tempo leva, quantos minutos — isso é determinado pela intuição musical, que para mim é a base fundamental da composição de músicas e acredito que para a maioria dos compositores. Em outras palavras, você esboça o número de movimentos e as harmonias básicas que vai usar para passar por eles, e o restante é trabalhado detalhadamente pela intuição, ouvindo a música em si."

Barry Adamson (Nick Cave e Bad Seeds): "Acho que há um ponto em que todos os critérios são satisfeitos e também, às vezes, há um sentimento imediato de que você não escreveu a música, que é algo perfeito e separado de você, porque agora você está ouvindo a coisa final e pode não se lembrar de como foi feita."

Momus (também conhecido como Nick Currie): "Trabalho muito rapidamente. Conceito, notas líricas, estrutura de acordes, linha de contrabaixo, percussão, mais arranjo, voz, mixagem. Geralmente, tudo é feito em uma sessão ultraconcentrada de talvez oito horas. Um dia de trabalho. Está terminado quando você obtém a mistura de que gosta, simples assim. É importante para mim não deixar as coisas em aberto. Gosto de tomar decisões rápidas e chegar a uma conclusão. Esta é provavelmente uma das razões pelas quais eu sou tão prolífico."

John Hughes III (compositor de trilhas sonoras): "Minha opinião? Não sei. Acho que esse é o maior problema para mim. Eu sei, como outros músicos também, quando parar. Então, normalmente, eu geralmente sinto que minhas melhores composições são as que não sinto que tenho que continuar trabalhando. Normalmente, se há algo em que continuo adicionando detalhes e mudando várias vezes, provavelmente já está morto, e o seu mote não está certo. Normalmente, minhas composições favoritas, eu as termino muito rápido, e quanto mais me dedico — não sei se é só porque fico aficionado — mas você meio que sabe quando algo está pronto."

Mika Vainio (Pan Sonic): "Quando sentimos que a música é suportável."

214   PARTE 4 Expressão Musical Através da Forma

NESTE CAPÍTULO

» Entendendo o contraponto e seu começo

» Revisando as formas clássicas atemporais

Capítulo **15**

Contando com as Formas Clássicas

Durante os anos dourados da música clássica, do final do século XVIII à metade do XIX, os compositores competiam ferozmente uns com os outros para criar tipos de música novos e mais vibrantes. Com a adoção do piano por artistas clássicos, formas mais complexas foram inventadas, incluindo o contraponto, que usa as duas mãos para criar melodia e harmonia. Neste capítulo, explicamos o desenvolvimento do contraponto e seu uso em uma variedade de formas e gêneros clássicos, de sonatas e rondós a fugas, sinfonias e muito mais.

Uma Revelação Clássica

A criação mais famosa da era dourada da música clássica foi o desenvolvimento do contraponto como técnica musical popular. Os compositores do período começaram a escrever música para a mão esquerda tão complicada quanto a escrita para a direita. A música da mão esquerda que eles criaram muitas vezes espelhava o que a direita estava tocando.

Antes do período clássico, a linha de contrabaixo da maioria das músicas limitava-se ao simples acompanhamento melódico. Esse uso restrito foi uma transferência da música da Igreja Católica, em que o órgão fornecia linhas de contrabaixo simples (baixo figurativo) para acompanhar a voz.

O contraponto não apenas reforçou a melodia das composições como também obscureceu o ponto exato em que a melodia termina e a harmonia começa. Quase todos os compositores clássicos usaram o contraponto em suas músicas — mesmo os destros. A Figura 15-1 mostra um exemplo de contraponto.

FIGURA 15-1: Exemplo de contraponto em "Aus meines Herzens Grunde", de J.S. Bach.

© John Wiley & Sons, Inc.

Investigando a Sonata

A *sonata* foi a forma mais popular usada pelos compositores da música instrumental da metade do século XVII até o início do século XX. É considerada por muitos como o primeiro rompimento legítimo com a música litúrgica que causou um imenso impacto na música ocidental do período medieval até o período barroco.

Sonatas são baseadas na forma de canção, ABA, o que significa que têm três seções definidas: exposição, desenvolvimento e recapitulação. (Para saber mais detalhes sobre forma de canção e outras formas musicais, confira o Capítulo 14.) A verdadeira genialidade da sonata é o fato de a estrutura não só permitir que muitas regras da teoria musical básica sejam quebradas, como encorajar tal desafio. Com uma sonata, é perfeitamente permissível mudar para um novo tom e fórmula de compasso no meio, o que é impensável na música popular padrão. Nas seções a seguir, explicamos as três seções de uma sonata.

Começando com a exposição

A primeira seção de uma sonata, chamada de *exposição*, apresenta o tema geral do *movimento*, ou cada seção contida na obra musical. Essa seção é comumente dividida em duas seções temáticas:

> » **Primeira seção:** Geralmente, a primeira seção da exposição apresenta o tema principal da música, ou o "fio" que a une. Essa primeira seção normalmente é a linha que gruda na sua cabeça.
>
> » **Segunda seção:** A segunda seção da exposição é um "reflexo" da primeira, em que se parece muito com a primeira parte, mas é ligeiramente alterada.

Toque a Sonata de Beethoven em Dó menor, Opus 13, para um bom exemplo dessas duas seções definidas, ou veja os trechos mostrados nas Figuras 15-2 e 15-3 dessa mesma sonata.

FIGURA 15-2: Excerto do tema de abertura, primeira exposição, da Sonata em Dó menor, Opus 13, de Beethoven.

© John Wiley & Sons, Inc.

FIGURA 15-3: Excerto da segunda exposição da Sonata em Dó menor, Opus 13, de Beethoven, que reflete o tema da primeira.

© John Wiley & Sons, Inc.

CAPÍTULO 15 **Contando com as Formas Clássicas** 217

Começando algo novo: Desenvolvimento

A segunda seção da forma sonata, chamada de *desenvolvimento*, normalmente soa como se pertencesse a uma obra musical completamente diferente. Nessa seção, você pode usar tonalidades diferentes e explorar ideias musicais completamente diferentes do tema original.

Essa parte da sonata costuma ser a mais empolgante. É onde você coloca seus acordes grandes e estrondosos aumentando a tensão por meio de um ritmo mais forte, um *conteúdo de intervalos* maior ou ainda *intervalos tonais* entre as notas (o número de semitons entre cada nota).

A Figura 15-4 mostra um excerto do desenvolvimento da Sonata em Dó menor, Opus 13.

FIGURA 15-4: Excerto da segunda seção, desenvolvimento, da Sonata em Dó menor, Opus 13, de Beethoven.

© John Wiley & Sons, Inc.

Descansando com a recapitulação

Após a empolgação da segunda seção, é natural descansar onde tudo começou. A terceira, e última, seção da sonata é a *recapitulação*, em que retornamos ao tom original e ao tema musical expressos na primeira seção e levamos tudo para um desfecho. A Figura 15-5 mostra um excerto do movimento final da Sonata Nº 8 de Beethoven, a Sonata em Dó menor, Opus 13.

FIGURA 15-5: Excerto da terceira seção da Sonata Nº 8. Sonata em Dó menor, Opus 13, de Beethoven.

© John Wiley & Sons, Inc.

Rondando o Rondó

Os *rondós* expandem a liberdade de expressão inerente à forma sonata ao permitir que elementos musicais ainda mais díspares sejam ligados por uma seção musical em comum. A forma do rondó é ABACA... Tecnicamente, com um rondó você pode adicionar novas partes indefinidamente — com formas e tonalidades diferentes — a uma obra em particular, contanto que continue as conectando por meio do tema de abertura (A). A seção A de *Rondo Alla Turca*, de Mozart, liga mais de seis ideias musicais diferentes pelo uso dessa forma. Veja um excerto na Figura 15-6.

FIGURA 15-6: Excerto da seção A de *Rondo Alla Turca*, de Mozart.

© John Wiley & Sons, Inc.

Descobrindo a Fuga

Outra forma musical importante fora do período clássico foi a *fuga*, totalmente desenvolvida por Bach, embora já existisse há cerca de um século. Uma fuga é uma forma altamente evoluída de contraponto imitativo, em que duas (ou mais) linhas musicais usam o mesmo tema, no mesmo tom ou transposto. As fugas são definidas pela maneira como as notas na clave de Sol e na clave de Fá se alternam, carregando o tema principal e controlando o ritmo da obra, o que resulta em uma sensação de pergunta e resposta.

Repare, por exemplo, na Figura 15-7 como as colcheias e semicolcheias aparecem primeiro em uma clave e depois na outra, fazendo com que ambas sejam responsáveis por levar alternadamente a harmonia (colcheias) e a melodia (semicolcheias) da música.

FIGURA 15-7: Excerto de uma fuga de Bach em Dó Maior.

© John Wiley & Sons, Inc.

Combinando Formas em uma Sinfonia

Literalmente, uma *sinfonia* é uma fusão harmônica de elementos. Na música, uma sinfonia é uma obra que combina diferentes formas musicais; em geral, tocadas por uma orquestra.

Tradicionalmente, uma sinfonia consiste em quatro *movimentos* (dentro das seções de uma única obra):

» *Allegro* de sonata, ou sonata rápida
» Movimento lento (de escolha livre)

» *Minueto* (uma obra musical curta e dançante em compasso 3/4)
» Combinação de sonata e rondó

CUIDADO

A ideia de uma sinfonia é a de combinar uma gama enorme de formas musicais harmoniosas, portanto, o padrão supracitado não é de modo algum definitivo.

A forma da sinfonia deixa escancarado o campo para a experimentação musical. Algumas obras que vieram dessa forma são as mais duradouras e conhecidas músicas clássicas já gravadas. A mais famosa, claro, é a Sinfonia Nº 5 (Opus 67) de Beethoven, cuja linha de abertura, "Tam-tam-tam-TAM", é possivelmente a introdução mais conhecida do mundo de qualquer tipo de música. A Figura 15-8 mostra a música dessa lendária introdução.

FIGURA 15-8: Tam-tam--tam-TAM...

© *John Wiley & Sons, Inc.*

Observando Outras Formas Clássicas

As formas clássicas nas seções a seguir são atemporais e importantes. Elas são determinadas por quantos músicos se envolvem em sua execução mais do que pela estrutura da música ou o papel dos próprios músicos.

Concerto

Um *concerto* é uma composição escrita para um instrumento solo com uma orquestra de apoio. É com o concerto que normalmente conhecemos nossos superastros da música clássica, como o pianista Lang Lang e o violinista Itzhak

Perlman. Os solistas com frequência são tão lembrados quanto os próprios compositores, mesmo que já falecidos.

Dueto

Qualquer um que já tenha feito uma aula de piano provavelmente tocou um *dueto*, que é simplesmente uma obra musical escrita para duas pessoas. Um dueto geralmente se volta para dois pianistas ou para um pianista e um vocalista. Quando outra instrumentação é usada como recurso pedagógico, como um baixo ou violino, ou ainda outra combinação, o termo *duo* é mais comumente aplicado.

Os duetos de piano são mais usados como um artifício de ensino, com o aluno conduzindo a linha melódica básica e o pianista mais experiente conduzindo o acompanhamento mais complexo.

Estudo

Um *estudo* é uma breve composição musical baseada em um aspecto técnico particular da música, como a formação de escalas, e das formas para ajudar a instruir o músico ao longo do exercício musical.

Fantasia

Fantasias têm forma livre e transmitem a impressão de serem completamente improvisadas e divinamente inspiradas, e, na maioria das vezes, são escritas para um instrumento solo ou um pequeno conjunto. O equivalente moderno da fantasia é o free jazz.

CAPÍTULO 15 **Contando com as Formas Clássicas** 223

224   PARTE 4 **Expressão Musical Através da Forma**

NESTE CAPÍTULO

» **Blues é o gênero mais quente**

» **Na crista da onda com o rock e o pop**

» **Com o jazz ninguém jaz**

Capítulo **16**

Valendo-se de Gêneros e Formas Populares

D iscutir forma quando se fala de música popular é complicado porque o termo é muitas vezes mal utilizado. Pense na forma como a maneira específica em que uma obra musical é composta, com regras que governam esse tipo de composição (como as formas clássicas discutidas no Capítulo 15). *Gênero*, por outro lado, refere-se ao estilo de uma música, como a instrumentação usada, seu tom geral e assim por diante.

Entretanto, alguns gêneros populares modernos existem há tempo suficiente para que padrões específicos sejam vistos em sua estrutura. Esses gêneros são:

» Blues

» Folk/rock/pop

» Pop
» Jazz

Detalhamos esses gêneros e formas nas seções a seguir.

Sentindo o Blues

O blues foi a primeira música popular norte-americana (sem contar os nativos, que tinham a própria música antes da invasão europeia). O blues é o ancestral comum de basicamente todas as outras formas musicais populares e tem influenciado o mundo todo. Por volta da virada do século XX, o field holler, a música de igreja e a percussão africana fundiram-se no que conhecemos hoje como blues. E, em meados de 1910, a palavra *blues* já era amplamente utilizada para descrever esse tipo de música.

O blues usa a *forma de canção*, que segue o padrão AABA, de acordes I, IV e V em uma escala. (Você lê sobre formas musicais no Capítulo 14.) A seção B é a *ponte*, a seção de contraste que prepara o ouvinte e o músico para retornar à seção original. (Todos já ouvimos pessoas reclamarem que o rock só utiliza três acordes: o I, o IV e o V. Bom, tudo começou com o blues!)

O blues quase sempre é tocado no compasso 4/4, com o ritmo utilizando tanto as semínimas regulares quanto as colcheias, com fortes acentos nas duas primeiras batidas de cada compasso.

Os tipos mais comuns de blues são de 12 compassos, de 8 compassos, de 16 compassos, de 24 compassos e de 32 compassos. O "compasso" refere-se à quantidade de compassos usada em cada um desses estilos (veja o Capítulo 4 para mais informações). Se você está tão para baixo quanto um contrabaixo no blues, confira as seções a seguir e conheça esses estilos.

Blues de 12 compassos

O nome é bastante autoexplicativo: no *blues de 12 compassos*, você possui 12 compassos da música para trabalhar. Em cada verso do blues de 12 compassos (você pode ter quantos versos quiser, mas normalmente essas composições têm três ou quatro), o terceiro segmento de 4 compassos resolve os 4 compassos anteriores. A resolução, ou conclusão, do acorde I no final do verso pode sinalizar o fim da música. Ou, se o 12º compasso for um acorde V, a resolução para o acorde I sinaliza que você volte ao início da música para repetir a progressão para outro verso. Se a música continuar em um novo verso, o acorde V no final da música é chamado de *virada*.

LEMBRE-SE

O padrão mais comumente usado — lido da esquerda para a direita, começando na parte superior e descendo — para o blues de 12 compassos é:

I	I	I	I
IV	IV	I	I
V	IV	I	V/I (virada)

Se fosse tocar um blues de 12 compassos em Dó Maior, você tocaria assim:

C	C	C	C
F	F	C	C
G	F	C	G/C (virada)

Acerte esses acordes nessa ordem e você terá a estrutura da clássica "You Can't Lose What You Ain't Never Had", de Muddy Waters. Mude a tônica (I) para um Lá (LáLáLáLá RéRéLáLá MiRéLáMi/Lá) e você terá "Crossroads Blues", de Robert Johnson.

LEMBRE-SE

Se tocar blues de 12 compassos em um tom *menor*, o padrão é este:

i	iv	i	i
iv	iv	i	i
ii	V	i	v/i (virada)

A famosa e bastante amada variação que o Count Basie fez do blues de 12 compassos tem elementos de tonalidades maiores e menores, mostrados aqui:

I	IV	I	v
IV	IV	I	VI
ii	V	I	v/I (virada)

Blues de 8 compassos

O *blues de 8 compassos* é semelhante ao de 12 compassos — tem apenas versos mais curtos e um uso ligeiramente diferente das progressões de acordes. Este é o padrão usado:

I	IV	I	VI
ii	V	I	V/I (virada)

Blues de 16 compassos

Outra variação do blues de 12 compassos básico é o de 16 compassos. Enquanto o blues de 8 compassos é quatro compassos mais curto que o de 12, este, como você provavelmente já adivinhou, é um tanto maior.

O blues de 16 compassos usa a mesma estrutura básica do de 12, com os compassos 9 e 10 repetidos, assim:

I	I	I	I
IV	IV	I	I
V	IV	V	IV
V	IV	I	V/I

Blues de 24 compassos

A progressão do blues de 24 compassos é similar à do tradicional de 12, exceto que cada progressão tem a duração dobrada, assim:

I	I	I	I
I	I	I	I
IV	IV	IV	IV
I	I	I	I
V	V	IV	IV
I	I	I	V/I (virada)

As baladas e o country do blues de 32 compassos

É no padrão do blues de 32 compassos que vemos as verdadeiras raízes do rock e do jazz. Esta versão estendida do blues de 12 compassos possui a estrutura AABA, também chamada de *forma canção*, que foi adotada pelas bandas de rock da década de 1960. O padrão também se refere ao modelo SRDC: Saída (A1), Retificação (A2), Deportação (B) e Conclusão (A3).

Um blues de 32 compassos típico é assim:

(A1)	I	I	VI	VI
	ii	V	IV	V
(A2)	I	I	VI	VI
	ii	V	IV	I

(B)	I	I	I	I
	IV	IV	IV	IV
(A3)	I	I	VI	VI
	ii	V	IV	V/I

Quando foi criado, o blues de 32 compassos não era tão popular entre os artistas de blues "legítimos" quanto o de 12 compassos, em parte porque não funcionava tão bem com a forma curta de "pergunta e resposta" do lirismo que o marcou. Mas funcionou bem para o gênero de música country, e Hank Williams usou essa estrutura em músicas como "Your Cheating Heart" e "I'm So Lonesome (I Could Cry)". Freddy Fender usou essa estrutura em seus hits "Wasted Days and Wasted Nights" e "Before the Next Teardrop Falls".

Entretanto, quando essa forma foi tomada por artistas como Irving Berlim e George Gershwin, a maior parte, ou talvez tudo, do verdadeiro coração do blues dilui-se na música resultante. O blues de 32 compassos fez uma transição para as canções populares como "Frosty the Snowman" e "I Got Rhythm".

O blues de 32 compassos foi também alterado de maneira significativa pela intervenção dos compositores de formação clássica, que misturou as ideias da sonata e do rondó (veja o Capítulo 15) com o blues norte-americano tradicional. O resultado foi a criação de muitas canções que não soavam como o blues e que utilizavam os aspectos da música clássica, como a habilidade de mudar de tom durante a ponte de uma música.

Curtindo Adoidado com Rock e Pop

A maioria das músicas antigas de rock e pop segue a estrutura dos blues de 12 ou 32 compassos (veja as seções anteriores deste capítulo). "Johnny B. Goode", de Chuck Berry, é uma variação da estrutura do blues de 12 compassos para o rock, assim como o "19th Nervous Breakdown", dos Rolling Stones. The Beach Boys eram mestres da estrutura de 32 compassos, usando-a em canções como "Good Vibrations" e "Surfer Girl". The Beatles também usaram essa estrutura em muitas de suas músicas, incluindo "From Me to You" e "Hey Jude". "Great Balls of Fire", de Jerry Lee Lewis; "You Lost That Loving Feeling", de The Righteous Brothers; e "Whole Lotta Love", do Led Zeppelin, também usam o AABA.

No pop de 32 compassos, a música é dividida em quatro seções de 8 compassos. Músicas como "Ain't Misbehavin", de Fats Waller, e "It Don't Mean a Thing", de Duke Ellington, seguem a estrutura AABA de 32 compassos, enquanto Charlie Parker adotou a abordagem do rondó (ABAC) para a variação de 32 compassos em músicas como "Ornithology" e "Donna Lee".

CAPÍTULO 16 **Valendo-se de Gêneros e Formas Populares**   229

A *forma composta AABA* deveria ser chamada de forma AABAB2 (mas não é), porque nessa forma, após tocar os primeiros 32 compassos, você vai para uma ponte (B2) que o manda de volta ao começo da canção para repetir seus primeiros 32 compassos originais. "I Want to Hold Your Hand", de The Beatles; "Every Breath You Take", do The Police; "More Than a Feeling", do Boston; e "Refugee", de Tom Petty and the Heartbreakers, seguem esse padrão.

A estrutura *estrofe-refrão* (também chamada de forma ABAB) é amplamente utilizada no rock e no pop hoje em dia. Como o nome já diz, estrofe-refrão segue a estrutura das letras correspondentes. Você pode, claro, escrever uma obra instrumental que siga o mesmo padrão de uma música pop nesse estilo, porém, a estrutura em si retira seu nome da maneira como as palavras se encaixam na música.

FENDER ABRE OS PORTÕES DO ROCK

A verdadeira ruptura entre o blues e o rock ocorreu quando as primeiras guitarras chegaram ao mercado, no final dos anos 1940. Leo Fender construiu sua primeira guitarra de corpo sólido, a precursora da Telecaster, em sua garagem em Orange County, Califórnia, na mesma época em que Les Paul trabalhava em um projeto similar em Nova York. Ambas foram vagamente baseadas nos protótipos de Adolph Rickenbacher, que circulavam na indústria da música desde os anos 1930. A guitarra forneceu a oportunidade de usar esses dispositivos para *sustentar* e *distorcer*, o que anteriormente não estava disponível para os caras do blues com um violão.

O MÚSICO MARK MALLMAN E AS REGRAS

Não se deixe intimidar pela teoria. Você a usa para chegar aonde deseja. Mas, lembre-se, você é o chefe da sua música. Ao mesmo tempo, a teoria é uma linguagem que lhe permitirá se comunicar de forma mais enfática e direta com os outros músicos. Às vezes, acho necessário usar um baixista extra, e vou atrás desses caras cuja técnica é ótima, e eles entendem tudo, mas não têm treinamento teórico. Eu grito: "Vamos até os 5!" no decorrer de uma música, e levará uma eternidade para descobrirem o que estamos fazendo, e não posso trabalhar com alguém assim. Todo músico deve conhecer os fundamentos da teoria musical, escalas e ritmo, coisas simples que se aprendem em uma semana. Entender isso é como saber os segredos para zerar o Super Mario. Existe essa mágica que acontece em uma banda quando todo mundo sabe para onde outra pessoa vai com uma música, e você não a alcança sem compreender a teoria.

LEMBRE-SE

As músicas pop "estrofe-refrão" funcionam assim:

» **Introdução (I):** Determina o astral e comumente é instrumental, embora às vezes inclua uma parte falada, como em "Let's Go Crazy", do Prince.

» **Estrofe (E):** Começa a história da música.

» **Refrão (R):** A parte mais memorável da música — seu *gancho.*

» **Estrofe (E):** Outra estrofe continua a história.

» **Refrão (R):** O segundo refrão reforça o gancho.

» **Ponte (P):** Pode ser instrumental ou cantada, comumente contrasta a mesmice das estrofes e refrões.

» **Refrão (R):** O refrão final repete o original para encerrar ou parar no acorde I.

A estrutura típica do rock e da música pop, como descrevemos aqui, é IERERPR. E assim como na estrutura de blues de 12 compassos, os acordes de escolha são I, IV e V.

Milhares, talvez milhões, de músicas populares seguem essa estrutura. "Ob-La-Di, Ob-La-Da", de The Beatles; "Sex Bomb", de Tom Jones; "The Gambler", de Kenny Rogers; "Poker Face", de Lady Gaga; e "Lose Yourself", do Eminem, são exemplos dessa estrutura usada na música pop contemporânea. O que realmente surpreende é o quão diferente, em virtude de letras ou da música em si, uma música soa da outra.

Improvisando com Jazz

O verdadeiro espírito do jazz sempre foi o improviso, o que dificulta o identificar enquanto à forma. A meta do jazz é criar uma nova interpretação de uma obra estabelecida (chamada de *padrão*) ou transformá-la em uma definida ao alterar a melodia, as harmonias ou até a fórmula do compasso. É quase como se a característica do jazz fosse *romper* com qualquer forma.

A maneira mais próxima de definir o jazz como forma é utilizar a ideia básica por trás das vocalizações do blues — os vocais de *pergunta e resposta* — e substituir as vozes pelos diversos instrumentos que o executam: metais, contrabaixo, percussão (incluindo o piano) e os instrumentos de sopro, sendo a inclusão mais recente a guitarra. No jazz de Dixieland, por exemplo, alguns músicos se revezam tocando a melodia principal em seus instrumentos enquanto outros improvisam as *contramelodias*, de fundo.

LEMBRE-SE

O único elemento previsível de uma obra de jazz — exceto pelo *free jazz*, em que não há regras discerníveis —, é o ritmo. Qualquer jazz, com exceção do free jazz, usa uma métrica clara e regular, e os ritmos que pulsam fortemente podem ser ouvidos por toda a música.

5

A Parte
dos Dez

NESTA PARTE...

Leia as respostas para perguntas frequentes sobre teoria musical.

Aprenda as diferentes maneiras de apresentar uma partitura.

Veja a história de alguns dos principais colaboradores da história da teoria musical.

NESTE CAPÍTULO

» Descobrindo o que a teoria pode fazer por você

» Revisando alguns tópicos de teoria musical

Capítulo **17**

Dez Perguntas Frequentes

Você pode ter pulado para este capítulo só para ver se suas dez principais dúvidas são as mesmas que listamos aqui. Sem uma pesquisa ostensiva, não podemos saber com exatidão o que se passa na cabeça de todos os músicos por aí, no entanto, demos os nossos palpites. Com este capítulo, pretendemos responder a dez perguntas que são feitas com mais frequência, incluindo por que a teoria musical é importante para o estudo da música e como o ajuda a fazer acontecer.

Por que a Teoria Musical É Importante?

A teoria musical ajuda as pessoas a entenderem a música. Quanto mais você a conhece, melhor é a sua compreensão, e melhor você toca e compõe (se essa for sua praia). É como aprender a ler e escrever: essas regras o ajudam a se comunicar melhor. Elas são absolutamente necessárias? Não. São tremendamente úteis? Sim.

Só para citar um exemplo: ao saber como ler uma música, você entende exatamente o que um compositor queria que você ouvisse de sua obra musical, independentemente de quantos anos separem vocês dois.

Se Posso Tocar sem Saber Teoria, para que Aprendê-la?

Muitas pessoas no mundo não sabem ler e escrever, mas ainda comunicam verbalmente seus pensamentos e sentimentos. E, da mesma forma, muitos músicos intuitivos e autodidatas nunca aprenderam a ler ou escrever música. Muitos deles acham a ideia da teoria musical tediosa e desnecessária.

Entretanto, a questão é didática. Os trancos e os barrancos decorrem do fato de aprender a ler e escrever. De um jeito parecido, a teoria musical ajuda os músicos a aprenderem as novas técnicas e os novos estilos com os quais jamais trombariam por conta própria. Ela transmite a confiança para tentar coisas novas. Em tempo, aprender teoria musical faz com que você fique perspicaz e esperto, independentemente de estar tocando, estudando ou compondo.

Por que a Teoria É Centrada no Piano?

Um instrumento de teclas, como o piano, possui diversas vantagens em relação aos demais — pelo menos no que se refere à composição. Aqui estão algumas delas:

» **Tudo o que você precisa está bem ali.** A vantagem mais óbvia de um instrumento de teclas é que a afinação delas é tal que a subida e a descida das notas está disposta bem na sua frente, em uma linha reta que faz sentido. Além disso, assim que o piano foi criado, as notas combinavam com as notações de afinação já utilizadas nas partituras. Então, a fim de subir meio-tom, você simplesmente tinha que subir uma nota a partir daquela em que havia começado. A clareza e a simplicidade são extremamente úteis no processo de composição.

» **Desde a primeira tentativa, qualquer um consegue fazer barulho com o teclado.** Não é necessário praticar com um arco, nem aprender a forma de soprar em um bocal, assim como nenhum calo nos dedos precisa ser criado.

» **O teclado tem um alcance amplo.** Quase não há limite para a quantidade de oitavas que você pode atingir com um teclado. As duas ou três oitavas do predecessor do piano e do cravo eram adequadas para cobrir o alcance musical usado no século XVI. À medida que o cravo rapidamente inspirou instrumentos como o virginal, a espineta, o clavicórdio, e, por fim, o piano, mais oitavas foram adicionadas à forma básica, até que ele se tornasse esse monstro com oito oitavas que conhecemos hoje, pronto para um concerto.

Há uma Maneira Rápida e Fácil de Aprender a Ler Música?

Há algo que facilite a leitura da música? Claro. Todo estudante de música do primeiro ano recebe alguns mnemônicos grudentos para ajudá-lo a memorizar as linhas e os espaços das claves de Fá e de Sol.

Aqui estão alguns mnemônicos para se considerar (se suas próprias frases funcionarem melhor, volte de ré e use-as sem dó!):

A clave de Sol (de baixo para cima da pauta)

Notas das linhas: **E**u **G**osto **B**astante **D**e **F**érias (EGBDF — Mi, Sol, Si, Ré, Fá).

Notas dos espaços: **FACE** (Fá, Lá, Dó, Mi). É isso — todo mundo usa esse.

A clave de Fá (de baixo para cima da pauta)

Notas das linhas: **G**ato **B**ranco **D**á **F**adiga e **A**zar (GBDFA — Sol, Si, Ré, Fá, Lá).

Notas dos espaços: **A C**oca **É G**asosa (ACEG — Lá, Dó, Mi, Sol).

Como Identificar o Tom pela Armadura de Clave?

Determinar o tom de uma obra musical é realmente algo único, especialmente para os músicos que não se sentem confortáveis em seguir uma partitura nota a nota, mas que querem *parecer* saber o que estão fazendo desde o começo — em oposição a enrolar até descobrir o que os outros músicos estão tocando.

Caso saiba se uma obra musical foi escrita em tom maior ou menor, está no caminho certo para encontrar o tom. Com um pouco de prática, você normalmente percebe se o tom é maior ou menor após escutar um ou dois compassos de uma canção. Aqui vão algumas regras rápidas:

> » Se não há sustenidos ou bemóis na armadura, a obra está em Dó Maior (ou em Lá menor).
>
> » Se há um bemol na armadura, está em Fá Maior (ou em Ré menor).
>
> » Se há mais de um bemol na armadura, a obra foi escrita no tom relativo ao bemol da armadura para os tons maiores.
>
> » Se há sustenidos na armadura, utilize a nota do último sustenido e suba uma nota (isso vai alterar sua nomenclatura). Se a última nota for um Ré sustenido, o tom é Mi. Se for Fá sustenido, é Sol.

>> A menor relativa de um tom é a terça menor abaixo da maior. Isso significa mover-se três teclas adjacentes, pretas ou brancas, à esquerda; no violão, ande três trastes no braço (na direção da mão). A nota musical em que você para é a menor relativa.

Para saber mais sobre tons maiores e menores, vá para os Capítulos 7 e 8.

Como Faço Transposição para Outro Tom?

Para transpor uma música de um tom para outro, você pode simplesmente mover cada nota da obra para cima ou para baixo mantendo o mesmo intervalo. Por exemplo, para transpor uma música que já conhece de Sol para Dó, você precisa mover todas as notas uma quarta justa para cima ou uma quinta justa para baixo.

Outra maneira de transpor uma música é conhecer os graus da escala original e, em seguida, reproduzi-los no novo tom. O livro *Composição Musical Para Leigos*, de Scott Jarrett e Holly Day (Alta Books), aprofunda-se na transposição musical.

Aprender Teoria Vai Reduzir Minha Capacidade de Improvisar?

Aprender teoria musical não prejudicará, de forma alguma, suas habilidades de improvisação! Aprender a norma-padrão da língua portuguesa não o impediu de usar gírias ou palavrões, não é mesmo? Mas sério, a compreensão dos fundamentos da teoria musical, especialmente progressões de acordes e graus de escala, facilitará demais tocar com outros músicos e improvisar.

Preciso Saber Teoria se Sou Baterista?

Um monte de bateristas, especialmente no início, assume que seu papel é determinar e manter a batida, e que todos devem seguir sua liderança. Um baterista muito bom, no entanto, percebe que ele também é uma parte da banda. Ele reconhece que, para tocar com os outros, precisa saber como as armaduras de clave e os valores das notas funcionam, e como usar o andamento e a dinâmica para se ajustar da melhor maneira a cada música individual, tanto quanto qualquer outro músico da banda. Um baterista que toca alto e rápido ou suave e lento todas as músicas a noite inteira fica chato. O cara que é flexível, que consegue tocar alto e suave, *e* rápido e lento, acrescenta contraste e torna a música muito mais interessante.

De Onde Vieram as 12 Notas Musicais?

Muitas teorias foram discutidas sobre a origem das 12 notas usadas na música hoje. Algumas pessoas pensam que sua origem é a matemática. O número 12 é facilmente divisível pelos números 2, 3 e 4, o que facilita a divisão dos tons entre uma oitava.

Outros teóricos dizem que Pitágoras, um grego da ilha de Samos, tinha uma reverência cultural pelo número 12 e, portanto, fez sua versão do Círculo das Quintas com 12 pontos sobre ela.

Se os compositores tivessem usado estritamente o modelo solfège (veja o Capítulo 19) e abandonassem o Círculo das Quintas, de Pitágoras (veja o Capítulo 8), o modelo de hoje teria nove pontos. A melhor resposta para a questão da origem das notas é, entretanto, a de Schoenberg, que disse que uma escala tinha 12 notas simplesmente porque 1 mais 2 é igual a 3. Muitas culturas não ocidentais têm mais ou menos tons em seus sistemas musicais de escalas e oitavas.

Como a Teoria Ajuda a Memorizar uma Música?

Se você entende de escalas, acordes e intervalos, pode aplicar todas essas informações a qualquer obra musical que estiver aprendendo a tocar. Quando compreende a forma e as técnicas composicionais usadas em uma obra, isso simplifica o que você necessita memorizar para tocá-la, seja solo ou em grupo. Saber como uma obra musical foi composta facilita antecipar o que precisa vir a seguir.

Outra boa maneira de aprender uma obra musical é seccioná-la e, então, tocar cada uma dessas pequenas partes até que consiga tocá-las de memória. Como discutimos nos Capítulos 15 e 16, muitas músicas são compostas de seções usadas repetidas vezes com pequenas variações.

242   PARTE 5 **A Parte dos Dez**

NESTE CAPÍTULO

» **Lendo uma partitura**

» **Conhecendo os tipos de partitura**

Capítulo **18**

Dez Formas de Ler uma Partitura

Uma das principais razões para a teoria musical existir é que os músicos podem escrever suas composições para outros músicos as tocarem. Mesmo que esses outros músicos nunca tenham ouvido a obra original, podem ler a música e tocá-la exatamente como o compositor pretendia. Enquanto as pessoas souberem ler a notação musical, essa música pode ser tocada e reproduzida por músicos em países ao redor de todo o mundo, teoricamente para sempre.

Você pode encontrar muitas maneiras diferentes de representar uma obra musical, dependendo de quantos músicos ou instrumentos estão envolvidos, se a obra tem vocais, ou mesmo se uma parte complicada foi reduzida a algo que um músico iniciante pode tocar de primeira. Resumimos algumas das notações musicais, que verá nas seções a seguir.

O Básico

Embora muitos dos conceitos básicos da teoria musical pareçam ser quase universais, o modo como a própria partitura é escrita geralmente segue os padrões de escrita da sociedade responsável por sua criação. Portanto, dependendo da parte do mundo para a qual o cartógrafo escreve a música, podem ser encontradas notações que devem ser lidas da esquerda para a direita, da direita para a esquerda ou em colunas verticais. Este livro, no entanto, concentra-se apenas no padrão europeu de notação musical, que é sempre lido da esquerda para a direita, exatamente como um texto.

Folha de Partitura

Uma *folha de partitura* consiste na melodia de uma obra musical — geralmente algo popular e facilmente identificável — e na maioria das vezes contém apenas uma pauta musical. Muitas vezes, as letras são escritas sob as notas, com os nomes dos acordes ou as cifras para o acompanhamento escrito na parte superior da música. As folhas de partitura são uma maneira ótima e rápida de aprender a tocar uma música no violão. Você pode encontrar várias coleções de folhas de música populares, ou cadernos de cifras — inclusive online —, para pessoas que só querem saber tocar suas músicas favoritas sem precisar memorizar escalas ou ler notas.

Partituras Completas

Uma *partitura completa* contém música para todos os instrumentos usados na performance. Geralmente, cada instrumento tem a própria partitura nesse caso, porque cada um deles executa a obra de maneira ligeiramente diferente. É mais provável que você veja ou use uma partitura completa para uma apresentação voltada para um grande grupo de músicos, como uma orquestra ou banda de marcha.

Partituras Reduzidas

Uma *partitura reduzida* é simplesmente qualquer partitura que tenha sido significativamente reduzida em relação ao tamanho original. Mas não se engane — isso não significa necessariamente que ela será pequena. Algumas partituras reduzidas impressas são tão grandes quanto uma regular, mas foram reduzidas de uma original muito grande. A maioria das partituras reduzidas é feita dessa forma por razões de portabilidade, especialmente as muito grandes, e muitas vezes por razões puramente estéticas para colecionadores de composições musicais originais.

Partituras de Estudo

Uma *partitura de estudo* é impressa com marcas didáticas adicionais e comentários críticos. É mais provável que você encontre partituras de estudo em coleções de antologia de partituras.

Partituras de Piano

Uma *partitura de piano*, claro, é uma obra musical que deve ser executada no piano. A música, que pode ou não ter sido originalmente composta com múltiplos instrumentos em mente, é condensada ou simplificada para estar contida nas pautas das claves de Sol e de Fá.

Partituras Encurtadas

Uma *partitura encurtada* é geralmente o primeiro passo para muitos compositores criarem uma partitura completa. Ela carrega a harmonia e melodia básicas de uma obra musical, sobre a qual um compositor pode formar e expandir uma obra para múltiplos instrumentos e vozes. A maioria das partituras encurtadas não é publicada nem usada por ninguém além do compositor.

Partituras de Voz

Uma *partitura de voz* é escrita especificamente para um vocalista, quase como uma combinação de uma partitura de piano e uma folha de partitura. Todo o acompanhamento musical é condensado em uma partitura de piano, com as partes vocais escritas em claves separadas e as palavras em uma seção para voz.

CAPÍTULO 18 **Dez Formas de Ler uma Partitura** 245

Cifras e Tablaturas

Cifras e tablaturas são especificamente voltadas para violão, guitarra e contrabaixo. Em vez de usar notas, pausas e pautas, a tablatura usa números ASCII (Código Padrão Americano para Intercâmbio de Informações). Esses números representam o número do traste a ser reproduzido e são colocados em quatro ou seis linhas que representam as cordas do instrumento. A limitação da tablatura é que os compositores não têm como escrever valores específicos de notas, então o ritmo da música depende do músico que a toca, o que pode levar a muitas interpretações maravilhosas da mesma obra. Mas a vantagem é que a tablatura usa caracteres ASCII, por isso escrever e compartilhar músicas com pessoas na internet é insanamente fácil. Você lê uma tonelada de informações sobre leitura de tablaturas em *Composição Musical Para Leigos*, de Scott Jarrett e Holly Day, e *Violão Para Leigos, tradução da 3ª Edição*, de Mark Phillips e Jon Chappell (ambos publicados pela Alta Books).

Notação de Baixo Figurativo

Baixo figurativo é uma forma de notação pouco usada, na qual apenas as notas de contrabaixo de uma obra são dadas, com números que fornecem a quantidade de intervalos (semitons da escala) necessários para o acompanhamento escrito acima ou abaixo da nota. Assim, por exemplo, se tiver um Fá escrito em uma pauta, com os números 6 e 4 abaixo dele, isso significaria que o acompanhamento deveria ser um quarto e um sexto acima da nota Fá (ou seja, Si e Ré). A notação de baixo figurativo foi fortemente usada na música barroca e raramente é usada hoje.

> **NESTE CAPÍTULO**
>
> » Descubra quem causou mais impacto na teoria musical
>
> » Mergulhando na evolução da música

Capítulo **19**

Dez Teóricos que Você Precisa Conhecer

A evolução da teoria e da notação da música é quase mais incrível que a evolução da escrita humana. A notação musical moderna é como o esperanto, uma unificação da linguagem para torná-la universal. As pessoas em todo o mundo ocidental, e em grande parte do oriental, também sabem como se comunicar umas com as outras eficientemente por meio das partituras, da teoria dos acordes e do Círculo das Quintas. Neste capítulo, apresentamos dez teóricos que ajudaram a definir como olhamos a música ou que mudaram completamente nossa forma de vivê-la.

Pitágoras (582–507 a.C.)

Qualquer um que já tenha tido aulas de geometria escutou falar desse cara. Um obcecado com a ideia de que tudo no mundo poderia ser decomposto em uma fórmula matemática e de que os números em si eram a realidade definitiva. Como resultado, Pitágoras criou uma série de equações que poderiam calcular todas as coisas. Ele é particularmente conhecido pelo Teorema de Pitágoras.

O mais bacana da cultura grega antiga é que o estudo da ciência, da arte, da música e da filosofia era realmente considerado uma busca existencial. Era comum alguém como Pitágoras desviar sua atenção para a música e tentar criar as teorias matemáticas que definissem exatamente o que ela seria.

Como a lira era o instrumento mais popular da época, era natural que ele a utilizasse, junto aos instrumentos de cordas em geral, para criar seu modelo de trabalho, que no fim seria chamado de Círculo de Pitágoras, o que evoluiu para o Círculo das Quintas.

De acordo com a lenda, ele utilizou um pedaço de corda de uma lira, puxou-a, mediu seu tom e sua taxa de vibração, cortou essa corda ao meio e fez um novo conjunto de medições. Ele nomeou a diferença entre a taxa da vibração da primeira corda e a da segunda de *oitava*. Então, foi à luta quebrando a oitava em doze unidades uniformemente divididas. Cada ponto em torno do círculo recebeu um valor de afinação, com cada valor sendo 1/12 de oitava mais agudo ou mais grave que a nota próxima a ele.

O problema com o Círculo de Pitágoras era que ele não era músico. Ainda que o Círculo convencesse matematicamente e fosse de fato um incrível avanço conceitual, algumas "afinações" que ele propôs não eram particularmente agradáveis de se escutar. Fora isso, por causa das variações no tamanho das ondas sonoras, das quais ele não estava a par (e ninguém estava há 2.500 anos), suas oitavas rapidamente saíam do tom quando você se afastava do ponto inicial. Um Dó mais agudo, afinado com suas quintas justas, definitivamente não estaria afinado com um Dó mais grave, por exemplo, pois, no sistema dele, você se movia só um pouquinho fora do tom a cada nova oitava.

Nos 2.000 anos seguintes, músicos e teóricos se concentraram em temperar esse Círculo, com suas doze marcas mantidas intactas; porém, determinados a afinar algumas das suas "quintas justas" pelo uso da *coma pitagórica*, para criar um Círculo que fosse muito mais musical e agradável para o público. Para conferir o atual Círculo das Quintas, veja o Capítulo 8.

Boécio (480–524 d.C.)

Se não fosse pelo filósofo e estadista romano Anicius Manlius Severinus Boethius, a contribuição grega à teoria musical poderia ter sido completamente perdida, junto a grande parte da própria história musical europeia. Boécio foi um homem notável, que dedicou sua curta vida a estudar matemática, filosofia, história e teoria musical gregas. Ele foi o primeiro escolástico desde Pitágoras a tentar alinhar a afinação de uma nota musical com a vibração das ondas sonoras.

Não satisfeito em se sentar em casa e escrever livros, o projeto mais ambicioso de Boécio foi também um dos que mais perdurou. Ele começou se aventurando pelo lado rural do oeste europeu, onde os escribas musicais de diferentes grupos transcreviam a música popular dos povos que lá residiam. Por causa desse trabalho, ainda podemos escutar que tipo de música as pessoas do campo tocavam e cantavam nesse período.

PAPO DE ESPECIALISTA

A música tradicional da região não possuía letra; música com letra era considerada inculta e esteticamente de mau gosto. Ironicamente, esse estudo de música popular levou Boécio a explorar a escrita das músicas que contavam uma história — uma ideia que um dia levaria a um gênero musical altamente culto: a ópera.

Infelizmente, antes que Boécio pudesse completar a própria ópera, traduzir os trabalhos de Aristóteles e Platão ou inventar uma teoria unificadora para explicar todo o corpo da filosofia grega (todas as três eram metas de sua vida), foi atirado na prisão sob as acusações de praticar magia, sacrilégio e traição.

Apesar de sua sentença de morte, Boécio continuou a escrever na prisão. Seu último trabalho foi *De consolatione philosophia* ("A Consolação da Filosofia"), um tratado do tamanho de um romance clássico sobre como as maiores alegrias da vida vieram a partir do ato de tratar as outras pessoas com decência e de aprender o máximo possível sobre o mundo enquanto estamos nele. No século XII, os vários textos de Boécio eram leitura obrigatória em instituições religiosas e educacionais por toda a Europa.

Gerbert d'Aurillac/Papa Silvestre II (950–1003)

Gerbert d'Aurillac, conhecido mais tarde como Papa Silvestre II, nasceu em Aquitânia. Entrou para o mosteiro beneditino de St. Gerald em Aurillac quando era criança, onde concluiu sua formação escolar. Altamente inteligente e um leitor voraz, Gerbert ascendeu rapidamente de status no mosteiro, tão depressa que houve rumores de que havia recebido sua genialidade do demônio.

De 972 a 989, Gerbert foi o abade da Abadia Real de St. Remi, em Reims, França, e do mosteiro em Bobbio, Itália. Lá, ele ensinou matemática, geometria, astronomia e música, incorporando o método de ensino de Boécio, no qual lecionava as quatro matérias juntas, em um sistema chamado de *quadrivium*. Na época, as leis da música eram consideradas diretrizes básicas divinas, e era importante aprender a relação entre o movimento musical das esferas celestiais, a função do corpo e os sons da voz e dos instrumentos musicais.

Gerbert ressuscitou um instrumento de seus antepassados gregos, chamado de *monocórdio*, para seus alunos, com o qual era possível calcular as vibrações musicais. Ele foi o primeiro europeu desde a queda de Roma a aparecer com uma notação musical padrão de notas em tons e semitons (metade de um tom). Escreveu extensivamente sobre as medidas dos órgãos de tubo e desenhou e construiu o primeiro órgão movido a energia hidráulica (em oposição às sirenes hidráulicas das arenas romanas), que superava o desempenho de qualquer outro órgão da igreja já construído.

Guido D'Arezzo (990–1040)

Guido D'Arezzo foi um monge beneditino que passou a primeira parte do seu treinamento religioso no mosteiro de Pomposa, Itália. Lá, percebeu a dificuldade dos cantores para lembrar as notas que tinham que cantar nos cantos gregorianos, e decidiu fazer algo a respeito. Ele retrabalhou a *notação neumática* (as primeiras marcações musicais) usada em cantos gregorianos e desenhou a própria pauta musical para ensinar os cantos com maior velocidade. Ele atraiu muita atenção positiva dos seus superiores por causa disso. Contudo, também atraiu a animosidade de outros monges da própria abadia, e logo trocou a vida monástica pela cidade de Arezzo, que não possuía uma ordem religiosa oficial, porém tinha um monte de cantores iniciantes que precisavam desesperadamente de treinamento.

Enquanto estava em Arezzo, aprimorou sua pauta musical. Adicionou uma fórmula de compasso no começo para facilitar que os músicos acompanhassem uns aos outros. Também desenvolveu o *solfejo*, um sistema de escala vocal que usa seis tons, em oposição aos quatro usados pelos gregos: *ut* (posteriormente mudado para *Dó*), *Ré*, *Mi*, *Fá*, *Sol* e *Lá* — para serem posicionados em pontos específicos da pauta. Mais tarde, quando a escala diatônica foi combinada com a "Escala Guido", como é chamada às vezes, o som *ti* concluiu a oitava (possibilitando *The Sound of Music*). O *Micrologus*, escrito na catedral de Arezzo, contém o método de ensino de Guido e seus textos sobre notação musical.

Nicola Vicentino (1511–1576)

Nicola Vicentino foi um teórico musical do período renascentista, cujos experimentos com o formato do teclado e a afinação do temperamento igual rivalizam com muitos idealizados pelos teóricos do século XX. Por volta de 1530, ele mudou-se de Veneza para Ferrara, terreno fértil para a música experimental. Ele serviu brevemente como tutor musical do Duque de Este para conseguir sobreviver enquanto escrevia os tratados sobre a relevância da teoria musical dos gregos antigos na música contemporânea e sobre por que, em sua opinião, todo o sistema de Pitágoras deveria ser atirado pela janela. Era tanto adorado quanto injuriado por seus contemporâneos por seu desdém pelo sistema de 12 tons. Foi convidado a falar sobre suas crenças em conferências internacionais de música.

Vicentino maravilhou o mundo musical ainda mais quando, para provar a inadequação da escala diatônica, desenhou e construiu o próprio teclado microtonal, que combinava com a escala musical que ele mesmo elaborara, chamado de *archicembalo*. No archicembalo, cada oitava continha 36 notas musicais, possibilitando tocar intervalos acusticamente satisfatórios em qualquer tom — antecedendo o bem temperado teclado *mesotônico*, em uso hoje em dia, por mais de 200 anos. Infelizmente, ele construiu apenas alguns dos instrumentos e, antes que seu trabalho fosse difundido, morreu por causa da Peste.

Christiaan Huygens (1629–1695)

Christiaan Huygens fez tanto pela ciência e pela revolução científica do século XVII quanto Pitágoras fez pela matemática. Huygens foi matemático, astrônomo, físico e teórico musical. Suas descobertas e contribuições científicas são incríveis e muito conhecidas.

Em seus últimos anos, voltou sua inteligência privilegiada para o problema do *mesotônico temperado* — um sistema de afinação dos instrumentos — na escala musical e desenvolveu a própria escala, com 31 tons, apresentada nos livros *Lettre Touchant le Cycle Harmonique* e *Novus cyclus harmonicus.*

Em seus livros, desenvolveu um método simples para calcular os comprimentos das cordas para qualquer sistema de afinação regular, trabalhou para utilizar os logaritmos no cálculo do comprimento das cordas e do tamanho dos intervalos, e demonstrou o relacionamento estreito entre a afinação mesotônica e o temperamento em 31 tons iguais.

Por mais que as pessoas da comunidade científica aplaudissem sua genialidade, as pessoas no mundo da música ainda não estavam prontas (e ainda não estão) para desistir da escala de 12 tons de Pitágoras. Então, fora alguns poucos instrumentos experimentais formados com base nos seus cálculos, os princípios cruciais adotados em suas teorias foram reformar e afinar os instrumentos de forma que os 12 tons pudessem finalmente criar uma oitava verdadeira.

Arnold Schoenberg (1874–1951)

Arnold Schoenberg foi um compositor austríaco que imigrou para os Estados Unidos em 1934 para escapar da perseguição nazista. Ele é conhecido principalmente por suas explorações do atonalismo e sistemas musicais de 12 tons (ou serialismo), mas Schoenberg também foi um exímio poeta e pintor expressionista.

As composições de Schoenberg não foram bem recebidas em seu país de origem. A imprensa lá o declarou "insano" depois de ouvir uma performance de "String Quartet #2, op. 10". Sua peça "Pierre Lunaire", que contou com uma mulher alternadamente cantando e divagando sobre feitiçaria contra um pano de fundo de instrumentos aparentemente dissonantes, foi chamada de "assustadora e enlouquecedora" por seus críticos em Berlim. Sua música, juntamente com o jazz norte-americano, acabou sendo rotulada como "arte degenerada" pelo Partido Nazista.

Ao longo de sua carreira, o trabalho de Schoenberg apresentou muitas inovações. Seu poema sinfônico, "Pelleás e Melisanda", apresentou o primeiro trombone glissando gravado de que se tem notícia. Sua ópera, "Moses und Aron", foi a primeira a aplicar suas experiências com as séries de 12 tons e com a atonalidade. Sua composição mais significativa, "Gurrelieder", combinou orquestra, vocais e um narrador — mais de 400 artistas foram necessários para a performance original da peça. Ainda hoje, suas vertiginosas composições são perturbadoras, caóticas, lindas e incrivelmente contemporâneas.

Harry Partch (1901–1974)

Aos 29 anos, Harry Partch juntou 14 anos de música que tinha escrito, com base no que chamou de "tirania do piano" e na escala de 12 tons, e queimou tudo em um grande fogão de ferro. Pelas quatro décadas e meia seguintes, Partch devotou sua vida a produzir os sons encontrados somente nas *escalas microtonais* — os tons encontrados nas notas musicais usadas entre as teclas do piano.

Partch inventou complexas teorias da entonação e as performances para acompanhá-las, incluindo uma escala com 43 tons, com a qual ele escreveu a maioria de suas composições. Como não havia instrumentos disponíveis com os quais pudesse tocar sua escala de 43 tons, Partch construiu aproximadamente 30 instrumentos.

Alguns dos seus notáveis instrumentos incluem as cítaras I e II, instrumentos como as liras feitas de varas de vidro, que produzem tons que oscilam entre quatro acordes; os dois chromelodeons, órgãos de palhetas acionadas por sistemas de afinadores para a escala completa de 43 tons com um alcance total de mais de cinco oitavas acústicas; a cítara surrogate, com duas faixas de oito cordas e os arcos de vidro por baixo delas, como amortecedores; e duas guitarras adaptadas que usam uma barra de plástico para deslizar sobre os acordes com uma corda afinada para um uníssono 1/1 de seis cordas e outra afinada em um acorde de dez cordas, cujas três notas mais agudas vão um pouco além das vibrações microtonais.

As orquestras de Partch também incorporaram instrumentos percussivos pouco usuais, como a marimba eroica subgrave, que utiliza tons que vibram em uma frequência tão baixa que o ouvinte pode "sentir" as notas musicais mais do que ouvi-las; a mazda marimba, feita de lâmpadas afinadas cortadas na altura do soquete; o zymo-xyl, que cria sons agudos altos e penetrantes ao vibrar garrafas de licor suspensas, calotas de automóveis e remos; os espólios de guerra, que consistem em cápsulas de artilharia de frascos de pirex com uma solução química, um tambor de percussão agudo, uma barra de marimba grave, molas de aço (Whang Guns) e uma cabaça.

Karlheinz Stockhausen (1928–2007)

A maior influência de Stockhausen como teórico pode ser sentida nos gêneros musicais que se originaram diretamente de suas teorias. Durante a década de 1950, ele ajudou a desenvolver os gêneros *minimalismo* e *serialismo*. Muito da cena "krautrock" dos anos 1970 foi criado pelos seus antigos alunos do

Conservatório Nacional de Cologne, na Alemanha. Seus ensinamentos e suas composições influenciaram fortemente o renascimento musical dos anos 1970 da Berlim Ocidental (personalidades notáveis incluem David Bowie e Brian Eno).

No longo prazo, Stockhausen pode ser visto como o pai da *música ambiente* e do conceito de *forma variável*, no qual o espaço da performance e os próprios instrumentistas são considerados como parte de uma composição, em que ao mudar apenas um elemento da apresentação a altera inteiramente.

Ele também é responsável pela *forma polivalente* na música, na qual uma obra musical pode ser lida de ponta-cabeça, da esquerda para a direita ou da direita para a esquerda. Ou, se múltiplas páginas forem incorporadas a uma composição, elas podem ser tocadas em qualquer ordem que o compositor desejar. Como disse seu ex-discípulo e compositor Irmin Schmidt: "Stockhausen me ensinou que a música que eu tocava era *minha* e que as composições que eu escrevia eram para os *músicos* que as tocariam".

Robert Moog (1934–2005)

Apesar de não sabermos quem construiu o primeiro violão com trastes ou quem realmente projetou o primeiro teclado de verdade, historiadores da música sabem quem criou o primeiro sintetizador com a afinação adequada comercialmente disponível: Robert Moog. Ele é amplamente reconhecido como o pai do teclado sintetizador, que revolucionou a sonoridade da música pop e da clássica desde o dia de seu lançamento, em 1966.

Ele projetou teclados especiais para muitos artistas, de Wendy Carlos a Sun Ra e The Beach Boys e até para compositores inovadores como Max Brand. Infelizmente, Moog não era um bom negociante — ou talvez fosse apenas muito generoso com suas ideias —, e a única patente relacionada ao sintetizador que criou foi algo chamado de *filtro low-pass.*

Quando começou a construir os sintetizadores, sua meta era criar um instrumento musical que tocasse os sons de maneira completamente diferente do que qualquer instrumento já tinha feito. Entretanto, quando as pessoas começaram a utilizá-los para gerar os sons dos instrumentos "reais", ele ficou desiludido com sua criação, e decidiu que a única forma de fazer com que as pessoas trabalhassem com os novos sons era rompendo totalmente com a interface antiquada do teclado. Sua empresa, que ficava na Carolina do Norte, a Big Briar, começou a trabalhar no formato do teremim, de Leon Theremin, para criar um teremim MIDI que foi desenhado para eliminar os intervalos entre cada nota, ainda mantendo a cor tonal de cada instrumento individual da MIDI.

Fora a construção de instrumentos, Moog também escreveu centenas de artigos especulando sobre o futuro da música e da tecnologia musical, incluindo para *Computer Music Journal*, *Electronic Musician* e *Popular Mechanics*. Suas ideias estavam muito à frente de seu tempo, e muitas das suas previsões se concretizaram, como as do seu artigo de 1976 para o *The Music Journalist*, no qual escreveu que o advento dos instrumentos MIDI e dos teclados sensíveis ao toque se tornaria real.

Apêndices

NESTA PARTE...

Encontre a lista com as faixas de áudios.

Dê uma olhada nos quadros de acordes.

Revise o glossário.

Apêndice A
Faixas de Áudio

A lista a seguir traz os áudios que acompanham este livro, que você encontra no site da Alta Books, em www.altabooks.com.br (procure pelo título do livro). Você pode baixá-los para seu computador e ouvi-los enquanto lê o livro.

TABELA A-1 **Lista de Faixas de Áudio**

Áudio	Figura	Capítulo	Descrição
1		7	Escala Maior de Lá para piano e violão
2		7	Escala Maior de Lá bemol, para piano e violão
3		7	Escala Maior de Si, para piano e violão
4		7	Escala Maior de Si bemol, para piano e violão
5		7	Escala Maior de Dó, para piano e violão
6		7	Escala Maior de Dó bemol, para piano e violão
7		7	Escala Maior de Dó sustenido, para piano e violão
8		7	Escala Maior de Ré, para piano e violão
9		7	Escala Maior de Ré bemol, para piano e violão
10		7	Escala Maior de Mi, para piano e violão
11		7	Escala Maior de Mi bemol, para piano e violão
12		7	Escala Maior de Fá, para piano e violão
13		7	Escala Maior de Fá sustenido, para piano e violão
14		7	Escala Maior de Sol, para piano e violão
15		7	Escala Maior de Sol bemol, para piano e violão
16		7	Escala menor natural de Lá, para piano e violão
17		7	Escala menor harmônica de Lá, para piano e violão
18		7	Escala menor melódica de Lá, para piano e violão
19		7	Escala menor natural de Lá bemol, para piano e violão
20		7	Escala menor harmônica de Lá bemol, para piano e violão
21		7	Escala menor melódica de Lá bemol, para piano e violão
22		7	Escala menor natural de Lá sustenido, para piano e violão

(continua)

(continuação)

Áudio	Figura	Capítulo	Descrição
23		7	Escala menor harmônica de Lá sustenido, para piano e violão
24		7	Escala menor melódica de Lá sustenido, para piano e violão
25		7	Escala menor natural de Si, para piano e violão
26		7	Escala menor harmônica de Si, para piano e violão
27		7	Escala menor melódica de Si, para piano e violão
28		7	Escala menor natural de Si bemol, para piano e violão
29		7	Escala menor harmônica de Si bemol, para piano e violão
30		7	Escala menor melódica de Si bemol, para piano e violão
31		7	Escala menor natural de Dó, para piano e violão
32		7	Escala menor harmônica de Dó, para piano e violão
33		7	Escala menor melódica de Dó, para piano e violão
34		7	Escala menor natural de Dó sustenido, para piano e violão
35		7	Escala menor harmônica de Dó sustenido, para piano e violão
36		7	Escala menor melódica de Dó sustenido, para piano e violão
37		7	Escala menor natural de Ré, para piano e violão
38		7	Escala menor harmônica de Ré, para piano e violão
39		7	Escala menor melódica de Ré, para piano e violão
40		7	Escala menor natural de Ré sustenido, para piano e violão
41		7	Escala menor harmônica de Ré sustenido, para piano e violão
42		7	Escala menor melódica de Ré sustenido, para piano e violão
43		7	Escala menor natural de Mi, para piano e violão
44		7	Escala menor harmônica de Mi, para piano e violão
45		7	Escala menor melódica de Mi, para piano e violão
46		7	Escala menor natural de Mi bemol, para piano e violão
47		7	Escala menor harmônica de Mi bemol, para piano e violão
48		7	Escala menor melódica de Mi bemol, para piano e violão
49		7	Escala menor natural de Fá, para piano e violão
50		7	Escala menor harmônica de Fá, para piano e violão
51		7	Escala menor melódica de Fá, para piano e violão
52		7	Escala menor natural de Fá sustenido, para piano e violão
53		7	Escala menor harmônica de Fá sustenido, para piano e violão
54		7	Escala menor melódica de Fá sustenido, para piano e violão
55		7	Escala menor natural de Sol, para piano e violão
56		7	Escala menor harmônica de Sol, para piano e violão

Áudio	Figura	Capítulo	Descrição
57		7	Escala menor melódica de Sol, para piano e violão
58		7	Escala menor natural de Sol sustenido, para piano e violão
59		7	Escala menor harmônica de Sol sustenido, para piano e violão
60		7	Escala menor melódica de Sol sustenido, para piano e violão
61		9	Intervalos com qualidade de quinta
62		9	Intervalos simples na escala de Dó Maior
63		10	A tônica de um acorde de Dó Maior
64		10	A tônica e a terça de um acorde de Dó Maior
65		10	A tônica e a quinta de um acorde de Dó Maior
66		10	Tríade de Dó Maior
67	Figura 10-33	10	AM, Am, Aaug, Adim, AM7, Am7, A7, Am7(f5), Adim7, AmiMA7 no piano
68	Figura 10-34	10	AfM, Afm, Afaug, Afdim, AfM7, Afm7, Af7, Afm7(f5), Afdim7, AfmiMA7 no piano
69	Figura 10-35	10	BM, Bm, Baug, Bdim, BM7, Bm7, B7, Bm7(f5), Bdim7, BmiMA7 no piano
70	Figura 10-36	10	BfM, Bfm, Bfaug, Bfdim, BfM7, Bfm7, Bf7, Bfm7(f5), Bfdim7, BfmiMA7 no piano
71	Figura 10-37	10	CM, Cm, Caug, Cdim, CM7, Cm7, C7, Cm7(f5), Cdim7, CmiMA7 no piano
72	Figura 10-38	10	CfM, Cfm, Cfaug, Cfdim, CfM7, Cfm7, Cf7, Cfm7(f5), Cfdim7, CfmiMA7 no piano
73	Figura 10-39	10	CsM, Csm, Csaug, Csdim, CsM7, Csm7, Cs7, Csm7(f5), Csdim7, CsmiMA7 no piano
74	Figura 10-40	10	DM, Dm, Daug, Ddim, DM7, Dm7, D7, Dm7(f5), Ddim7, DmiMA7 no piano
75	Figura 10-41	10	DfM, Dfm, Dfaug, Dfdim, DfM7, Dfm7, Df7, Dfm7(f5), Dfdim7, DfmiMA7 no piano
76	Figura 10-42	10	EM, Em, Eaug, Edim, EM7, Em7, E7, Em7(f5), Edim7, EmiMA7 no piano
77	Figura 10-43	10	EfM, Efm, Efaug, Efdim, EfM7, Efm7, Ef7, Efm7(f5), Efdim7, EfmiMA7 no piano
78	Figura 10-44	10	FM, Fm, Faug, Fdim, FM7, Fm7, F7, Fm7(f5), Fdim7, FmiMA7 no piano
79	Figura 10-45	10	FsM, Fsm, Fsaug, Fsdim, FsM7, Fsm7, Fs7, Fsm7(f5), Fsdim7, FsmiMA7 no piano
80	Figura 10-46	10	GM, Gm, Gaug, Gdim, GM7, Gm7, G7, Gm7(f5), Gdim7, GmiMA7 no piano
81	Figura 10-47	10	GfM, Gfm, Gfaug, Gfdim, GfM7, Gfm7, Gf7, Gfm7(f5), Gfdim7, GfmiMA7 no piano

(continua)

(continuação)

Áudio	Figura	Capítulo	Descrição
82		11	Progressões de acordes em Sol Maior
83		11	Progressões de acordes em Dó Maior
84		11	Progressões de acordes em Fá menor
85		11	Progressões de acordes em Lá menor
86		11	Cadência autêntica
87		11	Cadência autêntica perfeita
88		11	Diferença entre uma cadência autêntica perfeita e uma imperfeita
89		11	Cadência plagal
90		11	Mais duas cadências plagais
91		11	Cadência deceptiva
92		11	Meia cadência
93		12	80 bpm (00:00);100 bpm (00:12);120 bpm (00:20)

Apêndice B
Quadros de Acordes

Este apêndice é uma referência imediata de acordes para piano e violão. Ele cobre todos os tons e mostra até acordes de sétima. Listamos acordes para piano seguidos dos próprios para violão.

DICA

A única complicação sobre os acordes de violão é que eles podem ser formados de várias maneiras, em muitos lugares diferentes no braço. Para facilitar, incluímos apenas acordes que não vão além dos primeiros sete trastes.

Para piano, as teclas a serem tocadas são mostradas em cinza. Para violão, os pontos pretos indicam onde colocar os dedos nos trastes. Um "X" em cima de uma corda significa que ela não deve ser tocada. Um "O", "open" (aberto, representando as cordas soltas), para indicar que você a deve tocar; mas não se preocupe. Além disso, para cada acorde de vilão, os tons das cordas soltas, da esquerda para a direita, são, Mi (grave), Lá, Ré, Sol, Si e Mi (agudo). (E, A, D, G, B e E.)

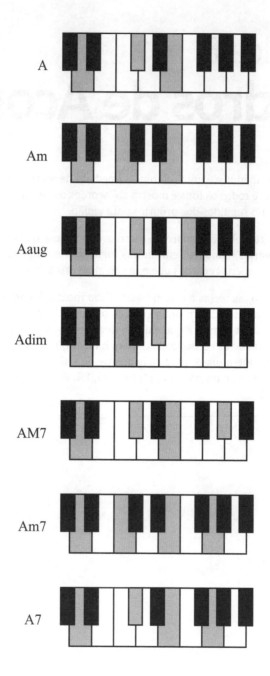

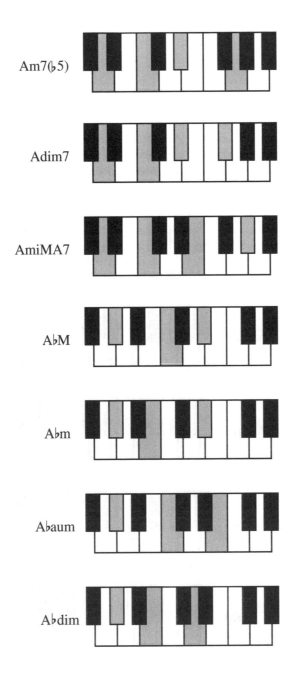

APÊNDICE B Quadros de Acordes

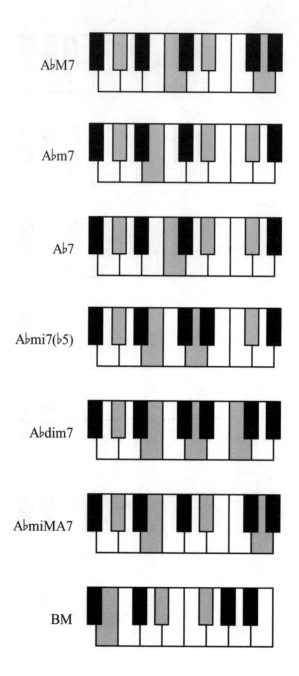

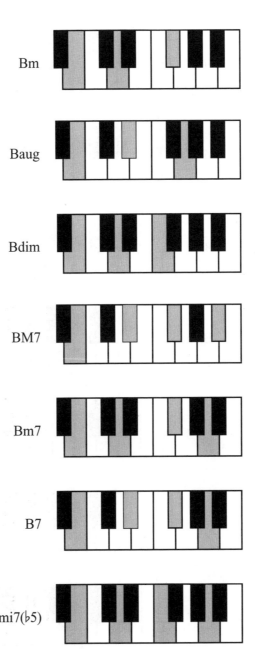

APÊNDICE B **Quadros de Acordes** 267

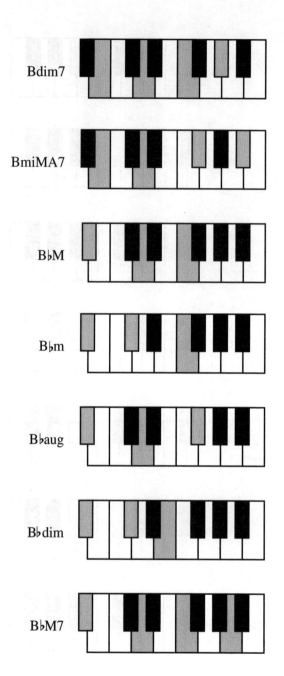

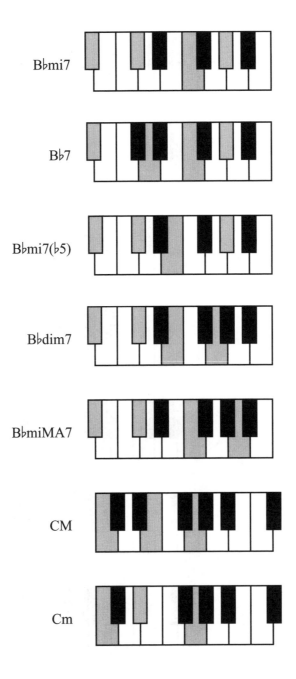

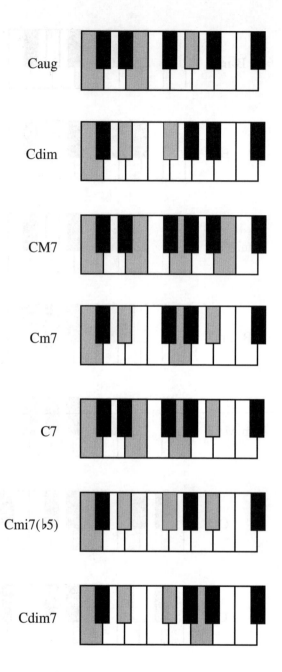

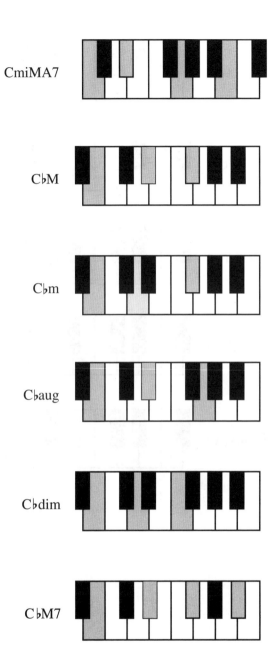

APÊNDICE B **Quadros de Acordes**

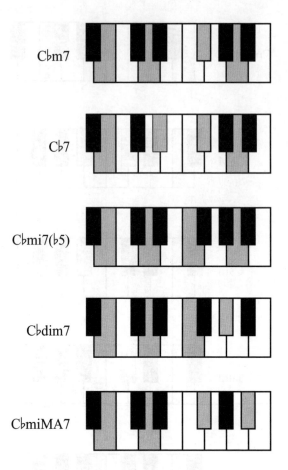

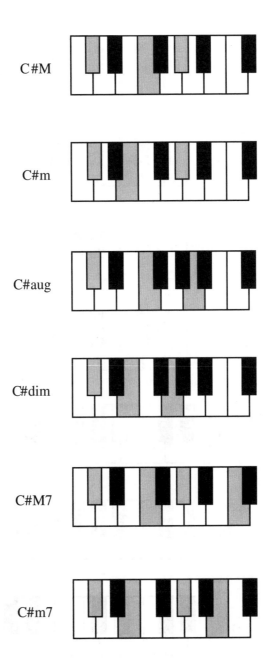

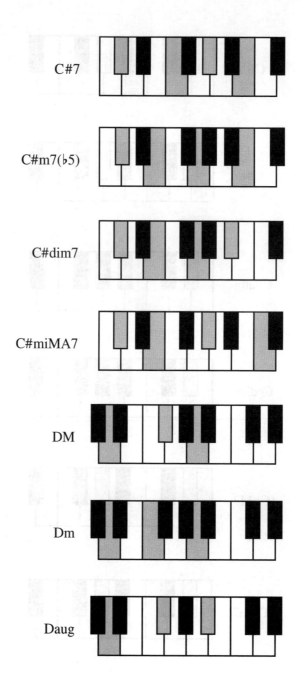

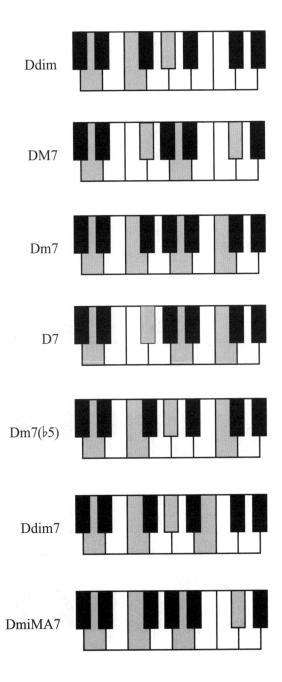

APÊNDICE B **Quadros de Acordes**

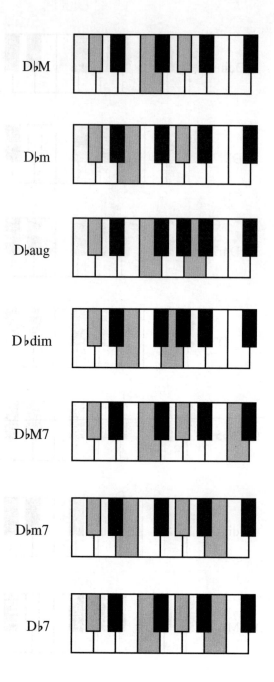

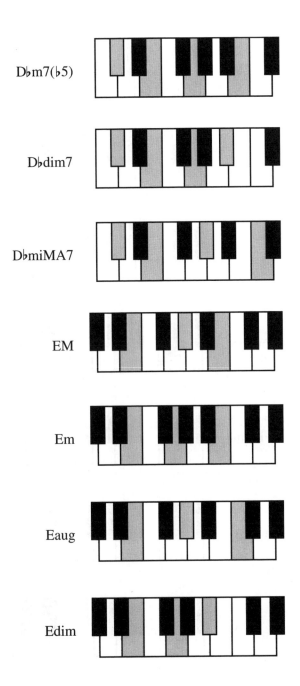

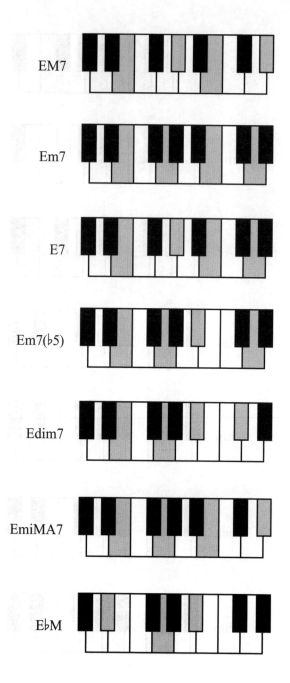

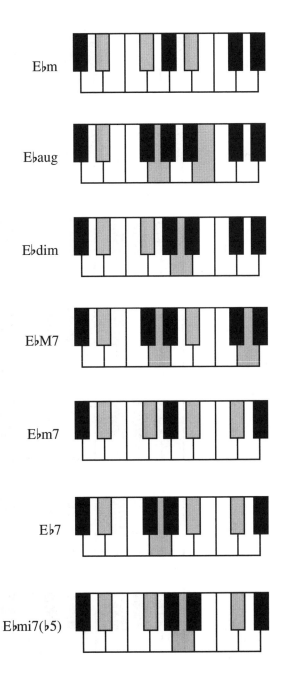

APÊNDICE B **Quadros de Acordes**

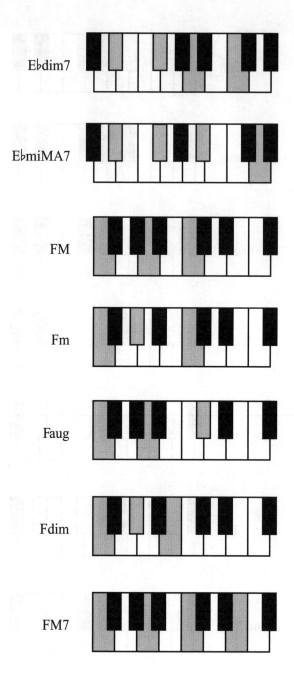

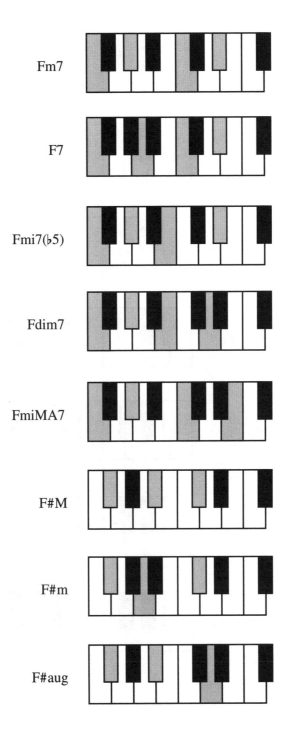

APÊNDICE B **Quadros de Acordes** 281

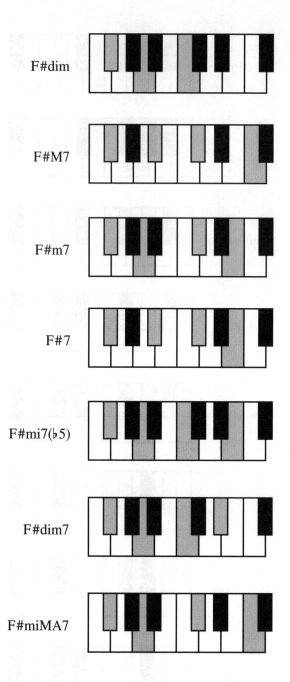

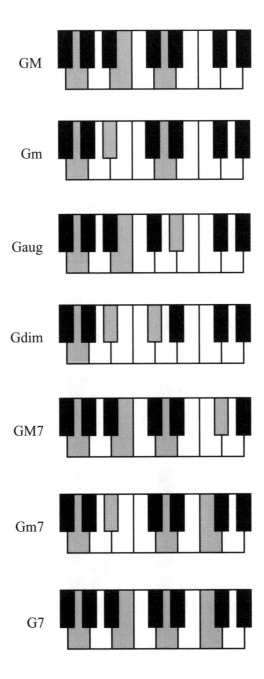

APÊNDICE B **Quadros de Acordes** 283

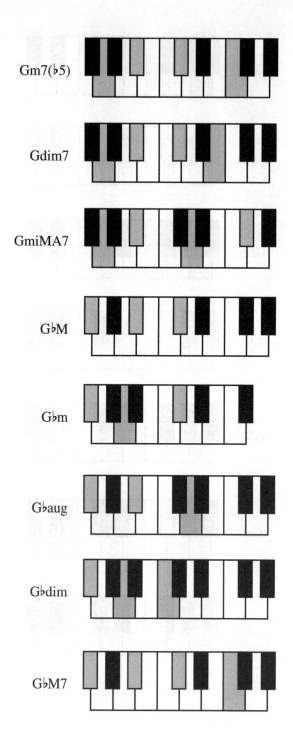

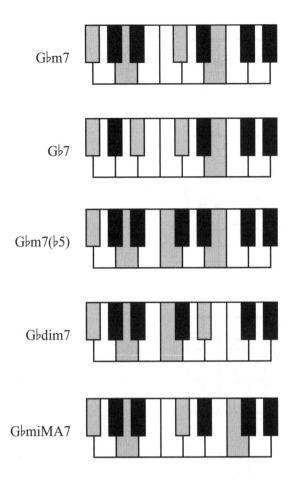

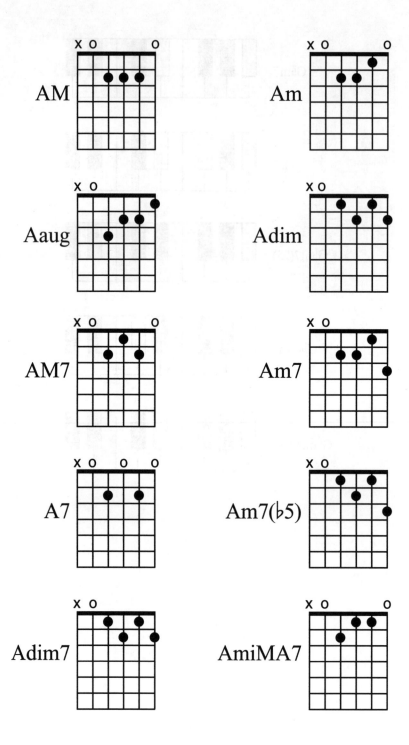

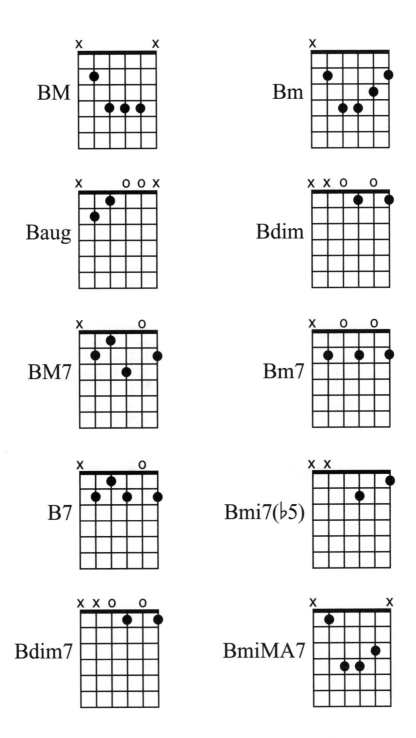

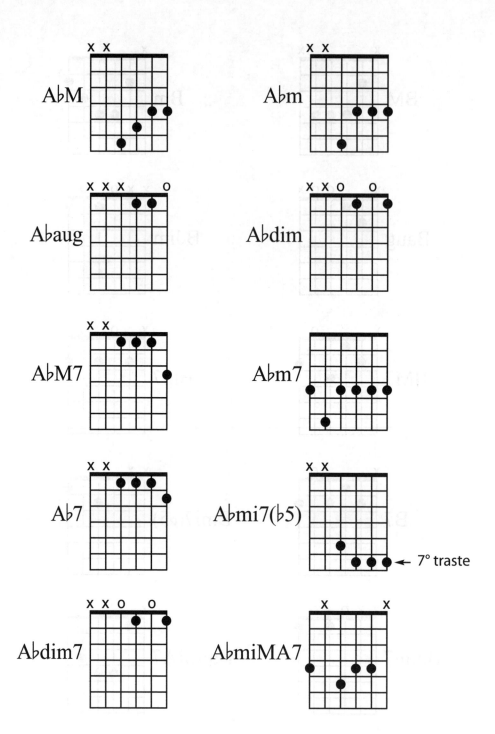

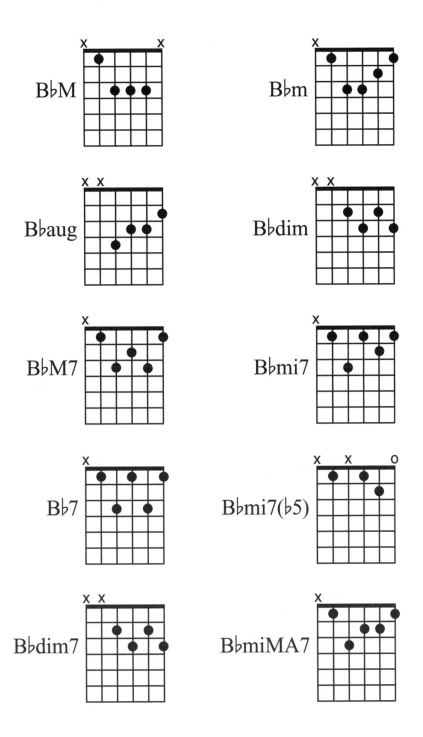

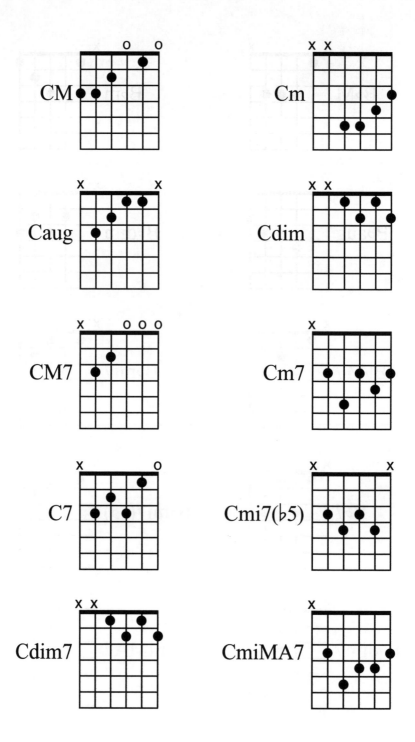

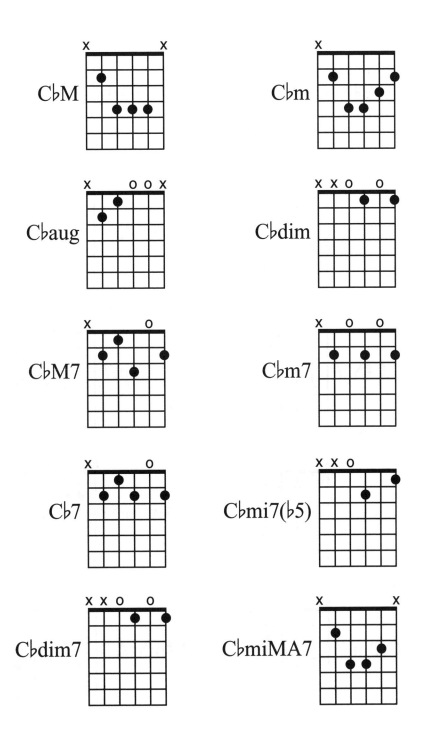

APÊNDICE B **Quadros de Acordes**

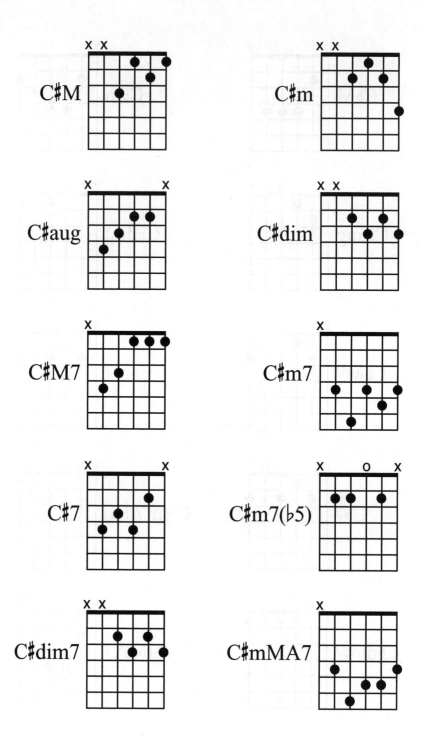

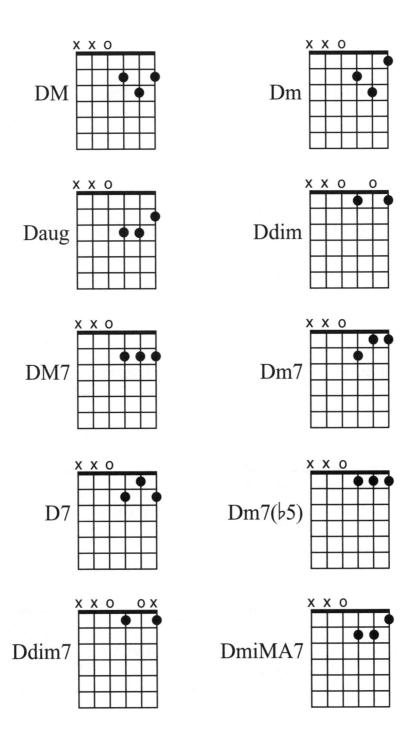

APÊNDICE B **Quadros de Acordes**

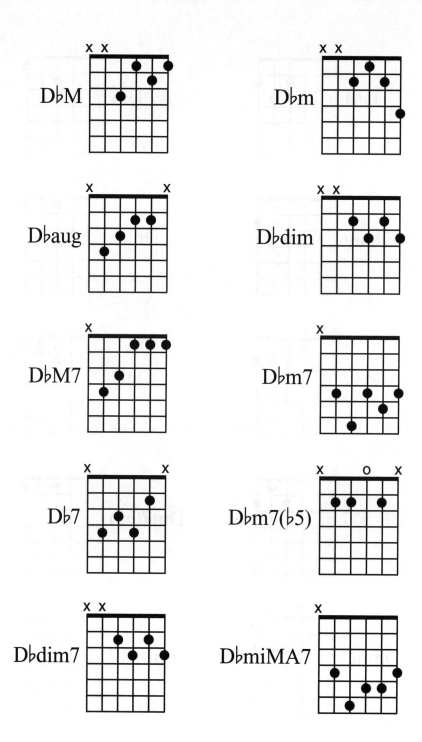

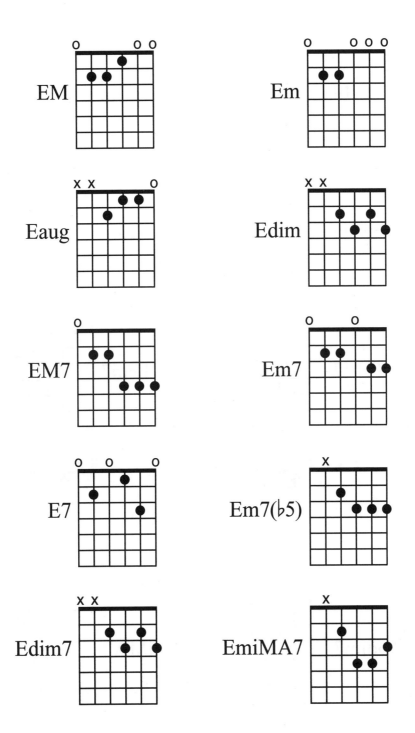

APÊNDICE B **Quadros de Acordes**

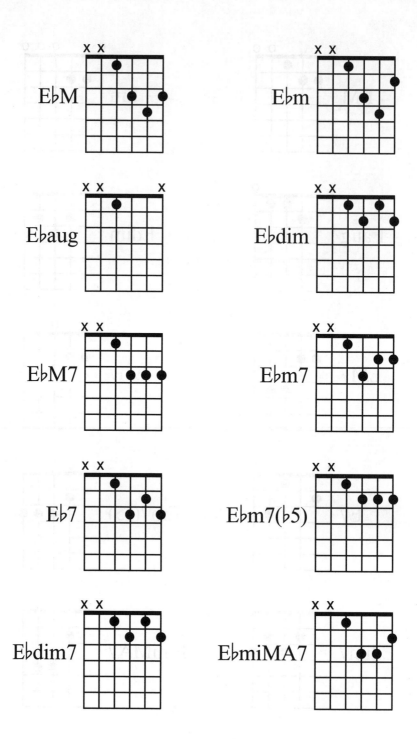

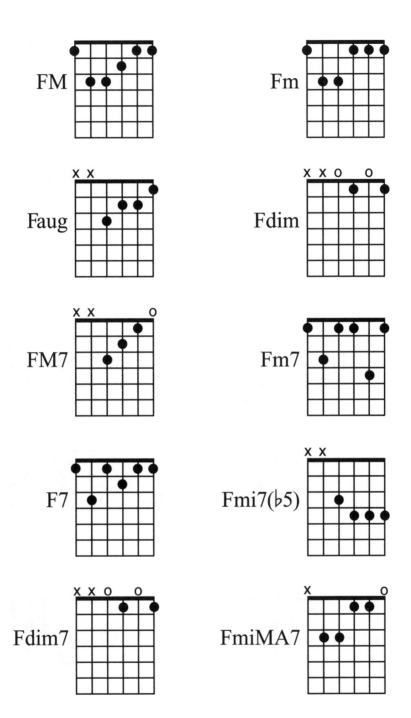

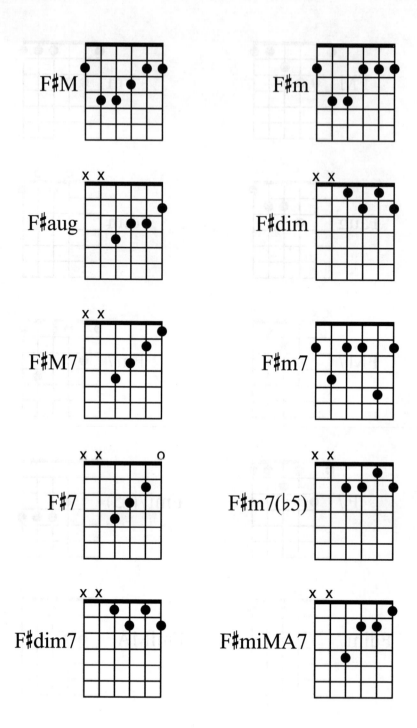

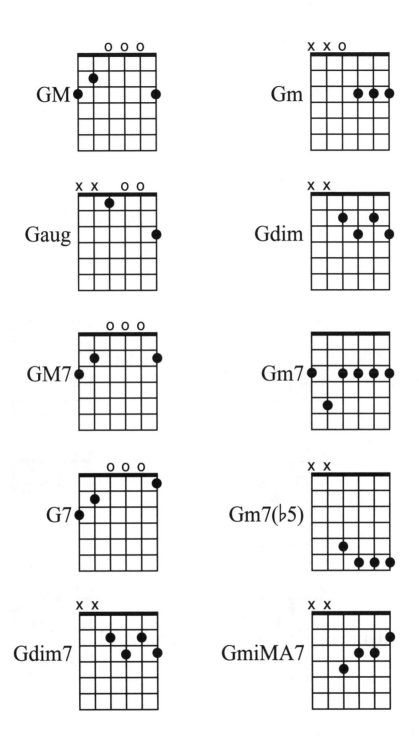

APÊNDICE B **Quadros de Acordes**

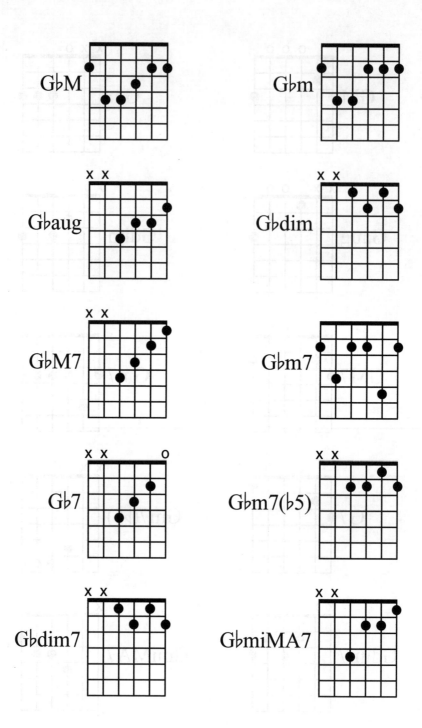

Apêndice C
Glossário

Acento: A primeira batida de um compasso.

Acompanhamento: Uso de música adicional para acompanhar a linha melódica principal.

Acorde: O som simultâneo de pelo menos dois tons, ou notas.

***Alla breve*:** Outro nome para o compasso 2/2.

Anacruse: Posicionamento das notas introdutórias antes do primeiro compasso de uma música.

Andamento: A velocidade de uma batida em uma obra musical.

Armadura de clave: O grau da escala de uma obra, que é normalmente definido pelo início e final de um acorde de uma música e pela ordem de tons e semitons entre os graus da escala. (O tom de Dó Maior, por exemplo, seria representado pelo primeiro Dó da escala e o Dó uma oitava acima desse primeiro.)

Atonal: Música que não se organiza em um tom nem de forma diatônica.

Bandeirola: Linha curva adicionada à haste de uma nota para indicar um valor rítmico reduzido. Bandeirolas são equivalentes a colchetes. Veja *colchete*.

Barras de compasso: Linhas verticais que separam, na música escrita, as diferentes notas em grupos de notas e pausas, dependendo da fórmula usada.

Batida: Cada uma das pulsações consistentes de uma música.

Binário: Um par de notas unidas usado no compasso composto para dividir uma batida que deve conter três partes iguais em duas.

Cadência: Os pontos de relaxamento ou de tensão no desfecho de uma frase musical.

Clave de Fá: A clave mais grave do sistema. A clave de Fá estabelece o tom das notas nas linhas e espaços na partitura abaixo do Dó Central.

Clave de Sol: Um símbolo escrito no começo de uma partitura. Ela estabelece o tom das notas nas linhas e nos espaços acima do Dó Central.

Colchete: Um traço usado (em vez da bandeirola) para conectar as hastes de colcheias e outras notas mais curtas.

Compasso: Segmento da música escrita contido entre duas barras verticais que inclui tantas batidas quanto o número superior de sua fórmula indicar.

Compasso ternário: Um medidor cuja contagem de batidas pode ser igualmente dividida em três (6/8, 9/4, e assim por diante) com exceção de qualquer fórmula de compasso que tenha o 3 como o número de cima em sua armadura (como em 3/4 ou 3/8).

Cromatismo: Uma escala musical com 12 tons, separados por semitons. Veja *diatônico*.

Diatônico: Conforme as notas de um determinado tom. Em uma obra escrita em Dó Maior, por exemplo, Dó, Ré, Mi, Fá, Sol, Lá e Si são diatônicos, e quaisquer outras notas usadas são não diatônicas, ou cromáticas. Veja *cromatismo*.

Dó Central: A nota Dó localizada uma linha abaixo da clave de Sol e uma acima da clave de Fá. Veja *partitura* e *sistema*.

Escala: Uma série de notas em ordem crescente ou decrescente que apresenta os tons de uma armadura, começando e terminando na sua tônica.

Folha de partitura: Uma melodia reduzida e anotada com símbolos de acordes, geralmente para rock ou jazz, em que uma apresentação musical é baseada.

Forma: Estrutura geral ou organização de uma composição musical.

Fórmula de compasso: Uma notação feita no início de uma obra musical, na forma de dois números, como 3/4, que indica o número de batidas em cada compasso e mostra qual valor de nota constitui uma batida. O número superior (ou primeiro) indica quantas batidas estão em um compasso e o de baixo (ou segundo), qual tipo de nota equivale a uma batida.

Gênero: Combinação de estrutura e estilo de uma música.

Harmonia: Tons simultaneamente escutados de maneiras que produzem acordes e progressões.

Homofonia: Camadas de atividade musical homogêneas em uma obra, como melodia e acompanhamento.

Improviso: Criação musical espontânea.

Intervalo: A distância entre dois tons, ou notas.

Melodia: Uma sucessão de notas, geralmente de tons e ritmos variados, que, juntas, têm forma e um significado identificáveis.

Métrica: Organização de padrões rítmicos em uma composição de tal forma que um pulso regular e repetitivo de batidas continue por toda a música.

Nota: Símbolo usado para representar a duração de um som e, quando tocado em uma partitura, seu tom.

Nota pontuada: Uma nota seguida de um ponto de aumento significa que foi aumentada em meio-tempo de seu valor original.

Notação: Uso de símbolos escritos ou impressos para representar sons.

Oitava: Dois sons que abrangem um intervalo de oito diferentes tons diatônicos com a mesma qualidade de tom e os mesmos nomes na música ocidental.

Pausa: Símbolo usado para indicar um período de silêncio.

Pausa pontuada: Uma pausa seguida de um ponto de aumento significa que foi aumentada em meio-tempo de seu valor original.

Pauta: Cinco linhas paralelas horizontais contendo quatro espaços entre elas, nas quais as notas e pausas são escritas.

Pergunta e resposta: Quando um solista é respondido por outro músico ou grupo de músicos.

Polifonia: Camadas de diferentes atividades melódicas e rítmicas dentro de uma única obra.

Ponte: A seção musical contrastante entre duas similares de uma música. Também chamada às vezes de seção B.

Ponto de aumento: Um ponto colocado após uma nota ou pausa que aumenta seu valor pela metade do original. Veja *nota pontuada* e *pausa pontuada*.

Progressão de acordes: O movimento entre os acordes, geralmente em padrões estabelecidos.

Ritmo: Padrão de pulsos regulares ou irregulares da música.

Semitom: O menor intervalo na música ocidental, representado no piano pelo movimento de uma tecla, preta ou branca, para a esquerda ou direita a partir do ponto de partida; ou no violão pelo movimento de um traste para cima ou para baixo a partir do ponto inicial.

Síncope: Um rompimento intencional com o padrão de acento de duas ou três batidas, na maior parte das vezes ao enfatizar uma batida ou nota que não faz parte dela.

Sistema: Combinação das pautas da clave de Fá e da clave de Sol. Veja *Clave de Fá* e *Clave de Sol*.

Tempo simples: Fórmula de compasso em que as batidas acentuadas de cada compasso são divisíveis por dois, como no 4/4.

Ternário: Quando o compasso simples segmenta a batida para que duas partes iguais se dividam em três.

Timbre: Qualidade exclusiva de um determinado instrumento.

Tom: Um intervalo que consiste de dois semitons, representados no piano pelo movimento de duas teclas adjacentes, pretas ou brancas, para a esquerda ou direita a partir do ponto inicial; ou no violão pelo movimento de dois trastes para cima ou para baixo em seu braço a partir do ponto inicial.

Tonal: Uma música ou seção organizada em uma escala.

Tonalidade: A altura (em termos de grave/agudo) de um som produzida por uma única frequência.

Tônica: O primeiro grau da escala diatônica.

Trinado: Quando um músico alterna rapidamente entre duas notas, um tom ou semitom.

Virada: Uma progressão de acorde que redireciona ao som inicial.

Índice

SÍMBOLOS

4/4 18–26

A

acento 46–48
acidente 64–76
    Bemol 69–76
    Bequadro 69–76
    Dobrado bemol 69–76
    Dobrado sustenido 69–76
    Sustenido 69–76
acorde 98–106
    progressões de acordes 10–11
acorde de nona 155–162
acorde de sétima 140–162
    diminutas 141–162
    Dominante 140–162
    Maiores 140–162
    menores 140–162
    Sensível 140–162
acorde menor de nona 156–162
acordes arpejados 131–162
acordes complexos 155–162
acordes cromáticos 164–180
acordes de sétima da sensível 169–180
acordes diatônicos 164–180
acordes estendidos 10–12
acordes invertidos 177–180
Adolph Rickenbacher 230–232
afinação 82–92
Alfred Hitchcock 185–194
âmbito 207–214
anacruse 36–48
andamento 31–34
    grave 184–194
    prestissimo 184–194
Aristóteles 8–12
armadura de clave 78–92
Arnold Schoenberg 252–256
    atonalismo 252–256
    serialismo 252–256

arranjos musicais 17–26
ataque 196–200

B

baixo figurativo 246
baquetas 14–26
barra de ligação 16–26
barras de compasso 35–48
Bartolomeo Cristofori 191–194
batida 14–26
batidas por minuto 184–194
    bpm 184–194
Béla Bartók 212–214
bemol 64–76
bequadro 71–76
blues 226–232
    8 compassos 227–232
    12 compassos 226–232
    16 compassos 228–232
    24 compassos 228–232
    32 compassos 228–232
Boécio 249–256
    De consolatione philosophia 249–256
Boston 230–232
    More Than a Feeling 230–232

C

cadência 175–180
    autêntica 176–180
    deceptiva 176–180
    interrompida 179–180
    meia cadência 179–180
    plagal 176–180
cadência autêntica imperfeita 177–180
    CAI 177–180
cadência autêntica perfeita 176–180
    CAP 176–180
canção estrófica 211–214
Carlos Santana 78–92
Charlie Parker 229–232
    Donna Lee 229–232

Índice   305

Ornithology 229–232
chave de dinâmica 189–194
Christiaan Huygens 251–256
Lettre Touchant le Cycle Harmonique 252–256
mesotônico temperado 252–256
Novus cyclus harmonicus 252–256
Chuck Berry 229–232
Johnny B. Goode 229–232
cifras 174–180
Círculo das Quintas 93–106
cítaras 65–76
clarinetes de palheta dupla 8–12
clássica 11–12
clave 35–48
clave de contralto 63–76
clave de Dó 60–76
clave de Fá 60–76
clave de Sol 60–76
clave de tenor 63–76
colcheia 15–26
colchetes 30–34
comas 65–76
compasso 18–26
4/4 18–26
fórmula 18–26
compasso alla breve 40–48
2/2 40–48
compassos compostos 42–48
compassos simples 37–48
compor 77–92
concerto 222–224
contar notas 14–26
conteúdo harmônico 196–200
contorno 205–214
contornos melódicos 205–214
arco 205–214
arco invertido 205–214
onda 205–214
pivotante 205–214
contrabaixo 62–76
contralto 60–76
contraponto 215–224
crescendo 189–194

D

Dario Argento 185–194
Dois Olhos Satânicos 185–194
decaimento 196–200
impulsivo 198–200
sustentado 199–200
diapasão 198–200
Dietrich Nikolaus Winkel 185–194
diminuendo 189–194
dinâmica 183–194
notações de 188–194
dissonância 137–162
divisão artificial 53–56
Dixieland 231–232
Dó 60–76
Dó bemol 97–106
dobrado bemol 71–76
dobrado sustenido 71–76
Dó Central 61–76
Dó Maior 79–92
Dó menor 79–92
dominante 78–92
Dó Sustenido 96–106
dueto 223–224
duo 223–224
duína 54–56
Duke Ellington 229–232
It Don't Mean a Thing 229–232

E

egípcios 8–12
Eminem 231–232
Lose Yourself 231–232
enarmonia 67–76
equivalente enarmônico 122–130
equivalentes enarmônicos 102–106
equivalente enarmônico 147–162
escala 64–76
Dó Maior 64–76
grau 78–92
maior 77–92
menor 77–92
escala cromática 8–12
escala de Dó 68–76

306   **Teoria Musical Para Leigos**

escala menor harmônica 86–92
escala menor melódica 88–92
escalas menores naturais 84–92
estrófica 11–12
estudo 223–224
Étienne Loulié 185–194

F

Fá 60–76
fagote 62–76
Fá Maior 97–106
fantasia 223–224
    free jazz 223–224
Fá Sustenido 96–106
Fats Waller 229–232
    Ain't Misbehavin 229–232
flauta 8–12
forma 204–214
forma canção 228–232
forma contínua 210–214
forma de canção 216–224
forma musical 203–214
    binária 211–214
    canção 211–214
    em arco 212–214
    simples 211–214
formas contrastantes 210–214
fórmula de compasso 35–48
fórmulas assimétricas de compasso
  45–48
frase musical 208–214
Freddy Fender 229–232
    Before the Next Teardrop Falls 229–
    232
    Wasted Days and Wasted Nights
    229–232
fuga 220–224
fusa 16–26

G

gênero 203–214
George Gershwin 229–232
Gerbert d'Aurillac 250–256
    Papa Silvestre II 250–256
    quadrivium 250–256

Grécia Antiga 8–12
Guido D'Arezzo 250–256
    Escala Guido 251–256
    Micrologus 251–256
    notação neumática 250–256
    solfejo 251–256
    The Sound of Music 251–256
guitarra 9–12

H

Hank Williams 229–232
    I'm So Lonesome (I Could Cry) 229–
    232
    Your Cheating Heart 229–232
harmonia 207–214
    consonante 208–214
    dissonante 208–214
    objetivo harmônico 175–180
harpa 8–12
Harry Partch 253–256
    chromelodeons 253–256
    cítaras I e II 253–256
    cítara surrogate 253–256
    guitarras adaptadas 253–256
Hella 212–214
    Biblical Violence 212–214
história da música 7–12
hititas 8–12

I

Idade das Trevas 59–76
improvisar 77–92
instrumento musical 10–12
instrumentos de sopro 61–76
instrumentos falantes 195–200
instrumentos orientais 65–76
intervalo 64–76
    Aumentado 112–130
    composto 110–130
    décima 110–130
    diminuto 112–130
    identidade 108–130
    Justo 111–130
    Maior 111–130

menor 111–130
oitava 109–130
qualidade 108–130
quantidade 108–130
quarta 109–130
quinta 109–130
segunda 109–130
sétima 109–130
sexta 109–130
simples 10–12
terça 109–130
uníssono 109–130
primeira 109–130
uníssono justo 112–130
intervalo harmônico 108–130
intervalo melódico 108–130
Irving Berlim 229–232
Itzhak Perlman 222–224

J

jazz 228–232
contramelodias 231–232
pergunta e resposta 231
Jerry Lee Lewis 229–232
Great Balls of Fire 229–232
Johannes Gutenberg 59–76
Johann Nepomuk Maelzel 185–194

K

Karlheinz Stockhausen 253–256
forma polivalente 254–256
forma variável 254–256
Irmin Schmidt 254–256
krautrock 253–256
minimalismo 253–256
música ambiente 254–256
serialismo 253–256
Kenny Rogers 231–232
The Gambler 231–232

L

Lá 60–76
Lá bemol 97–106
Lady Gaga 231–232

Poker Face 231–232
Lá Maior 101–106
Lang Lang 222–224
Lá Sustenido 96–106
Led Zeppelin 229–232
Whole Lotta Love 229–232
Leo Fender 230–232
Telecaster 230–232
Les Paul 230–232
ligadura de articulação 23–26
ligadura de fraseado 209–214
ligadura de prolongamento 23–26
ligadura simples 209–214
linha auxiliar 63–76
linha de contrabaixo 216–224
liras 8–12
Louis Armstrong 78–92

M

marca da oitava 73–76
Marin Mersenne 184–194
Harmonie universelle 184–194
Mark Mallman 230–232
mediante 78–92
meia cadência 209–214
melodia 10–12
menores Maiores 141–162
Mesopotâmia 10–12
metais agudos 61–76
metrônomo 14–26
Metrônomo de Maelzel 185–194
mínimo 184–194
Mi 60–76
Mi bemol 97–106
Mi grave 81–92
Mi Maior 101–106
mínima 15–26
mnemônicos 74–76
modulação 174–180
monocórdio 250–256
movimento 217–224
Muddy Waters 227–232
You Can't Lose What You Ain't Never
Had 227–232

música 107–130
música antiga 8–12
música escrita 10–12
música ocidental 131–162

N

natural 98–106
Nicola Vicentino 251–256
  teclado mesotônico 251–256
notação moderna da música 10–12
notação musical 8–12
notações de tempo 35–48
nota escrita 9–12
nota pontuada 22–26
notas 14–26
  cabeça 15–26
  colchete 15–26
  bandeirola 15–26
  haste 15–26
  naturais 64–76
notas ligadas 22–26

O

objetivo harmônico 175–180
oitava 64–76
onda sonora 198–200
  ciclo 198–200
ópera 249–256
ordem das notas 151–162
ornamentos funerários 8–12

P

partitura 7–12
  completa 244–246
  encurtada 245–246
  estudo 245–246
  folha 244–246
  piano 245–246
  reduzida 244–246
  voz 245–246
partitura simplificada 173–180
pausas 27–34
pauta musical 60–76
período renascentista 10–12

piano 61–76
  pedal central 192–194
  pedal direito 192–194
  pedal dos abafadores 192–194
  pedal suave 191–194
  posicionamento da mão 72–76
  sostenuto 192–194
  teclado 72–76
pictogramas 8–12
Pitágoras 248–256
ponte 226–232
ponto de aumento 22–26
ponto de aumento duplo 23–26
ponto de aumento triplo 23–26
pop 229–232
  estrofe 231–232
  estrofe-refrão 231–232
  gancho 231–232
  introdução 231–232
  ponte 231–232
  refrão 231–232
posição 151–162
  aberta 151–162
  fechada 152–162
  invertida 151–162
posição da tônica 176–180
Prince 231–232
  Let's Go Crazy 231–232
progressão 98–106
progressão de acordes 98–106

Q

qualidade 133–162
quarta aumentada 114–130
quinta 133–162
quinta diminuta 117–130
quinta harmônica 109–130
quinta justa 112–130

R

Ré 60–76
Ré bemol 97–106
registros agudos 61–76
relativas menores 98–106

Ré Maior 96–106
Renascença Europeia 9–12
resolução rítmica 51–56
Ré Sustenido 96–106
Richard Wagner 23–26
ritmo 13–26
    superficial 204–214
ritmos irracionais 53–56
ritmos irregulares 53–56
Robert Johnson 227–232
    Crossroads Blues 227–232
Robert Moog 254–256
    filtro low-pass 254–256
    sintetizador 254–256
rock 226–232
    três acordes 226–232
Rolling Stones 229–232
    19th Nervous Breakdown 229–232
rondó 210–214

S

seções 210–214
segunda maior 118–130
segunda melódica 110–130
segunda menor 118–130
semibreve 17–26
semibreve pontuada 23–26
semicolcheia 30–34
semínima 15–26
semitom 64–76
    meio-tom 64–76
sensível 78–92
sétima 123–130
sétima menor 143–162
sétima menor maior 145–162
sexta 123–130
Si 60–76
Si bemol 97–106
Si Maior 96–106
síncope 50–56
síncope musical 204–214
sinfonia 221–224
sistema 62–76
Sol 60–76

Sol bemol 97–106
Sol Maior 96–106
Sol Sustenido 96–106
som 197–200
    frequência 198–200
    onda sonora 198–200
    vibração 197–200
sonata 215–224
    conteúdo de intervalos 218–224
    desenvolvimento 218–224
    exposição 217–224
    forma de canção 216–224
    intervalos tonais 218–224
    recapitulação 218–224
sons microtonais 65–76
Steve Reich 212–214
    The Desert Music 212–214
subdominante 78–92
submediante
    superdominante 78–92
subtônico 83–92
supertônica 78–92
sustenido 64–76
    mnemônico do frade 96–106

T

tablaturas 174–180
tecla 118–130
teclado 64–76
    Dr. Robert Moog 68–76
    teclas brancas 64–76
    teclas pretas 64–76
tema de abertura 210–214
tempo 11–12
tempo comum 39–48
tempo forte 36–48
tempos acentuados 50–56
tempos não acentuados 50–56
tenor 60–76
terça bemolizada 137–162
terça maior 112–130
terça menor 98–106
tercina 54–56

The Beach Boys 229–232
    Good Vibrations 229–232
    Surfer Girl 229–232
The Beatles 229–232
    From Me to You 229–232
    Hey Jude 229–232
    I Want to Hold Your Hand 230–232
    Ob-La-Di, Ob-La-Da 231–232
The Police 230–232
    Every Breath You Take 230–232
The Righteous Brothers 229–232
    You Lost That Loving Feeling 229–232
timbre 196–200
    conteúdo harmônico 197–200
tom 69–76
Tom Jones 231–232
    Sex Bomb 231–232
tom puro 198–200
tonalidade paralela 79–92
tônica 78–92
transposição 239–242
traste 80–92

tríade 132–162
    aumentada 132–162
    diminuta 132–162
    maior 132–162
    menor 132–162
trombone 63–76
tuba 62–76

U

uníssono aumentado 113–130
uníssono justo harmônico 112–130
uníssono justo melódico 112–130

V

valor 17–26
valor das notas 14–26
violão 61–76
    traste 65–76
violão de duas cordas 8–12
violino 61–76
violoncelo 63–76
virada 226–232

CONHEÇA OUTROS LIVROS DA PARA LEIGOS!

Negócios - Nacionais - Comunicação - Guias de Viagem - Interesse Geral - Informática - Idiomas

Todas as imagens são meramente ilustrativas.

SEJA AUTOR DA ALTA BOOKS!

Envie a sua proposta para: autoria@altabooks.com.br

Visite também nosso site e nossas redes sociais para conhecer lançamentos e futuras publicações!

www.altabooks.com.br

/altabooks ▪ /altabooks ▪ /alta_books

ALTA BOOKS
EDITORA

ROTAPLAN
GRÁFICA E EDITORA LTDA
Rua Álvaro Seixas, 165
Engenho Novo - Rio de Janeiro
Tels.: (21) 2201-2089 / 8898
E-mail: rotaplanrio@gmail.com